「産業」としての工芸

ものづくりから挑む
地域創生

日本政策投資銀行
日本経済研究所 編著

中央公論新社

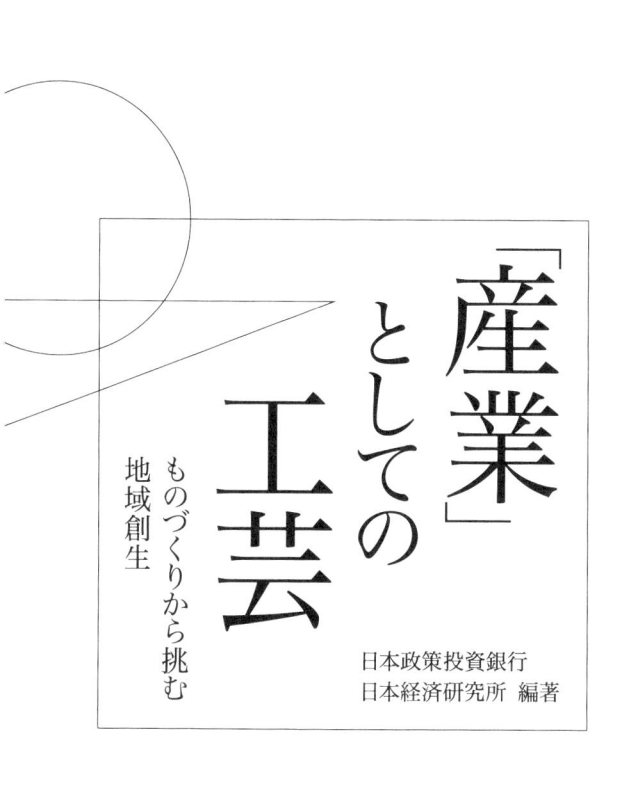

はじめに　～地域創生と工芸産業～

本書は、日本が長い歴史と豊かな文化の中で育んできたものづくりの領域である「工芸」について、地域におけるその産業的な側面に焦点を当て、作り上げたものです。

私ども（株）日本政策投資銀行（以下、ＤＢＪ）及びＤＢＪグループは、お客様及び社会の課題解決のために時代に即したソリューションを提供してきました。これまでも社会の持続的発展に向けて注力してきた分野である「インフラ」「産業」「地域」の３つを注力する重点領域として掲げています。

その上で現在、経営上の重点課題の一つとして特定している「潜在力を活《い》かした地域創生」について、産官学金など多様なステークホルダーと連携・協働しながら、金融的なサービスに留まらず、ＤＢＪグループの持つ人的資本を軸に知的資本（ナレッジ）、関係資本（ネットワーク）を総合的に活用した取組みを進めているところです。

「地域創生」においては、全国各地の地理的・自然的環境や歴史・文化に深く根差した、各地固有の産業の活性化が不可欠です。こうした地域の産業としては農林水産業や食品産業、観光産業などに注目が集まっていますが、歴史的・文化的な来歴を色濃く持つものづくり分野である「工芸産業」も有力なものの一つに数えられるでしょう。

このような考えのもと、ＤＢＪではグループ内のシンクタンクである（株）日本経済研究所と連携し、２０１７年から工芸産業について調査・研究を進めてきました。そして、一連の調査・研究で得られたナレッジやネットワークの蓄積を活かし、書籍として一つの形にまとめ、工芸産業の関係者の皆様はもとより地域創生に関心のある多くの方々にご提供したいというのが本書作成の目的です。

また、もう一つ触れておかなければならないのが、２０２４年1月の能登半島地震、9月の集中豪雨によって甚大な被害を受けられた能登地方の工芸産業に携わる方々についてです。皆様がよくご存じの通り能登地方は輪島塗・珠洲焼などを育んできた日本を代表する工芸産地です。ＤＢＪでは震災・豪雨からの復旧・復興について様々な取組みを検討し進めていますが、本書によって工芸産業への関心を醸成することも、能登地方の工芸産業の復興への一助となり得ると考え、本書刊行にあたりました。

経済産業大臣が指定する伝統的工芸品の生産額は、バブル期である１９９０年前後の５０００億円から近年は１０００億円を切る水準にまで減少しています。国内外のマーケットで工芸の地位は低下しており、ものづくりの担い手である職人の方々については、高齢化が進み、人数も不足しています。このままの状況が続けば、各地の工芸産業の衰退は避けられない、これが一般的な認識かと思います。

しかし2000年代に入ってから、工芸産業から新たな事業展開によって成長するプレイヤーも出てきており、彼らは自らの事業だけでなく、各地の工芸産地を活性化する役割も担っています。工芸産業は一般的な認識とは少し異なり「工芸リバイバル」とも表現できるような状況を迎えているのです。

そこで、本書では以下6章による構成で工芸産業の過去から現在に至る動向を追い、将来のあり方を検討していきます。

第1章では、明治時代に美術や工業と関係しながら成立した「工芸」概念について整理します。そして工芸が「美術としての工芸」と「産業としての工芸」という2つの流れで現在まで展開していることを示します。本書が主に扱うのは「産業としての工芸」です。

第2章では、明治時代から2000年時点までの工芸産業の歴史的展開を振り返ります。明治以降の工芸産業は、日本の消費者・事業者向けの「国内産業」だけでなく、海外に向けた「輸出産業」でもあります。この2つの側面を意識して工芸産業の歩みを説明します。

そして第3章から第5章は、2000年代以降の「工芸リバイバル」の動向を追います。まず、第3章では、2000年代の環境変化や工芸産業の構造的な問題を整理した後、これらの変化に対処し、問題を突破し、デザイン性の高い商品開発と消費者に直接訴求する流通構築などを成し遂げ、ブランド力を高めることで成長するに至った「工芸リバイバル」の代表例について紹介します。

次に第4章では、工芸とブランドの関係を踏まえた上で、工芸産業が取りうる有力なブランディング施策としての「工芸産地ツーリズム」について考えます。これは工芸事業者や工芸産地にファンや観光客を呼び込む（ツーリズムに取り組む）ことで、自社や産地内外に向けたブランド価値の向上を図るものです。

そして第5章では、工芸の海外展開を扱います。上述の通り明治以来の工芸産業は輸出産業としての歴史でもありますが、1980年代に円高が進行して以来、輸出量は大幅に減ってしまいました。しかし、近年、新たなアプローチで海外展開に成功している例が増えており、日本の工芸輸出は徐々に増えてきています。

最後の第6章では、これからの工芸について、今後の国内外マーケットにおける見通しを示した上で、新しい工芸産業のあり方を検討します。また、新たな展開を後押しするための、政策的・金融的なサポートについていくつか提言を行います。

本書作成に当たっては、先行する多くの調査・研究結果を参考にしました。その中でも重要な参考文献については巻末に掲げています。工芸についてより深く・広く知りたいと思われる方はぜひこれらの文献もご覧ください。

また、事例として取り上げた企業の皆様をはじめ、様々な工芸産業の関係者の方々には、インタビュー対応や資料提供など多大なるご協力をいただきました。特に（一社）日本工芸産地協会事務局長の原岡知宏氏には、2000年代に工芸産業がたどった経緯や現状に関する知見、事例となる企業の紹介、原稿へのアドバイスなどをいただきました。原岡氏がいなければ本書は刊行し得なかったと言えます。ここに記して深く感謝申し上げます。

本書が工芸産業の今後の発展の一つのきっかけとなり、その先にある地域創生につながることを願い、本書を始めたいと思います。

目次

第3章

第4章

第6章　これからの工芸

装丁・本文デザイン・図版制作　ストローク・デザイン

「産業」としての工芸

第1章

「工芸」とは何か?

「工芸」を知っていますか？

この本を手に取っていただいている方はもちろん、「工芸」に関心を持っている方だと思います。実際にものづくりや販売の現場で仕事としてかかわっている方でしょうか。モノとしての「工芸品」が好きで家で使っている方もいらっしゃるでしょう。もしくは、行政職員として工芸振興に悩んでいる、そういう方かもしれません。ですが、このように関心のある方でも、ない方でも「工芸」という言葉を知らない、ということはあまり考えられません。小中学校の教科書には必ず「伝統工芸」が載っていますね。つまり、関心のありなしはともかく、認知度は１００％に近いと思います。

「工芸」のイメージ

では、「工芸」に対するイメージはどのようなものでしょうか。当然、人によって異なるものですが、これが実に幅広いのです。そして相反するものも多くあります。

まず、「古い」というもの。誰もが知る「伝統工芸」という言葉がありますが、工芸とは伝統的なものであり、古臭い、今の人の生活には合わない、と感じる人も多いでしょう。一方で、最近の若い方には「工芸はおしゃれ」「デザインがいい」という「新しい」イメージを持つ人も増えています。

「工芸は安物」というのは、特に年配の方に多いように思いますが、観光地のお土産屋さんで売っている、安価な土産をイメージされるようです。その一方で、お茶道具やお化道具、仏具のように高価なもの、という印象を持つ人もいます。

他にも「日常に使うもの」に対して「特別なときに使うもの」、「作家による一点もの」に対し陶器市に並んだ食器のように「たくさん作られているもの」等、幅広く、かつ相反するイメージが投影されています。

さらに、伝統工芸、伝統的工芸品、現代工芸、民芸、美術工芸（日展では工芸美術とします）、生活工芸、産業工芸などなど、言葉を足すことで、工芸ジャンルの中で位置を示そうとする概念も数限りなくあります。

はたまた、これは美術や工芸に関心の高い方に限られますが、ある品物・作品に対し「それは美術ではなく、工芸だ」や「これは工芸品ではない、工業製品だ」というように、工芸であるかどうか、が議論になることもあります。

「工芸」とは何か？

このように、いろいろなイメージを持たれ、様々な概念の母体となり、美術や工業との境界争いをしている「工芸」とは何なのでしょうか？

小学館の日本大百科全書で「工芸」を引くと、「人間の日常生活において使用される道具類のうち、その材料・技巧・意匠によって美的効果を備えた物品、およびその製作の総称。もともと生活用具としての実用性を備えたもので、その点、彫刻や絵画と異なり、建築とともに応用芸術の一つとみなされる。工芸は材料によって多くの種類に分けられ、陶磁、金工、漆工、木工、竹工、ガラス、染織などの諸部門に分類される」とあります。

簡単に言えば、日用品であり、かつ美しいもの、でしょうか。「工芸」という言葉が使われてきた様々な用法を前提に、最大公約数的に当てはまるよう定義が作られており、過不足ないものと言えるでしょう。

「工芸とは何か?」という問い

しかしこの定義には一つ問題があります。

それは、「工芸とは何か?」という問い、そして「工芸とは○○である」という答えの中で、すでに「工芸」という言葉が前提になっている、ということです。

しかし、「工芸」という言葉が使われるようになったのは、明治時代になってからで、それ以前に「工芸」は存在しませんでした。「工芸」というものづくりや製品のジャンルはなかった、という意味です。もちろん、古くから陶磁器や漆器などの事物はありましたが、これらが「工芸」に分類され、「長きにわたる工芸の歴史」として再編成されるようになったのは、この160年くらいの話なのです。

多くの場合、新しい言葉・概念は、はっきりした意味・定義が決まってから出てくることはありません。まず言葉が先にできて、その後に意味内容は何かという問いが生まれ、長い時間をかけて大多数の人が納得できる定義に落ち着いていきます。この定義に落ち着くまでの答えは時代背景によって様々に揺れ動きます。もちろん、今現在ある定義も、再検討され、変わる可能性は大いにあります。

では、なぜ明治時代に「工芸」という新しい言葉・概念が出てきたのでしょうか。そして、どのように「工芸とは何か？」という問いが検討されてきたのでしょうか。

すこし先取りすると、「工芸とは何か？」とは、「明治以前から続く前近代的なものづくりを近代のものづくりの中でどのように捉えるか？」という問いだとも言えます。

江戸時代までのものづくりの世界

さきほど「工芸」は明治時代になって出てきた言葉と書きました。では、工芸品に溢れているように見える江戸時代まではどうだったのでしょうか。ここでは江戸時代までを近代以前＝前近代とし、明治時代以降を近代とします。

江戸時代まで、それこそ縄文時代から、前近代のものづくりは、天皇家や公家・武家のような身分の高い人々が使うもの（上手物《じょうてもの》）でも、町人・農民等の一般庶民が使うもの（下《げ》手物《てもの》）であっても、すべて手仕事によるものでした。

農村では自分で使う農具や衣服を自分たちで作ることも多く、このようなものづくりを家内制手工業と言います。そして、農家や町人が材料や道具を問屋から与えられた上で、家の中で作業し、作ったものを問屋に納める場合は問屋制手工業と言います。また、酒蔵のように一つの場所に集まってものづくりをするのは工場制手工業です。いずれにしても、手仕事のものづくり＝手工業でした。

すべてがそうであり、それと対比するものがない場合（相対化する必要がない場合）、それを指す言葉への要求は生まれません。なので、品別に陶工（陶磁器）、漆工（漆製品）、金工（金属製品）という職業名はあっても、他のものづくりのあり方がない以上、ものづくり全体を指す言葉はありませんでした。

「美術」「工業」「工芸」～近代的ものづくり世界への再編

明治時代に入り、近代を迎えるとものづくりを取り巻く状況が大きく変わります。従来の手仕事を中心としたものづくりと製品群に対して、それとはまったく異質なものづくりである「美術」や「工業」が流入し、それらを含めて近代的なものづくりの世界として再編されるようになったのです。

この変化を、3つのターニングポイント、「明治維新」「西洋美術」「産業革命」に着目して追っていきます。

明治維新 ～パトロンの消滅

1867年に江戸幕府が倒れ、1868年に明治新政府が立ち上がります。

当時、アジア地域の植民地化が進む中、新政府は欧米列強に肩を並べるため、近代国家としての制度作りと「富国強兵」を実現するための殖産興業政策を進めます。

近代国家としての制度作りで最も重要だったのが、廃藩置県です。江戸時代までの日本は幕藩体制であり、各地の政治は藩を中心に行っていました。ある意味で地方分権社会だったのです。そんな中、各藩では地域産業政策として陶磁器・漆器・金工等の産業を興し、保護しました。作られるものは公家・武家等を顧客とする上手物が主であり、各地の産業を代表する職人は武士と同じく苗字帯刀を許されるなど高い地位を誇っていました。しかし、藩がなくなると、主要顧客である武家はなくなり、地位も失ってしまいます。さらに廃刀令や洋装化が進み、従来の製品（刀・和装）では対応できなくなってしまいました。京都では、東京への遷都により顧客である皇族・公家が一気にいなくなる、ということも起きました。

前近代のものづくりは、公家・武家などが産業の保護者かつ安定的な顧客というパトロンとしての役割を果たすことで、技術が進みものづくりが栄えてきましたが、そのパトロン層が社会制度の変化によりかなりの割合でいなくなってしまったのです。

前近代までのものづくりは社会基盤から変更を迫られます。

西洋美術　～美術の中の工芸、美術の外の工芸

江戸時代までのものづくりを支えてきた社会基盤がガラリと変わると同時に、明治新政府が近代化・西洋化を進める中で、ものづくりの世界も近代的なジャンルへの再編が始まります。まず、「美術」というジャンルが生まれました。

きっかけは博覧会です。

明治新政府が掲げた国家ビジョン「富国強兵」のため

工芸概念の変遷

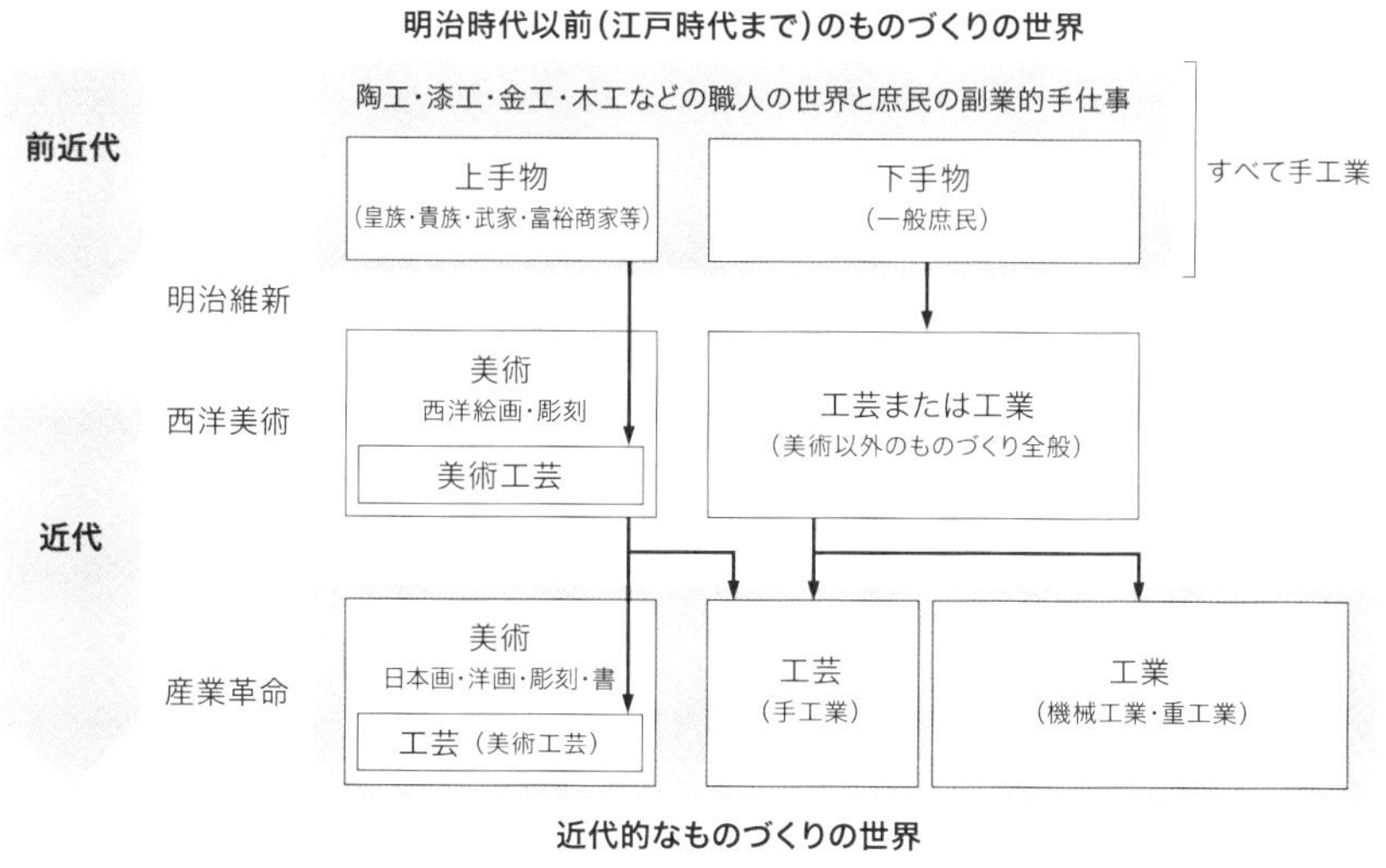

出所：(株)日本経済研究所

の殖産興業政策の中で、重要なものの一つが、欧米で開催された万国博覧会（万博）への参加と、国内での博覧会（内国勧業博覧会）の開催からなる博覧会施策でした。

世界最初の万国博覧会は１８５１年のロンドンで開催されましたが、当時の万博というのは、世界各国（特に欧米）が自らの産業や文化の力を示すとともに、新たなビジネスのための営業・情報収集活動を行う場でした。いかに進んだ工業力を持っているか、優れた文化・芸術を発信できるか、万博はまさに国の威信をかけて参加するものだったのです。

そして、その欧米での万博に参加するにあたって、国内の産業の近代化を進めるとともに、優れた文化・芸術を振興するために開催されたのが、国内の事業者が参加する内国勧業博覧会でした。

これら博覧会を契機に生まれたのが、「美術」という言葉です。

明治新政府が初めて参加した１８７３年のウィーン万博。日本にはまだ近代的な産業がなかったので、江戸時代以来の「上手物」の系譜を受け継ぐ高級な陶磁器・漆器等を出品することにしましたが、これらを欧州流の分類にしたがってジャンル分けする必要が出てきました。そこで当てはまったのがドイツ語の「Kunstgewerbe」、訳語として「美術工業」という言葉が当てられました。英語では「industrial art（産業芸術）」や「applied art（応用芸術）」に近い概念です。

ただ、その後、西洋絵画や彫刻といった美術の本流（fine art）が流入し、日本で西洋的な考え方を基礎として「美術」が成立すると、西洋的な美術では亜流に位置づけられる「美術工芸」的なものは、本流をなす絵画や彫刻より下位に位置づけられてしまいました。

さらには、1900年のパリ万博のように日本が「美術工芸」として「美術」ジャンルに出展しようとしても、それが叶わず「工業製品」として扱われるというように、「美術」に含まれない、というジャッジが下されることもありました。

そして、「美術」ジャンル（美術工芸を含む）が成立すると、美術以外のジャンルが出てきます。ここには「工芸」もしくは「工業」という言葉が当てられました。次に見るように「工芸」と「工業」が分かれるまで、この2つの言葉はあまり区別なく使われていたようです。

少し面倒ですが、同じ陶磁器でも美術工芸品として「美術」に分類されるものもあれば、「工芸／工業」に置かれるものもあったのです。

産業革命 ～工芸と工業の分離

最後のキーワードが産業革命です。

明治新政府の殖産興業政策のうち、博覧会施策はどちらかと言えば情報発信・収集や意識の醸成に力点がありますが、当然ながらものづくりそのものを近代化する必要もあります。そこで外国から技術者・研究者（お雇い外国人）を招聘《しょうへい》し、さらに海外から機械を導入し官営工場が整備されました。1872年（明治5年）に開業した富岡製糸場がその代表です。

その後、日清戦争・日露戦争を経るうち、紡績業・製糸業の機械化が進み、近代的な機械工業による大量生産体制が確立しました。トヨタ自動車の源流である豊田佐吉による自動織機の発明もこの時期です。そして、明治30年代に入ると1901年（明治34年）に官営八幡製鐵所が創業し、繊維などの軽工業に続き重工業も発展することになります。この明治20～30年代の近代機械工業の急速な発達を、日本における「産業革命」と呼びます。

産業革命によって、近代的な機械により大量生産を行う「工業」が生まれました。また「工業」を支える人材育成が急務となったことから、明治20〜30年代には国内に多くの工業学校が作られ、エンジニア教育が盛んになります。

このように「工芸／工業」が混ざった状況から、近代的な機械生産である「工業」が急速に発展することで、前近代的な気風を残す手工業である「工芸」との違いが生まれ、両者は異なるジャンルとして認識されるようになったのです。

また、「美術」の中の「美術工芸」は、明治初めには欧州のジャポニスムブームを背景に重要な輸出品に位置づけられ、盛んに作られましたが、しばらくするとブームは終わり、輸出品としての「美術工芸」の製作者の多くは、国内の一般消費者向けの製品づくりに転換していきます。このことで「工芸」は単なる手工業品ではなく、「美しさ」といった要素を含むものというジャンルとして成立していきます。

2つの「工芸」

江戸時代までの手工業を中心とする前近代的なものづくりの世界から、「美術」「工業」「工芸」という近代的なものづくりの世界への再編は、明治時代の終わりごろを目安にひと

「美術としての工芸」と「産業としての工芸」の違い

	美術としての工芸	産業としての工芸
作り手（製作者）	作家（個人的な営み）	工芸メーカー（企業的な営み）
目的	個人的な表現（芸術的） 日本文化の継承・発展	事業としての成立（ビジネス的） 地域を支える産業としての自立的発展
発表・流通の場	展覧会・ギャラリー	百貨店等の小売店舗 ホテル・飲食店等
購入者	美術愛好者 茶道・華道等の愛好者 寺社仏閣等	一般消費者 ホテル・飲食店等の事業者
政策・位置づけ	文化庁「重要無形文化財」（伝統工芸）	経済産業省「伝統的工芸品」

出所：（株）日本経済研究所

まず完了します。その中で、「工芸」は大きく2つのカテゴリーに分かれる、というややこしい状況になりました。

一つは「美術」の中の「工芸」です。「美術としての工芸」とも言えるでしょう。もう一つは「美術」「工業」ではない「工芸」です。こちらは「産業としての工芸」です。

この2つの違いを非常に大まかですが、整理しておきましょう。

これらは、同じ「工芸」という言葉でありながら、微妙に立ち位置が異なるジャンルとして成立し、ときに反発し、ときに交わりながら展開していきます。そして、同じ「工芸」という言葉であるがゆえに、考える対象として同じものとして扱われがちであり、両者の違いが等閑視されることで、議論が錯綜することにもなりました。

次章では、このうち「産業としての工芸」の展開についてフォーカスして整理しながら、可能な限り「美術としての工芸」にも触れることで、工芸全体の歴史的展開を振り返ります。

第2章

産業としての近代工芸史

前章で、「工芸」という言葉・概念は、江戸時代までの前近代の手工業的なものづくりが、明治時代以降に「美術」「工業」といった西洋的・近代的なものづくりの世界に発展・再編される中で、その差異や同一性を際立たせるために発生したと書きました。また、その再編・発生の過程で「工芸」は「美術としての工芸」と「産業としての工芸」という大きく2つの流れに分かれ、相互に影響しながら展開するようになりました。

本章では、この2つの「工芸」のうち、本書のテーマでもある「産業としての工芸」に重点を置き、明治時代からこれまでの歴史的展開を整理したいと思います。

まずは「産業」という切り口を確認して、歴史展開を振り返る補助線にします。

国内産業と輸出産業

「産業」とは、私たちが普段の生活を含めて様々な活動をする上で必要となる、モノやサービスを生み出す活動の総称です。

これを分類すると、第一次（農林水産業）・第二次（鉱業・製造業）・第三次産業（サービス業）に、さらに製造業は食料品・衣服などの生活型、金属・化学などの素材型、自動車などの機械型へ、サービス業は金融・保険、商業（卸売・小売）、情報通信（ＩＴ）等へと細分化されていきます。一般的な産業分類に「工芸」はありませんが、生活型の製造業のうちの一つとして考えてよいでしょう。

また、国内・国外のどちらのマーケットが顧客として関係が深いか、つまり、国内で販売、海外へ輸出、どちらがその産業を支えているかによって「国内産業（内需型産業）」と「輸出産業（外需型産業）」に分けることができます。

どの産業が国内産業なのか、輸出産業なのかは、国や時代によって変化、違いがありますが、現在の日本では、農林水産業や食品加工等の製造業、観光業を除く大部分のサービス業が国内産業に当てはまり、私たちの生活を支えています。一方、輸出産業は、自動車や電子デバイス機器をはじめとする製造業、そしてインバウンド観光という外需の受け皿である観光業が当てはまります。

工芸は国内産業か輸出産業か？

では、「産業としての工芸」は国内産業と輸出産業のどちらでしょうか。

手工業的なものづくりである工芸の製品分野としては、食器などの日用品・雑貨、もしくは比較的趣味性が強く、価格の高いもの、例えば茶道具・花器・仏具や一部の高級インテリア・家具などが該当します。インテリア雑貨店・家具店や百貨店で売っているイメージですね。そうすると、基本的には国内の一般消費者向けの国内産業としての色合いが強い、ということになるでしょう。確かに、現在の日本の状況ではそうだと思いますし、歴史的に見ても、「産業としての工芸」は、国内における生活必需品の供給者としての役割を担ってきました。

一方、明治以降の「産業としての工芸」の歴史は、「輸出産業」としての歴史だと言ってもいい実態があります。

今では自動車や電子機器など、高い国際競争力を持つ製品・産業がたくさんある日本ですが、明治維新からしばらくの間、工業力で先行する欧米列強に対して日本が競争力を持つことができる産業は少なく、その数少ない「輸出産業」の一つとして工芸産業は多くの期待を背負い、政府によって様々な振興策が採られてきたのです。

3つの視点と4つの時代区分

明治維新からこれまでの約160年にわたって、「産業としての工芸」は、ときに国内産業、ときに輸出産業と力点を変えて展開します。この歴史を以下の3つの視点と4つの時代区分で整理していきます。

3つの視点

一つ目は、世界の状況（国際情勢）です。

日本の工芸を考えるのに海外のことなんて関係あるの？　と思われる方も多いかもしれません。しかし、先ほど述べたように、近代日本の歴史の中で、工芸産業は重要な輸出産業として展開してきたため、国際情勢に大きく左右されてきました。そこで、時代ごとの国際的な出来事の中で、特に工芸に関係が深いものを押さえていきます。

次に、日本の状況です。

明治時代になって日本はグローバルな国際秩序の中に組み込まれ、変転極まりない国際情勢に直面しながら、政治・経済・社会をドラスティックに変化させてきました。工芸は、こうした変化の中でそのあり方が模索されてきましたので、このことも簡潔に整理していきたいと思います。

最後に、工芸の展開です。国際情勢や日本国内の状況を受け、「美術として」もしくは「産業として」、そして産業としても国内産業と輸出産業の2つの間を行き来しながら変わっていきます。この動きを概観した上で、時代ごとの重要なトピックをいくつか紹介しながら進めていきます。

4つの時代区分

時代区分は以下の4つです。

1．明治時代（1868〜1912年）：ジャポニスムと美術工芸

欧米に肩を並べるべく近代国家への道を進む日本で、江戸時代から続く技芸を活かした美術工芸品が、海外のジャポニスムブームを追い風に大量に輸出された時代です。また、西洋から導入された「美術」体系の中に「美術工芸」として日本の工芸品を位置づけるための努力が行われます。

2．大正時代から昭和前期（1945年まで）：産業工芸とモダンデザイン

海外でのジャポニスムブームの終焉を受け、輸出向け工芸品の改良が必要になると同時に、国内でも一般生活の西洋化・近代化が進んだことで、消費財としての工芸品が求められるようになります。これは美術でも工業でもない「産業工芸」とされ、日本でも「デザイン」からのアプローチが開始されます。また、新工芸運動や民藝運動など、工芸を巡り様々な模索が行われるようになります。

3．終戦から戦後・1970年代まで：アメリカと伝統工芸

戦後の混乱期に、進駐軍向けの住宅・日用品や見返り物資を生産することで、工芸産業は復興を遂げ、その後もアメリカへの輸出が盛んに行われるようになります。また、今では当たり前に使われるようになった「伝統工芸」という言葉も１９５０年の文化財保護法の成立とともに誕生します。

４．１９８０年代〜２０００年まで：内需の拡大・低迷と伝産法

　高度経済成長が終わり、日米貿易摩擦により円高が進むと、日本は輸出主導型から内需主導型経済に転換します。そんな中、１９８５年のプラザ合意によって急激に円高が進み、工芸の輸出は大きく落ち込みますが、その一方で、戦後の人口増加の影響もあり工芸品に対する国内の需要は急拡大していきます。しかし、１９９０年代のバブル崩壊が打撃となって急速に需要は縮小、工芸産業は厳しい時代を迎えることになります。

1．明治時代（1868〜1912年）：ジャポニスムと美術工芸

それでは、詳しく見ていきましょう。

世界の状況：欧米列強の帝国主義と大量生産・消費社会の到来

18世紀中ごろから19世紀にかけて、欧米各国は、綿織物業・製鉄業の成長、蒸気機関というイノベーション、鉄道や蒸気船等の交通手段の発達等により、工場制機械工業が成立するいわゆる「産業革命」を迎え、経済的に急成長する「近代化」が始まりました。そして、その成長のベクトルはアジア・アフリカに向けられ、列強による植民地拡大が進み、帝国主義の時代となります。

例えばアジアは、イギリスがインドを完全に支配下に置き、中国でもアヘン戦争を通じて香港を獲得するなど有利な条約を締結、フランスはインドシナ半島を、オランダは東インド（現在のインドネシア）を支配、といったように列強による植民地支配が進み、資源の確保と市場の獲得競争の舞台となります。

また、欧米諸国内部では、産業革命によって資本家・経営者といった富裕層が登場、さら

に労働者として都市部に流入した人々が経済力を持ったことで、大量生産・大量消費社会が生まれます。パリやロンドンに百貨店が誕生したのもこの時期です。

一方、大量に生産され流通する工業製品が市場を覆うようになると、旧来の手工業は競争に負け、衰退していきました。これに危機感を持ち、一般の生活の中に美的な手工芸品を取り入れるべきだとして活動したのが、ウィリアム・モリスを中心とするアーツ・アンド・クラフツ（Arts and Crafts）運動です。モリス自身、1875年にモリス商会を設立し、手工業によるステンドグラスや壁紙などを製作・販売しました。このモリスの活動は、第一次世界大戦後に盛んとなるモダンデザインにおける源流の一つとされています。

日本の状況：明治新政府による近代国家への道

1853年、神奈川浦賀沖にマシュー・ペリーを司令官としたアメリカ海軍が大統領の親書を持ってやってきます。いわゆる黒船来航ですが、来航した4隻のうち2隻は蒸気船でした。蒸気船はまさに産業革命の象徴であり、その来航は欧米の帝国主義の矛先が日本に及んできたことを意味します。この黒船来航をきっかけに、幕府は欧米諸国と通商条約を締結する「開国」の道に進みますが、この条約が治外法権と関税自主権の点で、日本にとって不利・不平等だったことが問題になります。この対応を巡って、朝廷と幕府が対立する政治的混乱が生じた結果、1867年に幕府は朝廷に政治の主導権を返還、約250年続いた江戸時代は終わりを迎えます。

このように欧米列強を中心とした国際情勢の中、1868年（明治元年）に明治新政府のもと、日本は国家として新たなスタートを切ることになり、国として独立を保つため、欧米と比べて遜色《そんしょく》のない近代的な国家体制や産業を確立することが急務となります。

そこで打ち出されたスローガンが「富国強兵」です。これを実現するための施策として、江戸時代までの藩を単位とした分権的な体制から中央集権的な体制への移行、そして近代的な産業の育成（殖産興業）を推し進めていきます。前者は廃藩置県・秩禄処分に始まり、1889年（明治22年）の大日本帝国憲法公布、翌1890年（明治23年）の国会開設につながっていきます。また、後者の殖産興業では、欧米からの技術移転による製糸業・繊維業等の工業化、鉄道・通信網の整備等が進められ、明治時代の終わりごろには製鉄業も始まり、日本は欧米並みの産業革命を果たします。

こうして近代国家としての体制を作り上げた日本は、1894年（明治27年）の日清戦争、1904年（明治37年）の日露戦争を経て、幕末から抱えてきた欧米各国との不平等な通商条約の改正を実現、国際的に欧米列強と肩を並べる存在となりました。

工芸の展開：欧米への工芸品輸出と美術工芸

陶磁器・漆器・刀剣といった高級消費財の輸出は、江戸時代にも長崎出島を拠点に行われてきましたが、幕末から明治にかけて国として外国と通商条約を結ぶことで、国際的な経済秩序に組み込まれていくことになりました。しかし、明治時代は一時期を除いて輸入が輸出を上回る貿易赤字が続いており、輸出拡大は最重要課題の一つでした。

とはいえ、明治時代初期の日本は、近代的な工業を持つ欧米に対して優位に立つことができる製品はなく、主力輸出品は茶や生糸といった原料分野に限られていました。

そこで注目されたのが、日本各地で古くから作られてきた工芸品です。

折しも欧州では、植民地の拡大によってアジア・アフリカの風物に対して関心が高まっていたところ、幕末に開国した日本から多くの工芸品が紹介され、イギリス・フランスなどでは「ジャポニスム」と言われる一大日本ブームが起きます。これは先ほど触れたアーツ・アンド・クラフツ運動にも強く影響したと考えられています。

１８７３年（明治６年）にオーストリア・ハンガリー帝国の首都ウィーンで開催された万国博覧会に、明治政府として初めて参加し、その興隆をじかに知ることとなりました。明治政府は、海外向けの工芸品の生産・輸出を産業政策の一つに位置づけ、博覧会政策の実施（万国博覧会への参加と内国勧業博覧会の開催）、輸出商社としての「起立工商会社《きりゅうこうしょうがいしゃ》」の設立、輸出向け製品のための図案集「温知図録」の作成・指導などを行います。

また、江戸時代までの貴族・武家文化の中で高度化し洗練された技芸によって作られた工芸品は、欧米に対して日本の文化水準を示すためのツールとしても注目されました。そこで、欧米で自国の文化を誇るためのジャンルでもある「美術」の中に、日本の工芸品を「美術工芸」として位置づけるための取組みが進められたのです。

この工芸の展開の中から、①万国博覧会と内国勧業博覧会、②起立工商会社と図案振興、③美術振興と「美術工芸」の3点を見ていきましょう。

①万国博覧会と内国勧業博覧会

今年２０２５年に大阪・関西万博が開催されますが、この万国博覧会の始まりは１８５１

年のイギリス・ロンドンで開催された国際博覧会とされています。今では万博と言えば、平和の祭典というイメージですが、19世紀の万博は欧米列強が自国の工業力や文化力を顕示する国威発揚の場という意味合いの強いものでした。また、エジソンが発明した蓄音機などが出展されたり、白熱電球の照明により初の夜間開場が実現したりするなど、新たな技術が広く発表される場でもありました。建築においても、１８８９年（明治22年）の第4回パリ万博でエッフェル塔が建設されるなど大きな影響を残しています。

日本が万国博覧会に初めて参加したのは、１８６７年の第2回パリ万博です。このときは幕府・佐賀藩・薩摩藩が参加し、フランスでの日本ブーム「ジャポニスム」のきっかけにもなりました。

そして先述したように、工芸産業において重要なのは、明治政府が初めて参加した１８７３年のウィーン万博です。この万博への出品物は工芸品が中心で、注目を集めるための大型出品物としては名古屋城の金のシャチホコ、ハリボテ型の鎌倉大仏等、パビリオンとしては神社の社殿を模した建物、日本庭園、売店等が作られました。これらはジャポニスムブームを背景に大当たりし、ほとんどすべての出品物が会期中に売れてしまいました。

このウィーン万博での成功を受け、政府では工芸品

写真上／ウィーン万博での出展の様子　出典：博覧会―近代技術の展示場（国立国会図書館）
写真下／フィラデルフィア万博における日本の展示　出典：ColBase（https://colbase.nich.go.jp/）

の販路拡大と日本の美術水準のアピールを目的として、欧米で開催される主要な万国博覧会へ参加していきます。このような工芸に力を入れた参加方針は、ジャポニスムを意識した工芸品が旧態依然と評価されてしまう第5回パリ万博（1900年）まで続きました。

一方、明治政府は国内においても海外に輸出できるような製品の発掘や国内産業振興の場として、1877年（明治10年）から1903年（明治36年）まで5回にわたって国内版の博覧会と言える内国勧業博覧会を開催します。産業振興とともに一般に向けてのPRという目的もありました。この博覧会には、全国各地から職人が腕を競った工芸品が出品され、工芸の輸出産業化に向けた機運が盛り上がっていきます。

②輸出産業化政策　～起立工商会社と図案振興

江戸時代末～明治時代の主な万国博覧会

年	開催場所	概要
1851	ロンドン（第1回）	初の国際博覧会。ガラスと鉄骨の建築「クリスタルパレス」が建設される。
1853	ニューヨーク	アメリカで開催された初の国際博覧会。エレベーターが出品される。絵画・彫刻などの美術が多数出品。
1855	パリ（第1回）	フランス初の国際博覧会（初めて万国博覧会として開催された博覧会）。蒸気機関車、蒸気船等の大型機械が稼働。本格的な美術展示も行われる。シンガー社のミシンが金メダルを受賞。
1862	ロンドン（第2回）	日本の遣欧使節団が視察。駐日英公使オールコックが日本で収集したコレクションを展示。
1867	パリ（第2回）	初の量産家具であるトーネット社の曲木椅子が金メダルを受賞。日本初の正式参加。幕府・佐賀藩・薩摩藩が出品。
1873（M6）	ウィーン	明治新政府として初めて公式参加。工芸品の人気が高く、販売主体として起立工商会社を設立。
1876（M9）	フィラデルフィア	ベルの電話が一般公開される。起立工商会社ニューヨーク支店開設。
1878（M11）	パリ（第3回）	エジソンの蓄音機、自動車、冷蔵庫等が出展される。起立工商会社パリ支店開設。フランスにおけるジャポニスムの最盛期。
1889（M22）	パリ（第4回）	エッフェル塔建設。エジソンの白熱電球で初の夜間照明が行われる。
1893（M26）	シカゴ	空中観覧車の設置。日本の美術工芸品を「美術部」に出品することに成功。
1900（M33）	パリ（第5回）	会場全体に電気が用いられ、地下鉄や映画が公開される。日本は公式の日本美術史を発表するも、日本の工芸品の多くは美術部門に出品できず、「室内装飾」等に出品される。

出所：（株）日本経済研究所

万国博覧会や内国勧業博覧会はあくまで工芸品のお披露目の場という位置づけです。では、当の輸出向けの工芸品はどのように作られ、販売されたのでしょうか。ここでは明治政府が工芸品の輸出産業化政策として取り組んだ「起立工商会社」と「図案振興」について紹介します。

まず販売サイドからです。

1873年のウィーン万博で、日本からの出品物が売り切れたと前述しました。そのとき政府が民間事業者に直接販売するわけにはいかず、急遽販売会社として設立されたのが「起立工商会社」です。ウィーン万博に参画していた商人である松尾儀助と若井兼三郎を中心に組織されました。明治初期には三井物産、伊藤忠商事（当時「紅忠《べんちゅう》」）をはじめ貿易を担う商社の創業・創立が相次ぎ、起立工商会社もその一つに数えられますが、少し異なるのは、同社には政府も出資していた点です。現在の言い方では、工芸専門の第三セクター商社というところでしょうか。

写真左／政府が作成した「温知図録」　東京国立博物館蔵　Image: TNM Image Archives
写真右／美術工芸品として輸出された陶磁器　春名繁春《色絵金彩海龍図遊環花瓶》　石川県立美術館蔵

また、この会社が特徴的なのは、自社で

製造も手掛けていたこと。東京に3か所（浅草・木挽町・築地）の製造所を持ち、職人を雇用して、陶器・金工品・漆器を作っていました。雇用されていた職人の多くは、江戸時代には藩や寺社のお抱え職人で、明治時代になって職を失った腕利きの人たち。現存が確認されているものは少ないのですが、靖国神社に同社製の灯籠が残っています。

　このように自社で作った工芸品と、全国各地から依頼される万博への出品物を合わせて、政府に代わって万博に出品し販売、さらに海外から次の製品を受注するのが、同社の基本的なビジネスモデルです。海外支店は、フィラデルフィア万博(1876年)をきっかけにニューヨーク、第3回パリ万博（1878年）をきっかけにパリへと展開しました。

　では、どのような工芸品がジャポニスムで盛り上がる欧米で受けるのか、という製造サイドの政策はどのようなものだったのでしょうか。明治政府では1875年（明治8年）から1885年（明治18年）にかけて、全国の工芸製造者に対し工芸図案集である「温知図録」を作成し、それを貸し出すことで、輸出向けの工芸品製作を奨励します。政府がデザインブックを作り、全国に配ったというイメージです。このような図案の取組みは政府だけでなく、起立工商会社でも行われました（同社の図案集は現在東京藝術大学に保管されています）。

　こうして作られた工芸品の多くは現在でも海外に多く残っていますが、極めて緻密・精巧・絢爛《けんらん》豪華で、過剰に装飾的なものです。欧米でジャポニスムが流行していた当時、彼らが求める「日本」のイメージがどのようなもので、それに日本側がどう応答してきたかがよく分かるものと

輸出用に作られた漆器製家具
二代石井勇助《福寿文勇助塗飾棚》 高岡市美術館蔵

なっています。

しかし、豪華な富裕層向けの工芸品に対する需要は明治20年ごろには低下し、起立工商会社も１８９１年（明治24年）に解散します。その後も欧米では、一般の人々の住居の中まで日本からの工芸品がいきわたりますが、あまり品質が良くないものも多く、徐々に日本の工芸品の評価は落ちていってしまいます。そして、このことが大正時代以降における「産業としての工芸」の模索につながっていきます。

③美術振興と「美術工芸」

明治20年代に豪華な工芸品輸出にブレーキがかかってくると、政府は工芸品を「美術」に位置づけ、日本の文化水準の高さをアピールするための美術振興政策を進めます。

しかし、ここで「美術」が問題になります。

「美術」という言葉やジャンルは明治時代になるまで日本にはないものでした。万国博覧会への参加をきっかけに、ドイツ語のKunstや英語のartの翻訳語として生まれた言葉です。そして言葉と同時にその体系も導入されるのですが、基本的に西洋的な「美術」が指すものは絵画（洋画）や彫刻といった視覚芸術です。英語ではfine artやpure artと呼ばれる領域。一方、使用を前提とした陶磁器・金属器などはapplied art（応用芸術）やindustrial art（産業芸術）とされ、絵画・彫刻より下位のジャンルに分けられます。そして、より日用品に寄ったものはart以外の分野であるindustrial product（工業製品）やcraft（手作り品）に位置づけられます。

起立工商会社ニューヨーク支店
株式会社山中商会提供

では、日本の工芸品はどこに場を得ていくか。まだ西洋的な絵画・彫刻を持たない当時の日本には手工芸品しかありません。そこで、これを「美術」の中に位置づけ、西洋に認めさせる、ということが重要となりました。

それには、まず国内での体制を整えなければなりません。

１８８９年（明治22年）に開校した東京美術学校に絵画科・彫刻科と並び「美術工芸」科を置き、同年に開館した帝国博物館にも歴史部・美術部・「美術工芸」部・工芸部を設置します（工芸部はindustry＝工業を指します。当時は工芸と工業は使い分けられていませんでした）。

先述した内国勧業博覧会でも１８９０年（明治23年）に開催された第3回における製品分類で、大分類である「美術」のうちの中分類に「美術工業」が置かれ、１８９５年（明治28年）の第４回では大分類として「美術及美術工芸」となります。

このように国内では「美術」の中に「美術工芸」として工芸品の位置を確保する取組みが進められました。

次に海外に向けてはどのように展開していったのでしょうか。

「美術工芸」を「美術」として国際的に認知させるために、日本の優れた工芸品を万国博覧会の美術部門に出品する取組みが進められます。これには開催国の博覧会事務局との折衝が必要ですが、１８９３年（明治26年）のシカゴ万博でこれに成功。１９００年（明治33年）の第5回パリ万博に向かいます。

欧州でもフランスは文化・芸術の中心地なので、政府は大変に力を入れました。

出品する美術工芸品については、優れた技術を持つ作家・職人によって、皇室からの「御下命品」として製作が進められます。そして世界に向けて日本美術の歴史を発信するために、初めて日本美術史を整理し、まずフランス語で書いたものをパリ万博で公表、その翌年に「稿本日本帝国美術略史」として国内でも発刊しました。今では平安・鎌倉・江戸時代など各時代に工芸を置くのが美術史として一般的ですが、それを最初に行ったのが、この文書です（国会図書館がデジタル化しており、インターネットで全文を見ることができます）。

しかし、政府の力の入れようにもかかわらず、パリ万博の出品ルールは保守的な厳しいもので、日本の「美術工芸」の多くが「美術品」として認められず、美術部門への出品ができない、という事態となりました。ほとんどは装飾美術品や工業製品として美術部門以外に出品せざるを得なくなったのです。

こうして海外に向けた美術振興政策はいったん頓挫してしまいます。さらに1907年（明治40年）に総合美術展示会である文部省美術展覧会（文展）が初開催されますが、「日本画」「洋画」「彫刻」の3部門のスタートで、工芸が対象となる部門はありませんでした。

結果として、「美術としての工芸」＝「美術工芸」は、「美術の中」なのか「美術の外」なのか、海外でも国内でも、どちらとも取れない微妙な位置を占めるようになってしまいました。

1900年パリ万博の日本館パビリオン
高岡市立博物館蔵

もちろん、美術であろうとなかろうと、日本が歴史的に優れた工芸品をたくさん持っていることに変わりはありませんし、私たちは「工芸が日本美術における一つの重要なジャンルである」と言われて違和感はありません。一方、現在でも海外では未だに「美術」として扱われにくいという状況があります。これは明治の終わりから100年以上たった今でもなかなか解決できない難題です。

2．大正時代から昭和前期（1945年まで）：
産業工芸とモダンデザイン

世界の状況：2つの世界大戦間に大衆消費社会が生まれる

第一次世界大戦に始まり、第二次世界大戦に終わったこの時代、この2つの大戦の間の戦間期に経済社会は大きな変化を迎えます。

19世紀後半の欧米における産業革命と帝国主義は、国家間の対立につながり、最終的に第一次世界大戦につながります。1914年から1918年まで4年余りにわたって世界中を巻き込んだこの戦争で、その発端となり主な戦場となった欧州各国は、国民・産業・政治のすべてを戦争に投入する「総力戦」を展開しました。そして、その過程や結果によって、世界の経済社会も大きく変わっていきます。ここでは工芸に関連する変化を3つ挙げます。

まず一つ目は、貴族層が衰退し、一般市民の存在感が高まったことです。

ドイツやロシアでは革命が起き、オーストリア・ハンガリー帝国は崩壊、戦勝国のイギリスでも大英帝国からイギリス連邦への移行が進みます。政治・経済において主導的な役割を果たしてきた貴族層が衰退し、美術の世界でも、貴族層がサロンでその価値を決定する時代ではなくなります。一方、総力戦を実施するために大きな役割を果たした一般市民は『国民』としての意識を向上させ、社会全般にわたって存在感を高めていきます。

二つ目は、大衆による消費社会の誕生です。

戦争で欧州が混乱する中、アメリカは大戦景気に沸き、戦後は名実ともに世界でトップの大国に躍り出ます。１９２０年代のアメリカは「狂乱の20年代」とも言われ、一般の人々が大量のモノを購入し、レジャーを楽しむという大衆消費社会が花咲きます（ジャズが大流行し、ラジオ放送が開始され、映画産業の拠点としてハリウッドが成長するのもこの時代です）。そして、戦後復興で工業力が急回復し、さらに都市化が進んだ欧州でも、アメリカの影響を受け、近代的な都市を中心に大衆による消費社会が成長していきます。

三つ目は、モダンデザインの誕生です。

19世紀末にもアーツ・アンド・クラフツ運動やアール・ヌーヴォーなど、大量生産される工業製品に対して、美術と手工芸を融合し建築や生活の中に「美しいもの」を導入する動きはありましたが、これらは基本的に手仕事の一点ものが主であり、それを享受できるのは、やはり旧来の富裕層に限られていました。

しかし、第一次世界大戦後に急速に発展した大衆消費社会では、一般の人々、特に都市部の生活者をターゲットにする必要があります。そこで、一定の量産を前提に（つまり手工業と機械的工業を組み合わせて）、機能的かつ美しい造形物・製品（機能性を邪魔しないように、不要な装飾を排除したもの）を提案することが、建築や家具・日用品などの、主に生活に関連するものづくりにおける新しい課題となります。この課題に向き合って様々な提案を行ってきたのが産業デザイン（プロダクトデザイン）としての「モダンデザイン」です。

ドイツにおけるドイツ工作連盟からバウハウスの流れ、ル・コルビュジエの建築や家具などが代表的な例であり、１９２５年の第6回パリ万博（アール・デコ博）からブームとなるアール・デコもこの流れに位置づけられます。今に至るまでものづくりのあり方に強い影響を与えるモダンデザインは第一次世界大戦後の戦間期にその基礎を築いた、と言えるでしょう。

さて、このように2つの世界大戦間に生まれた消費社会ですが、１９２９年にアメリカから起こった世界恐慌で大打撃を受けます。その後、各国は自国の経済圏を守るためのブロック経済化を進め、それが第二次世界大戦（１９３９〜１９４５年）につながります。消費社会は停滞を余儀なくされました。

日本の状況：列強の一員となり近代的な都市・社会に変貌していく

第一次世界大戦に参戦した日本は中国で勢力を拡大し、列強としての地位を高めていきます。また、欧米諸国が長期間にわたる戦争を続ける中、欧米からの輸入がストップし、逆に軍需品や日用品が日本から輸出されるようになったこともあり、日本も大戦景気に沸きます。そして、造船業、海運業、鉄鋼業、化学工業などが急速に進展し、日本は工業国に変化していきます。この工業化や輸出によって急速に成長した企業家を当時の人々は「成金」といいました。

この大戦景気による経済発展や工業化の進展は、戦後の欧米と同じように、日本における都市化や大衆化を強く後押しします。特に東京・大阪・名古屋などの都市部では人口が急増し、鉄道・道路、水道・電力など都市インフラの整備が進み、近代的なビルや住宅も建設されるようになりました。

そうなると生活スタイルも変わっていきます。都市部で新たに中産階級の存在感が高まり、家庭用品や衣料品・食料品などの消費財の需要が増え、これら広範な商品を取り扱う百貨店が消費の中心地となります。さらに新聞、雑誌、ラジオといったメディアが成長し、消費者の購買意欲を刺激します。今とほぼ変わらない消費社会だと言えるでしょう。

この生活スタイルの変化をさらに推し進めようとしたのが、1920年（大正9年）から文部省が主導して進めた生活改善運動です。この運動は、床に直接座るのではなく、椅子に座りましょう、という「椅子式生活」に象徴されるように、産業に続いて一般の日常生活も近代化しようとするものでした。

そして決定打となったのが、1923年（大正12年）の関東大震災です。当時まだ多く残っていた江戸時代の街並みはなくなり、東京は真に近代的な都市に変貌し、オフィスや家庭でも「椅子式生活」が一般化していきます。

このように大正時代から昭和初期にかけて近代的な都市化・消費社会化が進んでいくのですが、世界の状況と同じく、世界恐慌（日本では昭和恐慌）で経済は停滞、その影響は長く続き、最終的に日本は第二次世界大戦に突入していきます。

工芸の展開：産業工芸と様々な工芸

明治時代は欧米のジャポニスムブームを受け、日本から多くの工芸品が輸出されましたが、明治の終わりごろにはブームが沈静化し、ブームを当て込んだ粗悪品も横行するようになります。この状況に危機感を募らせた担当省庁である農商務省が中心となって、意匠・品質改善などの商品改良を進めます。つまりは輸出産業としてのテコ入れです。

そこで着目されたのが、家具や日用品・雑貨などの消費財の分野です。

先述の通り、第一次世界大戦の結果、欧州では従来の貴族層は弱体化し、さらにアメリカも含め都市化が進み、大衆消費社会が生まれていました。狙うべきターゲットは都市部に住む一般の人々、その消費力となったのです。この潮流は日本にも当てはまりますので、輸出産業化と合わせて、国内の生活スタイルの変化にも対応が求められました。

そうなると、「一定の量産を前提に機能的かつ美しい造形物・製品を提案する」という世界的な流れに、日本の工芸も対応する必要が出てきます。つまり、従来の「美術としての工芸」ではなく、「産業としての工芸」が求められるようになった、ということです。鑑賞の対象物ではなく、生活の中で使うモノへの転換としてもよいでしょう。

この工芸のあり方を当時は「美術工芸」とは別に「産業工芸」や「経済的工芸」と呼びました（ここでは「産業工芸」に統一します）。

「産業工芸」としての展開は、これもまた欧米と同様に、工芸的な技術を基盤としつつも、機械的工業の導入やデザイン（当時は「図案」と言いました）の研究・実装が重要となってきます。特にデザインについては、従来の通りでは上手くいかないので、政府によって以下のような多くの取組みが行われました。

1913年（大正2年）に工芸とデザインの公募展である農商務省主催図案及応用作品展覧会（農展）がスタート、その後、主催者や名称を変えながら1941年（昭和16年）の工芸品輸出振興展覧会まで続きます。教育の分野でも1921年（大正10年）に東京高等工芸学校（現在の千葉大学工学部）が設置され、デザイン教育が強化されます。民間を巻き込んだ動きとしては帝国工芸会があります。1926年（大正15年）に官民の工芸関係者によって設立されデザインによる産業工芸振興の旗振り役となりました。

こうした中、最大の施策と言えるのが商工省（農商務省から分離し発足）によって1928年（昭和3年）、仙台に設立された工芸指導所です。これは国立のデザイン研究・振興センターと言うべきもので、「産業工芸」の強力なけん引役として、この時代だけでなく、戦後も活躍する組織となりました。この活動については後述します。

また、この時代に美術では前衛（アバンギャルド）、文学ではプロレタリア・新感覚派等、様々なアプローチが出てきますが、工芸の分野では「産業工芸」以外にも新工芸運動・民藝運動などの多くの模索が連打されます。

一方、作り手サイドから次々出てくる動きとは別に、都市部の人々の新たな消費の場として誕生した百貨店では、懐古的な江戸趣味を打ち出した工芸品、財閥等の企業家が好んだ茶道が一般化したことで茶道具などが人気を集めていきます。国内産業としても新たな展開を見せるのです。

しかし、日中戦争から第二次世界大戦下の日本では、贅沢品の製造・販売を禁止するいわゆる七・七禁令などの経済統制により消費は落ち込みます。そして工芸産業も戦時体制に組み込まれることになり、そのまま終戦を迎えます。
少し長くなりましたが、以下では順に、①工芸指導所の活動、②様々な工芸の模索、③百貨店と工芸についてフォーカスしていきましょう。

①工芸指導所の活動

先述の通り、1928年に仙台で日本初の国立デザイン研究・振興センターとして工芸指導所が発足。ここから現代的な産業デザイン（プロダクトデザイン）の導入が本格的に開始されます。同所は戦後1952年（昭和27年）に機構改革し産業工芸試験所となり、その後、1969年（昭和44年）に活動を終えるまで、日本のプロダクトデザインをけん引する立場として、デザイン界に大きな影響を残しました。「デザイン経営」などを掲げたデザイン政策は現在の政府も行っていますが、同所はその起点として位置づけられています。

1928年の同所設立の趣旨・目的は、「我国在来の工芸的手工業に対して、工業に関する最新の科学及技術を応用利用することを指導奨励して、其《そ》の製品を海外市場に輸出するに適当ならしむ」（原文は漢字以外はカタカナ）でした。つまりは工芸の輸出産業化です。当時は「輸出工芸」の取組みとされました。

その活動は大きく2つの方向性で進みます。

一つは、「固有工芸」の改良です。

「固有工芸」とは聞きなれない言葉ですが、同所では、日本の農村で古くから行われてきた副業的なものづくり等を、土着的で風土に根差した日本固有のものづくりとして位置づけ、これを「固有工芸」として、その輸出産業化に取り組みま

工芸指導所と所員（左から7番目：ブルーノ・タウト）
剣持デザイン研究所提供

した。具体的には竹を使った椅子・ビールカップ・電気スタンド、籐・竹皮を素材としたカゴなどが実験的に作られていきます。これらは製品開発に並んで力を入れた海外デザインの調査結果を応用するかたちで進められました。

もう一つは、先進的なデザインプロセスの導入です。

これはドイツ出身の世界的な建築家・デザイナーであるブルーノ・タウトによってもたらされました。当時、ドイツで政治的実権を握ったナチスによる迫害を逃れ、来日していたタウトは、同所主催の展示会を見て、「欧米のものまね、やっつけ仕事に過ぎない」と酷評します。これを機に同所はタウトを招き、調査研究から設計、製造に至るプロセス、椅子や照明器具（ランプ）等の基本となるデザイン（規範原型）等、当時最先端のデザインとその考え方・プロセスを学んでいきます。タウトが所属したのは、わずか4か月たらずでしたが、その指導を受けた剣持勇《けんもちいさむ》・豊口克平《とよぐちかつへい》などは、戦後もプロダクトデザイナーとして活躍することとなります。

また、タウトの他に、フランスでル・コルビュジエと行動を共にしていたシャルロット・ペリアン等の世界の第一線で活躍するデザイナーが招かれました。ペリアンは日本中を回り工芸に関する調査をしましたが、そのアシスタントとして同行したのが、後に日本を代表するデザイナーとなる柳宗理《やなぎそうり》です（民藝運動を主導した柳宗悦《むねよし》がお父さんです）。

こうしてみると、現在の私たちが考える「デザイン」（特にプロダクトデザイン）というものは、「産業としての工芸」から始まったと言ってもよいでしょう。

また、「輸出工芸」の開発の他にも、ＫＳ磁石鋼の工芸品への応用、金属粉の漆塗への応用（玉虫塗）などの技術開発、機関誌「工芸ニュース」による調査・研究成果の全国的な発信も行

ブルーノ・タウトが日本滞在中にデザインしたモザイク丸形パウダーケース（左）、モザイク角形シガレット入れ（右）　群馬県立歴史博物館蔵

われました。特に「工芸ニュース」は戦後も発行が続き、デザインやその考え方の普及に重要な役割を果たしました。

このように様々な活動が行われましたが、当初の目的である工芸品の改良による輸出拡大は実現できませんでした。そして、戦時体制下で木製戦闘機部品の研究開発や代用品の研究をしているうちに終戦を迎えます。同所の取組みの成果が表れるのは、戦後の復興期ですが、それは次の時代で見ることにしましょう。

②様々な工芸の模索

工芸の輸出拡大を目指した「産業工芸」は政府主導で進みましたが、この時代には民間からも様々な模索が進められ、新しい工芸のイメージが連打されていきます。「美術としての工芸」「産業としての工芸」、そしてこれら2つとは異なるアプローチから提案された「民藝」、それぞれの動きを見ていきます。

■「美術としての工芸」

この時代になると、明治時代になってから生まれ、東京美術学校等で学んだ工芸作家が多くなり、オーダー通りに製作する職人ではなく、表現者、いわゆる作家としての意識が高まってきます。この工芸の傾向は、明治以来の美術工芸の流れで、伝統的な技巧を凝らした陶磁器・漆器・金工等を追求する「純粋工芸」グループ（工芸済々会等）と近代的な生活や海外の動向（アール・デコ等）を踏まえて前衛的な製作を志す「新工芸」グループに分かれていきます。

後者の「新工芸」グループとしては、作家集団である无型《むけい》、赤土社、日本工芸美術会、工

シャルロット・ペリアン指導による木製折りたたみ寝椅子　山形県立博物館蔵　© ADAGP, Paris & JASPAR, Tokyo, 2024 X0362

人社などが代表的です。新しい都市や社会の中で「生活(実用)と美術の融合」「美しい実用品」といった当時の先端的な時代感覚をもって活動しました。

そして、両グループともに念願とし、政府に要望していたのが、文展(文部省美術展覧会)・帝展(帝国美術院展覧会)において発表の場を得ることでした。これは1927年(昭和2年)帝展での第四部「美術工芸」の設置によって実現し、明治以来、宙ぶらりんとなっていた「美術としての工芸」の位置づけが、国内ではやっと決着しました。

戦後、文展・帝展は日展(日本美術展覧会)となりますが、部門構成は「書」が追加され5部門となった他は4部門ともそのまま継承されています。

■「産業としての工芸」

一方、政府が工芸指導所を中心として進めた「産業としての工芸」についても、民間から動きが出てきます。先ほどの「新工芸」グループが「生活と美術の融合」「美しい実用品」を掲げた、としましたが、これは明らかに「美術工芸」よりも「産業工芸」と親和性が高いものでした。そのため、せっかく始まった帝展第四部でしたが、その美術に寄った鑑賞本位の工芸観とは相いれません。そこで无型に参加した作家が中心となり、実在工芸美術会を設立、新たに実在工芸展を開催しま

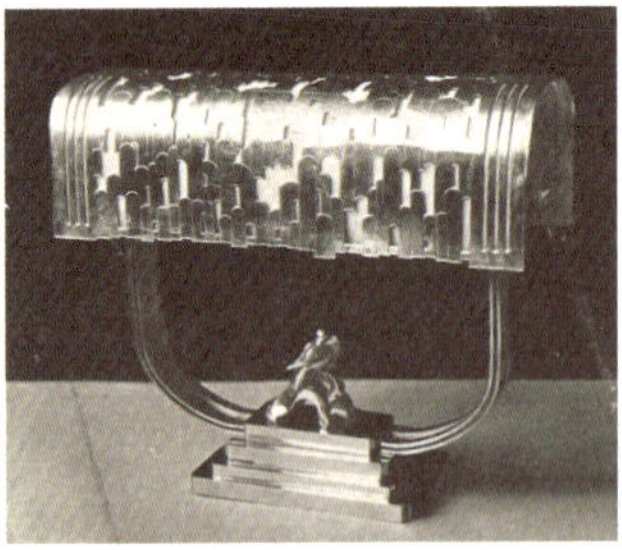

実在工芸美術一回展の出品作品(「帝国工芸」1936年6月号より) 喫煙具(上)、電気スタンド(下)

す。

この展覧会は、現代（当時）の生活の中で実用的であり美しいもの（彼らは「用即美」と言いました）を扱うとして、一般工芸品部門と2つのデザイン部門（建築に関する立体図案と大量生産品の平面図案）の計3部門が設けられました。ここには、実在工芸美術会の作家だけでなく、ドイツのバウハウスで学んだ山脇道子・大野玉枝、工芸指導所から芳武《よしたけ》茂介《もすけ》・剣持勇なども参加、政府機関である工芸指導所・陶磁器試験場も出品するなど、当時もっとも注目される工芸・デザインの展覧会となりました。ちなみにこの展覧会では出品物の販売もあり、売上も非常によかったそうです。

この実在工芸美術会の他にも、官民が連携して設立し近代的なデザイン・技術の導入に向けて活動した帝国工芸会、近代的生活に合った家具等のプロダクトデザインを追求した型而工房など、工芸の産業化を目指した取組みは１９２０年から１９３０年代にかけて盛んとなりました。

■「民藝」

「美術としての工芸」も「産業としての工芸」も多かれ少なかれ政府の美術もしくは産業政策の影響によって導かれてきましたが、この流れと違う切り口からアプローチしたのが、柳宗悦をオピニオンリーダーとする「民藝」運動です。１９２６年（大正15年）に柳宗悦、河井寛次郎、濱田庄司、富本憲吉の４名連名で「日本民藝美術館設立趣意書」が発表されたことから、本格的にスタートしました。

型而工房サイドチェア（サイドチェア）
武蔵野美術大学 美術館・図書館提供
写真は武蔵野美術大学工芸工業デザイン学科インテリアデザイン研究室による再製作（1978年）

柳宗悦は宗教哲学者でもあり、民藝論以外にも多くの著作を残しています。また、関連する多くの書籍もありますので、とても「民藝」思想を一言で解説することはできませんが、まず次のように理解してもよいかと思います。

工芸には「貴族的工芸」と「民衆的工芸」がある。前者は上手物として皇族・貴族・武士・富裕な商人に向けられたもので、明治に入ってからも美術的に価値の高いものとして評価がなされ、作り手は名人・作家として高く扱われる。一方で、農村や町中の庶民が使ってきた日用品や仕事道具（農具や工具）は下手物として、従来誰も評価してこなかった。しかし、誰が作ったかも分からない庶民的な工芸品の中には、生活に密着した力強さ、巧むことなく生じた美しさがある（ここから「用の美」という言葉も生まれます）。そして、これらを作った人々は、自分の名を残そうという意図もなく、ただ身近な生活（これは祭礼や宗教的なものも含みます）に必要であるという一心で、手仕事を楽しみながら作っている。このように名もない庶民の中で生まれた民衆的工芸（民藝）と無名の工人による手仕事にこそ人間の本質的な美しさがあるのではないか。

この民藝の考えは、技芸の競争や自己表現の追求に傾きがちな「美術としての工芸」、工業化を是とし近代的な生活スタイルへの対応を急ぐ「産業としての工芸」に対して、まったく異なる価値基準を示したものと言えるでしょう。また、民藝の特徴は、単なるモノに関する芸術論ではなく、作り手のあり方から使用する人々の生活のあり方（経済倫理と言ってもいいかもしれません）までも含んでいる点にあります。特に「手

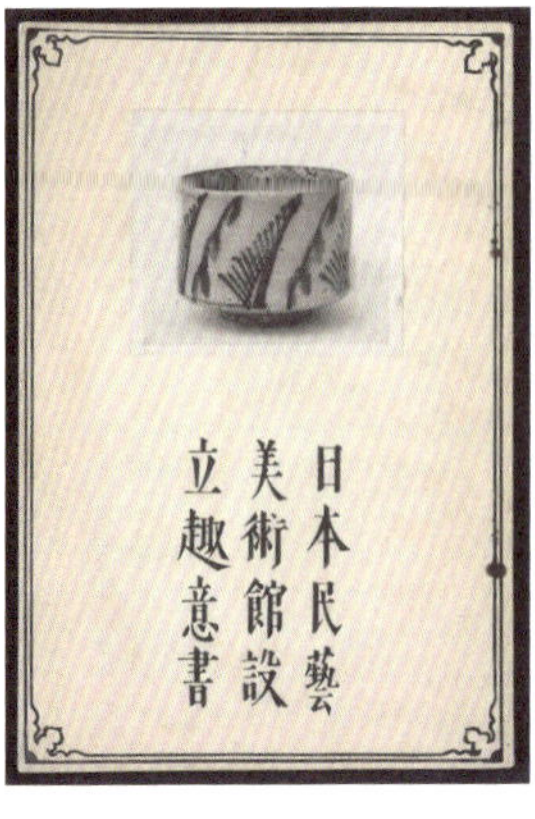

日本民藝美術館設立趣意書
日本民藝館提供

仕事」を本来的な正しいものづくりのあり方とする点は、今の私たちの工芸に対するイメージ・評価にも強い影響を与えることになりました。

1926年以降の民藝運動は、1931年（昭和6年）の雑誌「工藝」の発行開始、1934年（昭和9年）の日本民藝協会の設立、1936年（昭和11年）の日本民藝館の開設と続いていきますが、ここではその事業的・ビジネス的な側面に注目したいと思います。

「民藝」運動とビジネスとは相いれないように感じますが、実際は柳自身が深くかかわりながら民藝ビジネスが進められました。なぜなら全国から民芸品を収集し陳列するだけでは、時代の変化する中、従来の民藝的なものづくりは衰退するほかなく、新たな製品を作り、情報発信し販路も確保することが重要と考えられたからです。このように思想の発信だけではなく、事業も手掛けたところが民藝運動の最も重要な点ではないでしょうか。

1930年代から柳をはじめとする民藝運動のリーダーは、全国各地を訪問し、地方民藝の発掘を進めるとともに、新作の指導も進めます。これを「新作民藝」運動と言います。そして指導の結果出来上がった新作民藝を販売するため、1933年（昭和8年）東京銀座に販売拠点である「たくみ工藝店」を開きます。この運営は翌年に設立された（株）たくみが担いました。さらに、東京高島屋で開催した「現代日本民藝展」を皮切りに、大阪・京都など全国で展示・販売会を開いていきます。当時のメディアは紙が中心ですから、既刊の雑誌「工藝」や新たに創刊した雑誌「民藝」などでの情報発信にも力を入れていきます。

「たくみ工藝店」東京店内
鳥取民藝美術館提供

このように、単なる思想の普及だけでなく、製品開発から流通・販売、イベント開催、情報発信までを企画・実施してきたのが民藝運動なのです。これは現在でも学ぶべき点が多いように思います。

また、民藝リーダーによる指導は戦後も行われ、今でも活躍する松本民芸家具（長野県）、出西窯《しゅっさいがま》（島根県）、梅野精陶所（愛媛県）などにその雰囲気は息づいています。

③百貨店と工芸

さて、ここまで見てきた工芸の展開は、当時の一般の人々にとってみれば、実はあまり関係のないものだったと言っていいでしょう。全国各地で工芸品を作る人々にとっても、そうだったかもしれません。

しかし、この時代に誕生した百貨店が「国内産業」としての工芸のあり方を大きく変えていきます。

少し遡りますが、１９０４年（明治37年）に三越呉服店が「デパートメントストア宣言」を発表し、日本初の百貨店としてスタートします。百貨店は様々なジャンルの商品を陳列して販売するものです。当時の呉服店では座売り（店員は店内の畳に座っていて、お客さんが来ると畳に上げて、その要望に応じて店の奥から商品を出す販売方法）が当たり前でしたので、陳列販売は画期的だったのです。高島屋、松坂屋なども呉服店から百貨店に転じた例です。その後、東京・大阪・名古屋などの大都市で百貨店が続々と増えていき、今ではおなじみのターミナル駅に直結した百貨店も登場します（大阪の阪急百貨店や東京浅草の松屋など）。第一次世界大戦の影響による大戦景気をきっかけとして地方都市でも百貨店が見られるようになります。

この時代、百貨店は単なる買い物の場としてではなく、都市における消費文化の象徴・発信拠点として機能し、「百貨店文化」とまで言われる存在感を持つようになります。その中で、百貨店美術部が扱う「新美術」や「風流道具」と呼ばれた工芸品は、キラーコンテンツの一つとして、広く一般の人々の消費の対象となりました。工芸産業からすると、百貨店は都市での需要獲得のための重要な場となり、そこでの需要に対応するために工芸産業のあり方も変えていくのです。つまり、百貨店は工芸の「国内産業」化に大きな役割を果たしたと言えます。

その役割とは主に次の3つにまとめられます。

■重要な販路となり新たな流通構造を生んだ

今も昔も百貨店の主力商品分野は衣服（アパレル・ファッション）が中心ですが、この時代の百貨店では、陶磁器・漆器などの食器類、火鉢・箪笥・椅子などの家具、茶道具・花器等、ありとあらゆる工芸品が全国から集められ、数多く販売されました。

全国各地から大都市に、という商品の流れを可能にするのが流通です。これは物流と商流に分かれます。

まず、物流面では明治以来整備が進められてきた全国的な鉄道網の存在が、百貨店による商品集めを後押しします。

一方、商流面は、百貨店が全国各地に工芸品を発注するに当たって、個人や家族的な経営体が大部分を占める工芸の作り手に一軒一軒依頼するわけにはいきません。そこで工芸産地側では百貨店からの受発注と決済の窓口となり、製品をまとめて発送する役割を担う問屋（工芸産地側の問屋なので「産地問屋」とも言います）が発展します。

このように地方部の産地問屋が消費地である大都市から注文を受け、産地内の作り手に発注し集荷するという流通構造は、この後、現在に至るまで工芸産地の産業構造を規定していくことになります。

■「日本っぽい」「和風」の工芸品を生んだ

この時代に成立した近代的な都市には、多くの中間層が登場します。この中間層の多くは、もともと地方で生まれ、仕事を求めて都市部に出てきた人々でした。こうした人々の生活に一定の余裕が出てくると、それまで憧れでしかなかった「文化的」で「趣味の良い」モノを積極的に購入するようになります。

そこで百貨店では、まだまだ高価であった欧米からの舶来品ではなく、当時、近代化の中で懐古的に流行していた「江戸趣味」、財閥や超富裕層が熱中した「茶道」「古美術」に目を付け、手ごろな価格で江戸っぽい、本物らしい工芸品（例えば有名な抹茶碗によく似たもの）を提供し、中間層の憧れを満たすという販売戦略を取ります。さらに、正月・雛祭り・七五三・婚礼などのライフイベントでの消費を盛り上げていきます。これらのイベント

昭和初期に人気を博した「国風」家具
一般財団法人 J. フロント リテイリング史料館提供

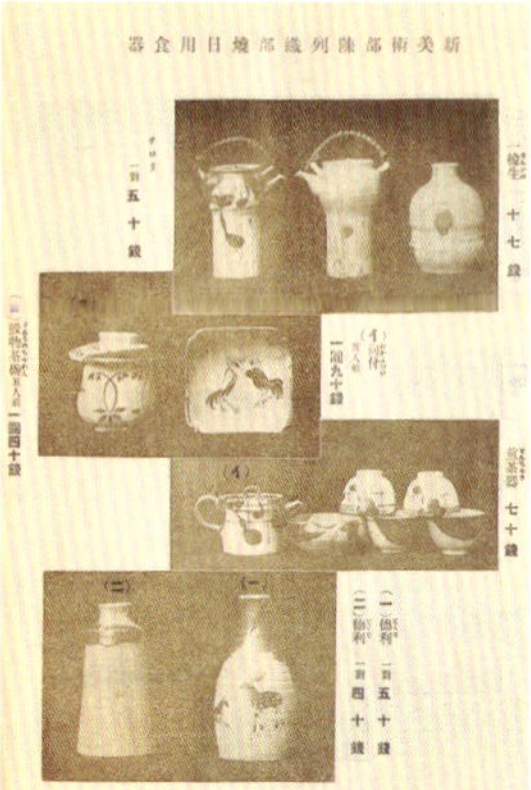

大正時代に販売された「新美術」としての工芸品　株式会社三越伊勢丹ホールディングス提供

は今では伝統的なものと思われがちですが、実際は百貨店による広告効果によって一般的なものとなったものも多いのです。ちなみにクリスマスも同様ですが、こちらは伝統的とはされません。

そして、このような大衆向けの製品づくりの中で生まれたのが「純日本風」「和風」「国風」など、江戸時代までの日本にはなかったけれど、「何となく日本っぽい」というテイストです。これは百貨店の仕掛ける製品企画や販売イベントで誕生しました。

現在、「伝統的」とされているものも、実はこの当時にできた「和風」の踏襲だったりします。この時代の百貨店の販売戦略は、今の私たちにも強い影響を残していると言えるでしょう。

■様々な工芸運動における発表の場となった

百貨店は登場してから初期の段階で、自ら美術品や工芸品の展示販売会を多数企画・開催し、都市部の消費者の注目を集める工夫を行います。このことが、百貨店が消費文化の発信拠点となることに大きく寄与しました。

この発信力は、これまで見た新工芸運動や民藝運動を主導してきた団体にとっても魅力でした。例えば「現代日本民藝展」が高島屋で開催されたように、百貨店は、彼らの活動内容を発表し販売につなげる場として、その展開を支える存在となります。

このような百貨店の文化発信力は、戦後も重要な役割を果たしますが、1990年代のバブル崩壊後は徐々に低下していきます。

3．終戦から戦後・1970年代まで：アメリカと伝統工芸

世界の状況：冷戦と貿易摩擦

第二次世界大戦の結果、世界はアメリカを中心とした資本主義陣営（西側）とソビエト連邦（ソ連）を中心とした共産主義陣営（東側）の2つに分かれ対立する東西冷戦の時代を迎えます。両陣営の対立は1991年のソ連崩壊まで続いていきます。一方、欧州各国は戦勝国も敗戦国もともに大きな被害を受け、イギリス・フランス・西ドイツ・イタリアなどはアメリカによる欧州復興計画（マーシャル・プラン）などにより復興が進められていきました。

このような中、経済的にはアメリカの一人勝ちという状況になります。特に1950年代を中心に第一次世界大戦後と同じように「ゴールデン・エイジ」ともされる経済発展を見せ、産業の多様化と技術革新が進み、国内の消費市場も大きく成長しました。

しかし、1960年代中ごろから、徐々にアメリカ経済にも影が差します。その要因は2つあります。一つは米ソ冷戦の代理戦争でもあるベトナム戦争です。アメリカはこの戦争におよそ10年にわたって参戦しますが、その戦費増大が経済を圧迫します。もう一つは西ドイ

ツをはじめとする西ヨーロッパ諸国と日本の経済復興です。アメリカは戦後これらの国に製品を輸出する立場でしたが、それが逆転し、1971年には貿易赤字に転じるのです。これは南北戦争後に貿易黒字に転じてから、およそ100年ぶりのことでした。

これらアメリカの財政・国際収支の悪化から、アメリカは自国が主導した戦後の経済秩序であるブレトンウッズ体制（米ドルを基軸とした固定相場制）の維持が困難となり、1971年に当時のニクソン大統領がドルと金の交換を停止（ニクソン・ショックと言われます）、1973年までに主要国は変動相場制へ移行します。これらの結果、米ドルは下落（ドル安）し、世界経済は新たなフェーズに入っていきます。

日本の状況：戦後復興と高度経済成長

第二次世界大戦終戦後の日本は、都市・インフラ・産業基盤すべてにおいて壊滅的な状況から復興を始めることになりました。このとき復興を主導したのは、当時、日本の占領政策を実施していたGHQ（連合国軍最高司令官総司令部）です。ほぼアメリカと言ってもよいでしょう。ちなみにこの占領下で作られた日本製品には「made in Japan」ではなく、「made in occupied Japan（占領下の日本製）」と印字されています。

この占領政策は、冷戦下の米ソ代理戦争の一つである朝鮮戦争をきっかけに終了します。アメリカにとって日本はアジアにおける西側陣営の拠点、かつ東側への最前線拠点として重要となったためです。1952年（昭和27年）にサンフランシスコ平和条約が発効され、日本は独立を回復します。この朝鮮戦争をきっかけに大量の軍事物資を供給することになった日本経済は活性化し、復興フェーズから高度経済成長期に移っていきました。

１９６０年代になると所得倍増計画により産業基盤の整備が進み、自動車・電子機器・機械などを中心に技術革新が続いたことで、日本の製造業は輸出産業として急成長します。

こうして人々の生活も豊かになっていきます。まず１９５０年代から「三種の神器（白黒テレビ・洗濯機・冷蔵庫）」、１９６４年（昭和39年）の東京オリンピック開催の頃には「新・三種の神器（カラーテレビ・クーラー・自動車）」が一般化。急速に一般家庭に電気製品（白物家電）が普及し、家庭生活のあり方は大きく変化したのです。

このような高度経済成長は、１９７０年（昭和45年）に開催された大阪万博あたりでピークを迎えます。

１９７３年（昭和48年）の変動相場制への移行は、日本にとってはアメリカへの輸出条件の悪化であり、輸出主導型の経済成長に歯止めをかけるものでした。また、同年に第４次中東戦争をきっかけとした原油価格の高騰（オイルショック）が発生。日本の産業インフラは中東からの原油に依存していたので、物価が異常に高騰し、日本経済は混乱、１９７４年（昭和49年）には戦後初めて経済成長率がマイナスを記録します。

その後の日本は、高度経済成長から安定成長期、輸出主導から内需主導へと経済成長のモデルを変えていくことになります。

工芸の展開：アメリカと伝統工芸

敗戦によって日本の産業は大きな被害を受け、その回復の始まりは、朝鮮戦争による特需

（アメリカ軍からの大量物資買い付け）までおよそ5年を待つことになります。

一方、工芸については、「産業として」も「美術として」もいち早く復興や地位向上を果たしていきます。これにはアメリカの動向が大きく影響しました。

まず、「産業としての工芸」です。

日本を占領下においたGHQですが、そのGHQから日本政府に対して進駐軍とその家族用の住宅建設（デペンデント・ハウス）と家具・日用品などの設計・生産が命じられます。また、終戦後の食糧難をGHQ（特にアメリカ）からの食糧支援によって乗り切りましたが、その支援を受けるための「見返り物資」として工芸品が選ばれ、輸出向けの工芸品の製造・供給が行われました（その他はカメラなどです）。このように、戦後すぐの占領下において工芸はGHQ、実質的にはアメリカからの要求に応える形で、「輸出産業」として復興に向かっていきました。

また、国内での工芸需要は、高度経済成長を迎える中、戦前と同様に百貨店において様々な美術展・工芸展が開催されるようになり、徐々に回復を見せていきます。

一方、「美術としての工芸」でも大きな変化がありました。「伝統工芸」の誕生です。

１９５０年（昭和25年）に文化財保護法が制定・公布され、この中でモノ（有形文化財）だけでなく、人が持つ技術（見えないもの）についても「（助成の措置を講ずべき）無形文化財」として保護することが定められました。そして、この無形文化財である工芸作品の一般公開を目的に開催されたのが、１９５４年（昭和29年）の「無形文化財日本伝統工芸展」です。このとき初めて「伝統工芸」という言葉が公式に使われるようになりました。

以下では、この中からアメリカ向けの工芸生産・輸出と伝統工芸の誕生について詳しく見ていきたいと思います。

アメリカ向けの工芸生産・輸出

①進駐軍向けの住宅・家具・日用品供給

占領下で、GHQから日本政府に対して行われた住宅と家具・日用品の発注は、それまで日本の工芸産業が経験したことのない規模の大きさでした。

進駐軍とその家族向けの住宅は「デペンデント・ハウス」とも呼ばれる規格住宅であり、日本国内に1万6千戸、朝鮮に4千戸の合計2万戸の建設が求められました。日本国内分の多くは東京にあります。代々木のワシントンハイツ（現在の代々木公園等のエリア）、練馬のグラントハイツ（現在の光が丘エリア）などが代表的です。また、住宅内の家具については、イス・テーブル・洋服タンスなど約30種類・95万点の設計・製造が発注されました。その他の食器・日用品については、日本政府から全国の製造者に発注されました。2万戸の住人分ですから、当時の製造能力にすれば例を見ない大規模な発注だったと言えるでしょう。

これらの設計・製造は1946年（昭和21年）から1948年（昭和23年）の間に急ピッチで進められました。設計にあたっては、アメリカ軍のデザイン部門からの要求に、工芸指導所のデザイナーが応える形で進められましたが、これによってアメリカの最先端のデザインが日本に

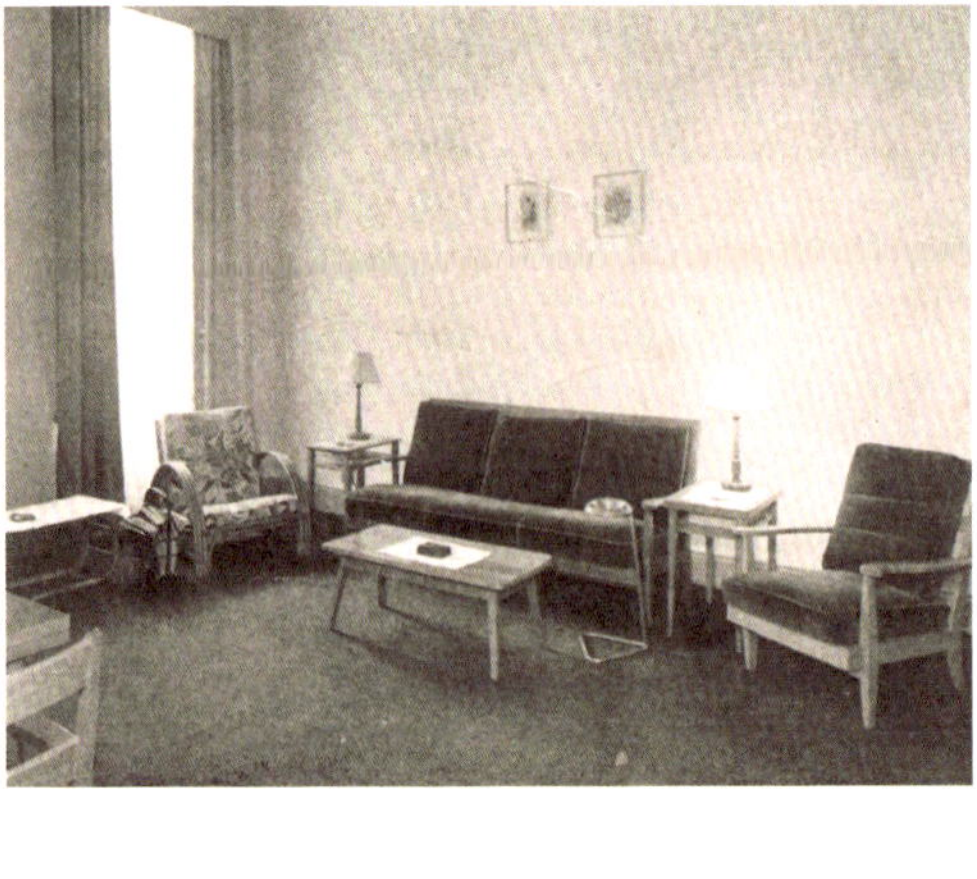

デペンデント・ハウスの室内と家具
（『デペンデントハウス：連合軍家族用住宅集区』より）

移植されることになります。製造は、工芸指導所から全国の木製家具メーカーへ発注されました。これは日本で初めての量産家具の設計・製造プロジェクトと言えるものです。

このような日本初の量産家具の設計・製造プロジェクト、その全般を担ったのが工芸指導所です。同所は戦前に積み上げた研究・知見やネットワークを、戦後占領期にようやく活かすことになったのです。また、多くの木製家具メーカーが、この経験を活かしてアメリカへの輸出に力を入れるようになります。

②見返り物資

アメリカの食糧支援に対する見返り物資として選ばれた工芸品ですが、単に日本の工芸品をアメリカに送ればよい、というわけではありません。ＧＨＱ（アメリカ）に提供し、受け入れてもらう必要があるのです。では、どのような工芸品がアメリカで受け入れられるのか——その模索と体制づくりが行われます。

具体的には１９４５年（昭和20年）11月（終戦からわずか3か月足らずです）に日本各地から漆器・金属・木竹・染織・陶磁器・ガラス等の工芸品を集め、ＧＨＱに指導を仰ぐ場として「輸出向手工芸品生産指導会」が開催され、アメリカ人の嗜好にあった工芸品の検討が始まりました。また、同じ時期、貿易庁の中に「工芸品輸出協議会」が設置され、工芸指導所の持

米国への見返り物資の例
（「工芸ニュース」より）

つ情報や知見を全国の産地に伝え、改めて工芸を「輸出産業」として復興させるための体制が作られました。

その他、様々な検討が重ねられた結果、求められる工芸品とは、アメリカの日常生活の中で実際に使用でき、かつ「日本的」「日本らしい」ものという結論となります。これが商工省や工芸指導所を中心に全国の工芸産地や事業者に情報共有され、アメリカ向けの工芸品の製造が各地で進められました。そして、１９４６年（昭和21年）から１９４８年（昭和23年）にかけて、多くの染織品・漆器・陶磁器・ガラス製品・金属加工品・木竹製品等が輸出されていきました。

③その後の動き：日本手工芸品対米輸出推進計画と輸出産業化政策の終わり

１９５２年（昭和27年）の独立回復後も、「輸出産業」としての工芸振興は続きます。代表的なものが、１９５９年（昭和34年）に始まった「日本手工芸品対米輸出推進計画」です。これは同年に設置された通商産業省デザイン課が取り組んだ最初の事業の一つであり、文字通りアメリカに向けて日本の工芸品を輸出しようとするものです。見返り物資からの継続性も十分に考えられた事業と思われます。

具体的には、企業を対象として、デザイナーによる製品開発（デザイン指導や商品選び）から、アメリカでの展示会を通じた販路開拓を支援するもので、日本貿易振興会（JETRO）とそのアメリカ拠点（ニューヨーク・ジャパン・トレードセンター）が中心となり実施しました。

その後、１９６６年（昭和41年）には対象製品が手工芸品以外にも拡大し「日本優秀デザイン商品輸出推進事業」となりますが、ニクソン・ショック後の1972年（昭和47年）には「日本優秀デザイン商品開発指導事業」と「輸出」の文言は消えてしまいます。日米貿易摩擦と来《きた》るべき円高を見据えると、もう「輸出」を前面に出すことは難しくなったのだと考えられます（その後、1988年まで同事業は続きます）。

「工芸」「輸出」という文字が取れてしまったことが象徴するように、以降、工芸の輸出拡大を目的に掲げる施策はなくなります。1970年代を最後に明治以来進められてきた工芸の「輸出産業化」政策は終わりを迎えることになったのです。

伝統工芸の誕生

1950年（昭和25年）の文化財保護法によって、工芸技術が「無形文化財」として保護の対象となりました。その後、1954年（昭和29年）の同法改正により重要無形文化財の指定制度が創設され、重要無形文化財保持者（人間国宝）の認定制度も開始され、現在に至る工芸技術の文化財としての位置づけが明確となりました。

そして、1954年に無形文化財としての工芸品を「伝統工芸」として一般公開するために始まったのが、現在の「日本伝統工芸展」です。第1回目は「無形文化財日本伝統工芸展」であり、当時指定された無形文化財のみが出展されたことからも明らかなように、「伝統工芸」とは文化財保護の観点から生まれた言葉です。

いまや「工芸」といえばイコール「伝統工芸」というイメージを持つ人も多いように思いますが、「伝統工芸」という言葉はできてからまだ70年ほどしか経っていないのです。

さて、このようにして誕生した「伝統工芸」ですが、歴史的な背景を見ると、少し異なる姿が見えてきます。以下、3つの視点から考えたいと思います。

一つ目は、「伝統の創出」という視点です。

これはイギリスの社会学者エリック・ホブズボウム等による論文集『創られた伝統』で提起された考え方です。

私たちの生活の中では様々なものごとが「伝統的」とされ、それが多くの人々の間で共有されることで「日本人らしい」「日本的な」生活意識が共有されています。が、その「伝統的」とされるものの多くは、近代になって国家が、国内の人々の国民意識を高めるために、あえて強調し、時には新たに創り上げたものである、という趣旨のことが書かれています（本書の研究対象はイギリスやインド・アフリカです）。特に欧州では第一次世界大戦前の帝国としてのあり方から国民を中心とした国家制度へ移行する中で、「伝統の大量生産」が行われたと分析されています。

そして二つ目は、少し遡って、第二次世界大戦中の日本の戦時体制における工芸の保護施策を見てみます。

日中戦争と太平洋戦争（第二次世界大戦）は日本が初めて経験する「総力戦」であり、1938年（昭和13年）には「国家総動員法」が制定されます。美術・工芸分野も各種団体が統合され、戦時体制に組み込まれていきました。一方で1940年（昭和15年）に施行された「奢侈《しゃし》品等製造販売制限規則」（七・七禁令）で多くの工芸品を含む贅沢品の製造・販売が禁止され、販売ができるものも量・価格に制限がつけられました。この経済統制下では「産業としての工芸」は輸出産業としての振興は続けられましたが、工芸作家は事実上活動ができないことになったのです。

しかし、ここで多くの工芸団体（漆器や人形の業界団体、日本民藝協会等）から、工芸は日本独自の伝統的な技術によって作られた日本精神の表現であり、これを再評価・保護するとともに国内外に発信し、国力の向上、国威発揚につなげるべきだ、という趣旨の提言が政府に対して行われます。これを受けて政府では、工芸産業の保護のための技術保存資格者の認定制度の創設や、保護すべき伝統的な工芸産業の実態調査を全国的に実施するのですが、このような工芸を日本文化の象徴とする考え方や全国的な調査結果が、戦後の文化財保護法における「無形文化財」＝「伝統工芸」の認定制度に受け継がれていきました。

三つ目の視点は「伝統工芸」が誕生した１９５０年代の日本の状況です。

ＧＨＱによる占領政策は「日本の民主化・非軍事」を軸に行われましたが、朝鮮戦争が勃発するなど東西陣営の緊張が高まる中で、その方針は大きく変更されます。１９５０年代には社会主義的運動の取り締まり、警察予備隊（現在の陸上自衛隊）の創設等、いわゆる「逆コース」と呼ばれる政策が進められ、最終的に１９５2年（昭和27年）の独立回復へと至ります（アメリカによる独立の承認、とも言えます）。

そして日本では、独自憲法を掲げる保守政党（自由民主党）が政権を担い、護憲派の革新政党（日本社会党）と対立する政治体制（55年体制）が成立しますが、この時期に、戦争によって失われた日本文化への自信や誇りを回復するための動きが、官民問わず打ち出されるようになります。

以上の観点も含めて「伝統工芸」を改めて考えると、「伝統工芸」とは、戦前から戦後にかけて日本政府が国民の帰属意識を高めるための文化的施策（伝統の創出）の一つとして工芸を捉え、文化的アイコンとして活用し、１９５０年代に概念化・制度化したもの、としていいでしょう。

その後、日本伝統工芸展は、１９５８年（昭和33年）に日展（戦前の文展・帝展の後継）の第四科会（美術工芸）との対立・分裂を経て、１９６０年（昭和35年）からは一般公募制に移行し、広く工芸家の発表の舞台となります。「美術としての工芸」は、どちらかと言えば前衛的・芸術性を志向する日展と、歴史性や日用性を志向する伝統工芸展の２つに分かれていったのです（とはいえ、伝統工芸展への出品を見ると、器としての形はあっても日用性とは少し離れた、自己表現を追求した芸術寄りのものが多い印象です。決して一般の日用品ではありません）。

2020年に開館した国立工芸館外観
（写真撮影：太田拓実）
国立工芸館提供

重要無形文化財（工芸技術）の指定状況

分類	件数	名称
陶芸	12件	色絵磁器、色鍋島、小鹿田焼、柿右衛門（濁手）、小石原焼、志野、青磁、鉄釉陶器、白磁、備前焼、無名異焼、釉裏金彩
染織	19件	伊勢型紙、江戸小紋、小千谷縮・越後上布、喜如嘉の芭蕉布、久米島紬、久留米絣、献上博多織、首里の織物、精好仙台平、紬織、長板中形、紅型、宮古上布、木版摺更紗、紋紗、八重山上布、結城紬、友禅、有職織物
漆芸	6件	髹漆（きゅうしつ）、蒟醤（きんま）、沈金、津軽塗、蒔絵、輪島塗
金工	5件	鍛金（たんきん）、茶の湯釜、彫金、刀剣研磨、銅鑼
木竹工	2件	竹工芸、木工芸
人形	1件	桐塑人形
手漉和紙	5件	越前鳥の子紙、越前奉書、石州半紙、細川紙、本美濃紙

出所：文化庁「国指定文化財等データベース」

そして、1977年（昭和52年）には東京国立近代美術館の分館として工芸館が開館し、「伝統工芸」をはじめ近現代の工芸・デザイン作品の展示・鑑賞の場となります。このように「美術としての工芸」の中で「伝統工芸」は、日本文化の象徴としてのポジションを強化していくのです。

東京国立近代美術館工芸館は、2020年（令和2年）に石川県金沢市に移転し、「国立工芸館」として再スタートし、多くの人が訪れています。

4．1980年代〜2000年：内需の拡大・低迷と伝産法

世界の状況：冷戦終結と多極化に向かう世界

さて、最後の時代になりました。この辺りは身近に感じることのできるものが多いので、特徴として3つだけ挙げておきましょう。

最初に、冷戦の終結とアメリカ一強時代の到来です。

1980年代に入ると米ソは軍縮交渉等を進め東西の緊張が緩まってきます。そして、ソ連内部の政治・経済改革（ペレストロイカ）は1991年のソ連崩壊に帰結します。これで40年以上にわたって続いた冷戦は終結し、アメリカが唯一の超大国として国際秩序をリードすることになりました。

次に、グローバリゼーションの加速です。

アメリカの一極体制になったことで、経済面でも世界的に資本主義・自由主義的な価値観を重視する経済活動が広がり、人・モノ・資金が国境を越えて自由に動くグローバリゼーションが加速していきます。貿易面では1995年に世界貿易機関（WTO）が設立され、貿易

自由化が推し進められています。また、1990年代に本格的に商業化が始まったインターネットも、このグローバリゼーションの中で必要不可欠なインフラとして、ビジネスのあり方を一変させました。

最後に、新興経済大国の台頭です。

2000年代に入ると、いわゆるBRICS（ブラジル、ロシア、インド、中国、南アフリカ）が新興経済大国として注目されるようになります。特に、中国の経済発展は著しいもので、工業生産・輸出を急速に増大させ、「世界の工場」と言われる存在感を持つようになりました。これら新興経済大国の成長は、アメリカ一極体制から多極化へという国際秩序の変化をもたらしていきます。

日本の状況：内需主導型経済の発展とバブル崩壊

1950年代から続いた高度経済成長は、為替自由化やオイルショックによって終わり、1970年代から低成長期となりました。とはいえ成長スピードは落ちたものの、成長は終わったわけではなく、1980年代には自動車・電子機器など強力な輸出品を持ち、「ジャパン・アズ・ナンバーワン」と称されるほど、世界におけるポジションを高めていきます。しかし、その結果、アメリカとの貿易摩擦は深刻化し、1985年（昭和60年）のプラザ合意によって円高が一気に進行、輸出産業は大きな打撃を受けました。

このアメリカとの貿易摩擦の回避や対応のため、日本では国内消費の拡大と海外投資の促進を進めます。特に前者については、輸出主導型から内需主導型経済への移行を目指し、重点的に様々な施策（規制緩和等）が行われました。

また、この時代は、戦後（１９４７～１９４９年）のベビーブームで誕生した「団塊の世代」が30代から50代を迎える時期でもありました。この世代の多くが高度経済成長によって豊かになったこともあり、１９７０年代以降、「一億総中流」と言われる状況になります。

総人口が増加し、かつ労働・消費に対して活発・旺盛で、住宅所有（マイホーム）にも積極的な人が増える。このような人口増加や若い人口構成が内需拡大をもたらすことを「人口ボーナス」といいます。この人口ボーナスと政府の内需拡大策が相まって、１９８０年代中ごろから日本では空前の好景気「バブル景気」を迎えるのです。

しかし、景気の過熱に対する政府の施策なども影響し、１９９０年（平成2年）に地価や株価が暴落し、バブル景気は終焉します。それでも人口構成が若かった日本では、しばらくの間、内需の好調期は続きますが、２０００年ごろには「失われた10年」と呼ばれる経済不況・景気低迷が日本を覆うことになりました。

Column

人口ボーナスと人口オーナス

人口が経済に与える要因は様々ですが、人口構造、特に働き盛りで消費に積極的な生産年齢人口（15歳以上65歳未満）の人口増加が経済の成長を支える重要な要因の一つとなることを「人口ボーナス」、その時期を「人口ボーナス期」といいます。

　これは総人口に占める生産年齢人口の増加（もしくは比率の上昇）が続き、年少人口（15歳未満）と老年人口（65歳以上）の総数（従属人口）の生産年齢人口に対する比率（人口ボーナス指数）が低下、もしくは低い状態が続いている時期を指します。「人口ボーナス期」では、増加する生産年齢人口が、社会全体の労働力の供給の増加とあらゆる商品・サービスの需要増加を伴うことで経済の成長につながり、また、高齢者や子どもといった従属人口の比率が低い（もしくは絶対数が少ない）ため、社会保障費などが抑制されやすく、財政的にも柔軟性が高い時期となります。

　日本における「人口ボーナス期」は、戦後からおおむね２０００年ごろがその時期に当たると考えられます。

　戦後の日本では、ベビーブームで出生したいわゆる「団塊の世代」が15歳を超えた１９６０年代に生産年齢人口が大きく増加。さらに年を経て、団塊の世代がファミリー世代になるにつれ、その子ども世代が15歳を超え生産年齢を迎えることにより、１９８０〜１９９０年代前半まで生産年齢人口は増加を続けました。

日本の人口推移

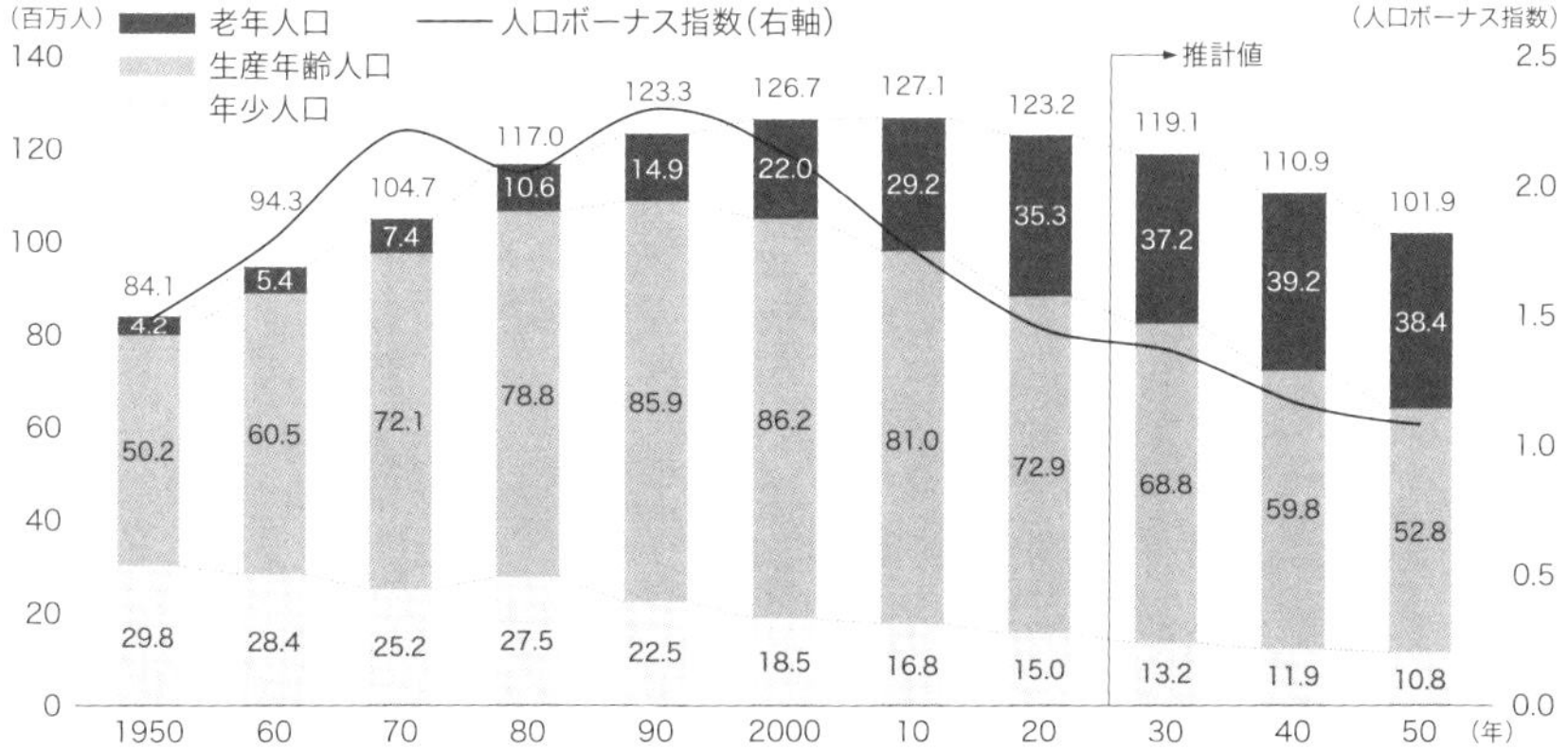

出所：国勢調査・国立社会保障・人口問題研究所

この生産年齢人口の増加フェーズでは、住宅、自動車、電化製品、食料、飲食、旅行といったあらゆる財・サービスの需要が急拡大します。そして、それに応える供給が官民からなされたことが、日本経済が輸出主導から内需主導に転換することができた大きな要因と考えられています。

しかし、現在の人口構造は「人口ボーナス期」とは正反対となっています。つまり生産年齢人口は減少局面に入り、かつ高齢化の進展により従属人口の割合が増加していく状況で、これは人口構造が経済の成長にブレーキをかける要因の一つとなる「人口オーナス期」と言われます。

日本では1995年の約8700万人をピークに生産年齢人口は減少局面に入り、就業者数も同時期に減少を始めています。また、小売販売額や農業・食料関連産業の総生産額が1997年をピークとしているように、内需は縮小しつつあるとみられます。さらに、高齢化の進展により医療費をはじめとする社会保障費は急増しており、財政を圧迫する一つの要素となっています。

そして、国立社会保障・人口問題研究所の推計をもとにすれば、今後も日本は長い「人口オーナス期」を過ごしていくことになります。

工芸の展開：伝産法と百貨店

アメリカとの貿易摩擦と円高の進行は、工芸にも影響を及ぼします。日本の各地で作られる家具・食器などの消費財・日用品は、1970年代までの固定相場制の中では、比較的安価で、質もよいということで、アメリカを中心に多くの製品が輸出されていました。しかし、1973年（昭和48年）の変動相場制への移行、そして、1985年（昭和60年）のプラザ合意によって円高が進むと、このような日本の製品は価格競争力を失い、明治時代以降の長きにわたった「輸出産業」としての位置づけを失っていきました。自動車・電子機器などは円高以降も技術開発によって価格競争力をカバーできましたが、日用品を主とする工芸では対応力に限界があったのです。

そうなると生きる道は国内の市場開拓しかありません。つまり「国内産業」として生き残りを図ることになります。

工芸以外の分野でもそうですが、オイルショックによる景気悪化、円高の進行による輸出条件の悪化を受けて、1970年代から1980年代にかけて、政府は全国各地の中小企業・産業集積（産地）を振興・支援する中小企業振興政策を採るようになります。この政策の一つが「伝統的工芸品産業の振興に関する法律」（以下、伝産法）です。この法律によって、「伝統的工芸品」とその産地に対する政策的な枠組みが作られました。これ以降、「産業としての工芸」は中小企業・地域産業政策の中に位置づけられるようになりました。

一方、先ほど述べたように1980年代に入ると政府の内需拡大政策や人口構造の変化によって、日本の内需は急拡大します。百貨店・観光地などにおける個人消費、飲食店・旅館・ホテルからの法人需要、さらには企業・団体からの贈答品・記念品需要などによって、工芸品の生産額は大幅に増加し、「国内産業」として生き残ることが可能となったのです。

しかし、１９９０年代バブルの崩壊とともに工芸品に対する国内需要は急速に縮小してしまいます。特に戦前から続いてきた工芸流通の核であった百貨店の存在感の低下は、工芸産業に大きな影響を与えました（そして、これは今も続いています）。

つまり、「産業としての工芸」は２０００年までに「輸出産業」としても「国内産業」としても多くの出口（販売先）を失う状況に陥ってしまったと言えるでしょう。

以下では、①中小企業・地域産業政策としての伝産法、②百貨店での興隆と低迷の2つについて見ていきます。

①中小企業・地域産業政策と伝産法

１９７０年代、ニクソン・ショックや為替自由化によって徐々に円高傾向となりましたが、１９８５年のプラザ合意によって急激に円高が進み、日本の輸出関連産業は、価格競争力を低下させてしまいました。これに対応した大手製造業は製造拠点の海外移転を進めますが、

伝統的工芸品の生産額と従業者数の推移

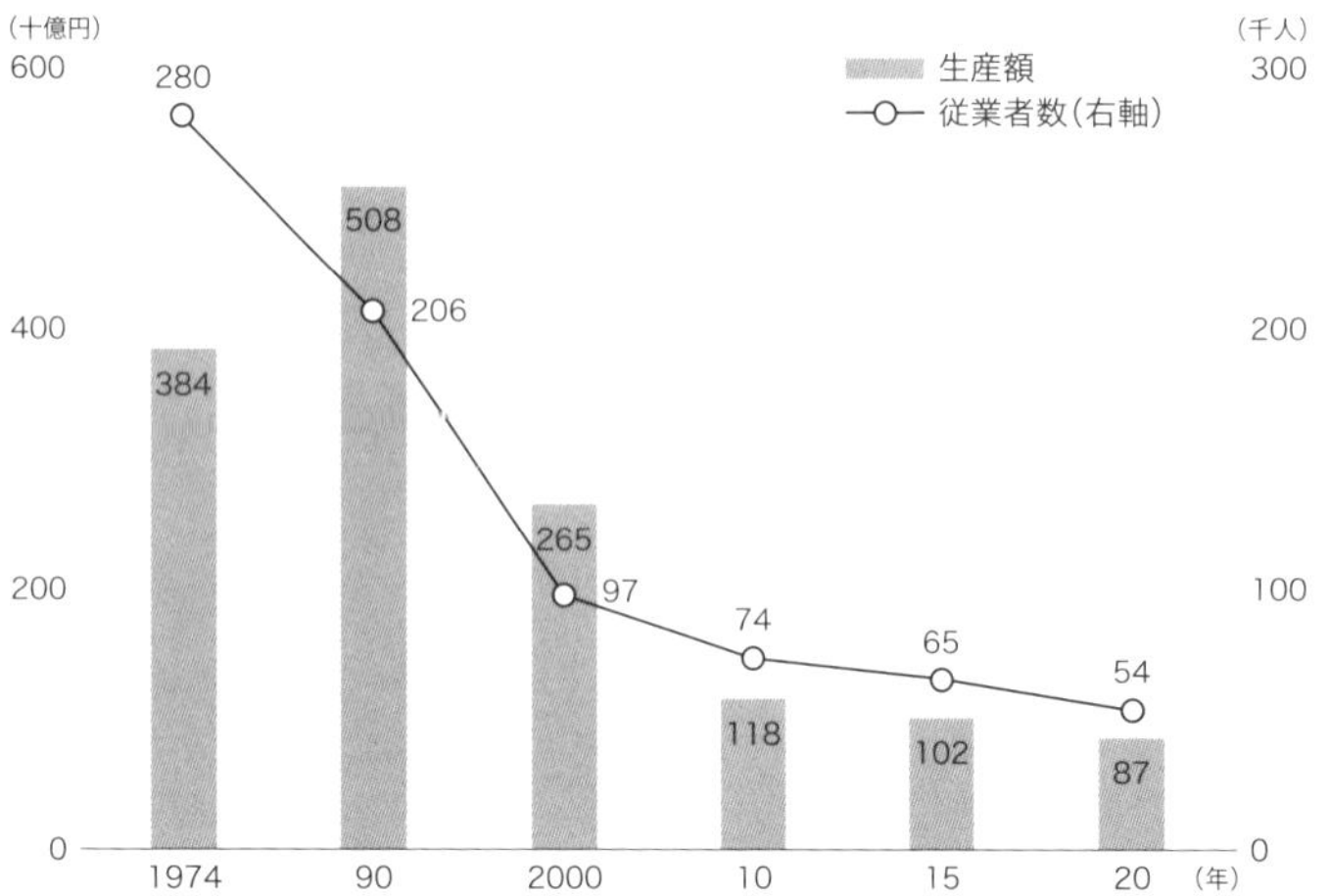

出所：(一財)伝統的工芸品産業振興協会・経済産業省資料

これら大企業と取引関係のあった中小企業は仕事を失うこととなります。また、日用品の分野でも繊維製品・陶磁器・食器などは輸出が困難となり、大手製造業の海外移転と合わせて、国内産業の空洞化が問題となりました。

日本の中小企業政策は、戦後、１９４８年（昭和23年）の中小企業庁設立と１９６３年（昭和38年）の中小企業基本法制定によって本格的に始まりますが、当初は大企業の下請けとなる中小企業の経営支援・高度化が中心的な課題でした。それが１９７０年代以降の産業の空洞化やオイルショックによる不況・停滞を踏まえ、特に地方の中小企業を中心とする産業集積（産地）に対する振興・支援策に重点がシフトしていきます。この地域産業と中小企業に対する支援・振興という方向性は、現在も受け継がれています。

さて、このような下請け中小企業の支援から地域産業・中小企業の振興・支援という大きな流れの変化の中で、「産業としての工芸」を対象とした施策が打ち出されます。１９７４年（昭和49年）に成立・施行された「伝統的工芸品産業の振興に関する法律」（伝産法）です。

これは、全国の工芸産地からの申請に基づき、要件を満たすものを経済産業大臣（立法当

地場産業・中小企業の振興・支援に関する主な法律・事業（1970～2000年）

年	法律・事業名
1974	伝統的工芸品の振興に関する法律（伝産法）
1978	特定不況地域中小企業対策臨時措置法（旧城下町法） ➡1980年 特定業種関連地域中小企業対策臨時措置法（新城下町法）
1979	産地中小企業対策臨時措置法（産地法） ➡1986年 特定地域中小企業対策臨時措置法（特定産地法）
1980	地場産業総合対策事業
1986	特定地域中小企業対策臨時措置法（特定地域法）
1992	特定中小企業集積の活性化に関する臨時措置法（集積活性化法）
1993	特定中小企業者の新分野進出等による経済の構造変化への適応の円滑化に関する臨時措置法（中小企業新分野進出円滑化法）
1997	特定産業集積の活性化に関する臨時措置法（地域産業集積活性化法）

出所：経済産業省

時は通商産業大臣）が「伝統的工芸品」として指定した産地について、その産地を代表する組合・製造者等が作る振興・活性化計画を認定し、事業について支援するものです。「伝統的工芸品」として指定されるためには、次の要件を満たしている必要があり、現在243品目が指定されています。

- 主として日常生活の用に供されるものであること
- その製造過程の主要部分が手工業的であること
- 伝統的な技術又は技法により製造されるものであること
- 伝統的に使用されてきた原材料が主たる原材料として用いられ、製造されるものであること
- 一定の地域において少なくない数の者がその製造を行い、又はその製造に従事しているものであること

この伝産法とその枠組みについては、第6章で改めて検討しますが、ここでは「伝統的工芸品」という言葉について考えてみましょう。

この言葉が選ばれた経緯はつまびらかではありませんが、1950年代に成立した「伝統工芸」から着想を得たものと考えて間違いないでしょう。

明治以来「輸出産業」として期待を集めてきた「産業としての工芸」は、経済状況の変化によってその未来を描くことが難しくなりました。このとき、「日本の誇るべき歴史あるも

国指定伝統的工芸品の一覧(243品目、2024年10月末日)

業種	品目数	品目名(地域)
織物	38	二風谷アットゥシ(北海道)、置賜紬(山形県)、羽越しな布(山形県、新潟県)、奥会津昭和からむし織(福島県)、結城紬(茨城県、栃木県)、伊勢崎絣(群馬県)、桐生織(群馬県)、秩父銘仙(埼玉県)、村山大島紬(東京都)、本場黄八丈(東京都)、多摩織(東京都)、塩沢紬(新潟県)、小千谷縮(新潟県)、小千谷紬(新潟県)、本塩沢(新潟県)、十日町絣(新潟県)、十日町明石ちぢみ(新潟県)、信州紬(長野県)、牛首紬(石川県)、近江上布(滋賀県)、西陣織(京都府)、弓浜絣(鳥取県)、阿波正藍しじら織(徳島県)、博多織(福岡県)、久留米絣(福岡県)、本場大島紬(宮崎県、鹿児島県)、久米島紬(沖縄県)、宮古上布(沖縄県)、読谷山花織(沖縄県)、読谷山ミンサー(沖縄県)、琉球絣(沖縄県)、首里織(沖縄県)、与那国織(沖縄県)、喜如嘉の芭蕉布(沖縄県)、八重山ミンサー(沖縄県)、八重山上布(沖縄県)、知花花織(沖縄県)、南風原花織(沖縄県)
染色品	14	東京染小紋(東京都)、東京手描友禅(東京都)、東京無地染(東京都)、東京本染注染(東京都)、加賀友禅(石川県)、有松・鳴海絞(愛知県)、名古屋友禅(愛知県)、名古屋黒紋付染(愛知県)、京鹿の子絞(京都府)、京友禅(京都府)、京小紋(京都府)、京黒紋付染(京都府)、浪華本染め(大阪府)、琉球びんがた(沖縄県)
その他の繊維製品	5	行田足袋(埼玉県)、加賀繡(石川県)、伊賀くみひも(三重県)、京繡(京都府)、京くみひも(京都府)
陶磁器	33	大堀相馬焼(福島県)、会津本郷焼(福島県)、笠間焼(茨城県)、益子焼(栃木県)、佐渡無名異焼(新潟県)、九谷焼(石川県)、美濃焼(岐阜県)、常滑焼(愛知県)、赤津焼(愛知県)、瀬戸染付焼(愛知県)、三州鬼瓦工芸品(愛知県)、四日市萬古焼(三重県)、伊賀焼(三重県)、越前焼(福井県)、信楽焼(滋賀県)、京焼・清水焼(京都府)、丹波立杭焼(兵庫県)、出石焼(兵庫県)、石見焼(島根県)、備前焼(岡山県)、萩焼(山口県)、大谷焼(徳島県)、砥部焼(愛媛県)、小石原焼(福岡県)、上野焼(福岡県)、伊万里・有田焼(佐賀県)、唐津焼(佐賀県)、三川内焼(長崎県)、波佐見焼(長崎県)、小代焼(熊本県)、天草陶磁器(熊本県)、薩摩焼(鹿児島県)、壺屋焼(沖縄県)
漆器	23	津軽塗(青森県)、秀衡塗(岩手県)、浄法寺塗(岩手県)、鳴子漆器(宮城県)、川連漆器(秋田県)、会津塗(福島県)、鎌倉彫(神奈川)、小田原漆器(神奈川県)、村上木彫堆朱(新潟県)、新潟漆器(新潟県)、木曽漆器(長野県)、高岡漆器(富山県)、輪島塗(石川県)、山中漆器(石川県)、金沢漆器(石川県)、飛騨春慶(岐阜県)、越前漆器(福井県)、若狭塗(福井県)、京漆器(京都府)、紀州漆器(和歌山)、大内塗(山口県)、香川漆器(香川県)、琉球漆器(沖縄県)
木工品・竹工品	33	二風谷イタ(北海道)、岩谷堂箪笥(岩手県)、仙台箪笥(宮城県)、樺細工(秋田県)、大館曲げわっぱ(秋田県)、秋田杉桶樽(秋田県)、奥会津編み組細工(福島県)、春日部桐箪笥(埼玉県)、江戸和竿(東京都)、江戸指物(東京都)、箱根寄木細工(神奈川)、加茂桐箪笥(新潟県)、松本家具(長野県)、南木曽ろくろ細工(長野県)、駿河竹千筋細工(静岡県)、井波彫刻(富山県)、一位一刀彫(岐阜県)、岐阜和傘(岐阜県)、名古屋桐箪笥(愛知県)、越前箪笥(福井県)、京指物(京都府)、大阪欄間(大阪府)、大阪唐木指物(大阪府)、大阪泉州桐箪笥(大阪府)、大阪金剛簾(大阪府)、豊岡杞柳細工(兵庫県)、高山茶筌(奈良県)、紀州箪笥(和歌山県)、紀州へら竿(和歌山県)、勝山竹細工(岡山県)、宮島細工(広島県)、別府竹細工(大分県)、都城大弓(宮崎県)
金工品	16	南部鉄器(岩手県)、山形鋳物(山形県)、千葉工匠具(千葉県)、東京銀器(東京都)、東京アンチモニー工芸品(東京都)、燕鎚起銅器(新潟県)、越後与板打刃物(新潟県)、越後三条打刃物(新潟県)、信州打刃物(長野県)、高岡銅器(富山県)、越前打刃物(福井県)、堺打刃物(大阪府)、大阪浪華錫器(大阪府)、播州三木打刃物(兵庫県)、土佐打刃物(高知県)、肥後象がん(熊本県)
仏壇・仏具	17	山形仏壇(山形県)、新潟・白根仏壇(新潟県)、長岡仏壇(新潟県)、三条仏壇(新潟県)、飯山仏壇(長野県)、金沢仏壇(石川県)、七尾仏壇(石川県)、名古屋仏壇(愛知県)、尾張仏具(愛知県)、三河仏壇(愛知県)、彦根仏壇(滋賀県)、京仏壇(京都府)、京仏具(京都府)、大阪仏壇(大阪府)、広島仏壇(広島県)、八女福島仏壇(福岡県)、川辺仏壇(鹿児島県)
和紙	9	内山紙(長野県)、越中和紙(富山県)、美濃和紙(岐阜県)、越前和紙(福井県)、因州和紙(鳥取県)、石州和紙(島根県)、阿波和紙(徳島県)、大洲和紙(愛媛県)、土佐和紙(高知県)
文具	10	雄勝硯(宮城県)、豊橋筆(愛知県)、鈴鹿墨(三重県)、播州そろばん(兵庫県)、奈良筆(奈良県)、奈良墨(奈良県)、雲州そろばん(島根県)、熊野筆(広島県)、川尻筆(広島県)、赤間硯(山口県)
石工品	4	真壁石燈籠(茨城県)、岡崎石工品(愛知県)、京石工芸品(京都府)、出雲石燈ろう(鳥取県、島根県)
貴石細工	2	甲州水晶貴石細工(山梨県)、若狭めのう細工(福井県)
人形・こけし	10	宮城伝統こけし(宮城県)、江戸木目込人形(東京都、埼玉県)、岩槻人形(埼玉県)、江戸節句人形(東京都)、江戸押絵(東京都)、駿河雛具(静岡県)、駿河雛人形(静岡県)、名古屋節句飾(愛知県)、京人形(京都府)、博多人形(福岡県)
その他の工芸品	26	天童将棋駒(山形県)、房州うちわ(千葉県)、江戸からかみ(東京都)、江戸切子(東京都)、江戸木版画(東京都)、江戸硝子(東京都)、江戸べっ甲(東京都)、東京三味線(東京都)、東京琴(東京都)、江戸表具(東京都)、甲州印伝(山梨県)、甲州手彫印章(山梨県)、岐阜提灯(岐阜県)、尾張七宝(愛知県)、越中福岡の菅笠(富山県)、京扇子(京都府)、京うちわ(京都府)、京表具(京都府)、いずみガラス(大阪府)、播州毛鉤(兵庫県)、福山琴(広島県)、丸亀うちわ(香川県)、八女提灯(福岡県)、長崎べっ甲(長崎県)、山鹿灯籠(熊本県)、三線(沖縄県)
工芸材料・工芸用具	3	庄川挽物木地(富山県)、金沢箔(石川県)、伊勢形紙(三重県)

出所:経済産業省

のづくり」として振興の方向性を変えることで、「産業としての工芸」を、ある意味で保護し生き残りを図ることになります。そして、これは文化政策としての「伝統工芸」と同じ方向性であることから、「伝統的工芸品」という言葉が持ち出されたと見てよいのではないでしょうか。

しかし、この「産業としての工芸」振興策である伝産法は、輸出拡大や内需掘り起こしなどの産業発展や成長をその目的として明確にしていないことから、実質的に産業保護の意味合いが強いものになりました。このことが2000年代から現在に至る「産業としての工芸」に、良くも悪くも影響を与えていくことになります。

②百貨店での興隆と低迷

戦前に生まれた百貨店が工芸の重要な流通経路となったことは、すでに書きましたが、この百貨店は1970年代までの高度経済成長、そしてその後の消費人口の拡大によって急成長を遂げました。

この急成長の背景には、百貨店の高級化があります。

もともと百貨店は、その名の通りあらゆる商品分野を取り扱う小売業態として成立しました。今の百円ショップにあたる「十銭ストア」（高島屋）も戦前の百貨店で試みられた小売スタイルです。

それが戦後になると、食品スーパーや大規模量販店（ダイエーなど）が成長し、これら小売業態と競合するようになり、百貨店は差別化戦略として高級化路線を進めることになります。具体的には、1950年代から始まるアパレルメーカーとの既製服マーケットの開拓、

1960年代の海外デザイナー・ブランドとのライセンス契約、そして1970年代から本格化する欧米ハイブランドのブティック売場の開設等が挙げられます。今でも百貨店の低階層には多くの欧米ブランドのショップが入居していますが、これは他の小売店舗との差別化戦略です。

このような高級化の中で、アパレル以外の日用品・雑貨についても、大規模量販店とは異なる商品が求められるわけですが、この商品こそが比較的高単価の工芸品（食器・家具等）となりました。

戦後の高度経済成長以降のバブル期までの工芸消費の増加は、人口の規模からいって、戦前とは比較にならないほど大きなものとなり、工芸品の生産額は大きく増加することとなりました。

また、百貨店以外でも、国内観光が活性化し、全国の観光地ではお土産としての工芸品が、特に民芸品として多く販売されました。皆さんの家にも、昔旅行先で買ってきた陶器や置物があるのではないでしょうか。

また、バブル期にかけて企業・団体による贈答品や記念品も、工芸産地に多数注文されました。そういえば、ずいぶん前に会社からもらった灰皿や時計、置物などがあるという人も多いのではないかと思います。そして、企業・法人の接待の場となった旅館・料亭などからも什器として多くの陶磁器・漆器・金工品等が工芸産地に注文されるようになりました。

これら工芸産地内外からの注文の窓口となったのが、戦前と同様に工芸産地の問屋（産地問屋）です。産地問屋は、高度経済成長期以降の工芸需要拡大に対する窓口となることで、工芸産地の中でより存在感を高めていきました。

ちなみに1970年代から2000年にかけての時期、日用品・雑貨の分野では、一部欧州からのブランド品はあったものの、まだ中国や東南アジアから安価な日用品・雑貨は国内に流入しておらず、国内の需要はほぼ国内生産で賄われていました。そのため国内需要の伸びが工芸産地の成長に直結し、工芸が「国内産業」として成長できる環境にあったことも強力な追い風となりました（中国などから価格競争力のある日用品が輸入されるようになるのは2000年代に入ってからです）。

しかし、1990年代になってバブル景気がピークを越えると、百貨店の売上高も減少に転じます。また、余裕を失った企業・法人は記念品・贈答品の注文をやめ、接待もなくなっていきます。また、個人消費の中心は、戦後の経済成長を支えた団塊の世代から、より若い世代に移っていき、文化的アイコンとしての工芸品に対する需要は急速にしぼんでいきました。

「産業としての工芸」は、1985年のプラザ合意によって「輸出産業」としての立ち位置を失ったものの、高度経済成長期からバブル崩壊の時期まで「国内産業」として成長してきました。しかし、「国内産業」としてもバブル崩壊をきっかけに、国内需要の多くを失い、2000年時点では「輸出産業」としても「国内産業」としても成立することが難しい状況になってしまったのです。

では2000年代には「産業としての工芸」はどのように展開していったか、その特徴は何か。これは章を改めて考えていきたいと思います。

第3章

工芸リバイバル　～2000年代以降の工芸産業～

ここまでの章では、「工芸」という言葉・概念がどのように生まれ、明治時代から２０００年にかけて「美術として」または「産業として」、工芸がどのように展開してきたのかを整理しました。そして２０００年時点では、輸出産業としての位置づけはほとんどなくなり、国内産業としても苦境に立たされるという状況になっていました。

しかし、２０００年代に入って状況は変わります。

工芸を取り巻く様々な環境は、２０００年代になっても逆風といえるような状況が続くのですが、一方で追い風となるような新たな要素も出てきました。

そして、この環境下で全国の工芸産地から、従来の工芸産地の産業構造が抱える問題点を乗り越えるように、独自の製品開発や販路開拓を手掛ける事業者が続々と登場、成長する姿を見せています。２０００年代に入ってこれら事業者がけん引するかたちで、「産業としての工芸」は活性化し、復活（リバイバル）しているのです。

本章では、この「産業としての工芸」のリバイバルについて、背景となる工芸の産業構造や市場環境の変化を整理した上で、具体的な事例を見ていきたいと思います。

1．工芸の産業構造

「産地」「製造分業」「産地問屋」

「美術としての工芸」は基本的に作家的なものづくりなので、材料や道具などは他の人に委ねるとしても、何をどのように作り、さらにはどこで発表するかは作家個人の裁量によるところが多いものです。

一方、「産業としての工芸」となると、主に日用品として同じクオリティの製品を一定程度の数量で供給するので、多くの事業者や個人が材料調達から製造・流通を組織的に連携して実施することが必要になります。これを工芸の産業構造やサプライチェーンといいます。どの産業でもそれぞれ製品やサービスの内容によって、産業構造には特色があり、そして時代とともに変化していくものですが、「産業としての工芸」については、「産地」「製造分業」「産地問屋」の3つが特徴となっています。それぞれ見ていきましょう。

①産地：全国各地に製品分野によって複数の事業者が集まる「産地」が形成されている

輪島塗であれば石川県輪島市、有田焼であれば佐賀県有田町といったように、一定の地域に製造を担う事業者・個人と製品の受発注・販売を担う問屋が集まって、相互に役割を分担し連携しているのが工芸の特徴です。この状態を『「産地」を形成している』といいます。

それぞれ産地として形成されてきた歴史は異なりますが、現在の伝産法では240を超える産地が伝統的工芸品の産地として指定されています。また、明治以降に産地が形成された工芸的なものづくりである眼鏡（福井県鯖江市）や木製家具（北海道旭川市等）なども含めると、おそらく300近い工芸産地が国内に存在しています。

②製造分業：製造工程において分業化が進んでいる

多くの工芸分野では製造工程が細かく分けられていて、それぞれの工程を別々の事業者が手掛け、最終的に製品が仕上がるという「分業構造」が構築されている、これが工芸産業の製造面での特徴です（これはあくまで多くの工芸産地に当てはまるということで、製造工程のすべてを一つの企業内で完結していることもあります）。

漆器を例にしましょう。製造工程は大きく3段階に分かれます。最初は木材から器形（木地）を製作し、次に漆の下塗り・上塗り、最後に蒔絵《まきえ》・沈金などの装飾（加飾）となります。実際は、この工程もさらに細かく分けられ、それらを別々の職人が担っています。これら職人が一つの企業内に集まり、その企業内で全工程が完結することはまずなく、産地内の製造事業者が各工程を担当するようになっています。

これは陶磁器でも同様で、有田・波佐見・美濃などの大規模な産地では成形、施釉《せゆう》や絵付け、焼成は分業化されています。銅器でも生地、加飾、仕上というように工程が分けられています。

このような製造分業は工芸の特質を考えると非常に合理的である、もしくは合理的だったと言えます。

もともと小規模な家族的事業者によって手工業的に作られてきた工芸分野の製品は、明治以降に発達した各種工業と違い大規模な製造設備（機械）を必要としませんので、大規模な工場に集まって作る必要性が低いものです。また、製品によって必要とされる工程が異なる（例えば装飾がいるものといらないものがある）ので、その都度、必要な技術を持つ事業者に協力してもらうほうがよいし、その事業者も産地内で簡単に見つけることができます。そして、その技術も機械ではなく人の手（職人）に身についたもので、それが次世代に受け継がれるという性質があるので、家族的な事業者のほうが持続性は高いということもあったのでしょう。

このような背景から、小規模な家族的な製造事業者（個人も含みます）が多数存在する工芸産地では製造分業が定着してきました。

③産地問屋：製品の受発注・流通を担う産地の核となってきた存在

今までの2つは工芸におけるものづくりのあり方として、よく知られていると思いますが、産地問屋の存在はあまり認知されていないかもしれません。

ところが、この産地問屋こそ、工芸産地の中核を担ってきた存在なのです。

従来、多くの工芸産地では製造事業者は「どのような製品をどれくらい作るか」を自ら考える必要はありませんでした。というのも、「何を、どれくらい」は産地問屋からの発注、さらには産地問屋への消費地からの注文で決まるので、製造事業者は産地問屋からの注文に応え、製造分業の中で自らの工程についてのみ責任を持って仕事をすればよかったのです。

産地問屋から見ると製造事業者は下請けという位置づけになります。

　また、同じく「どこの誰に売るか」も製造事業者は考える必要がありませんでした。これも産地問屋の仕事の範《はん》疇《ちゅう》ということになります。

　ということで、産地問屋の役割は、都市部をはじめとする消費地の卸売（消費地問屋）や小売事業者等から製品の注文を受けて、生産者へ発注し、製品が完成したら、それを生産者から買い取り、消費地に卸すことです。つまり、産地問屋が仕事を取ってくることが、工芸産地におけるビジネスのスタートとなり、産地問屋が販売することがゴールとなります。

　このように産地問屋は工芸産地においてビジネスの起点であり終点という重要な位置を占めてきました。さらにかつては、未熟な職人を産地問屋が一人前になるまで世話し育成してきたという産地も多く存在します。

　工芸を作る事業者は作ることに特化・集中し、流通は産地問屋が担うというこの構造も、小規模かつ家族的な製造事業者が分業するということを前提とすれば、非常に合理

工芸の産業構造

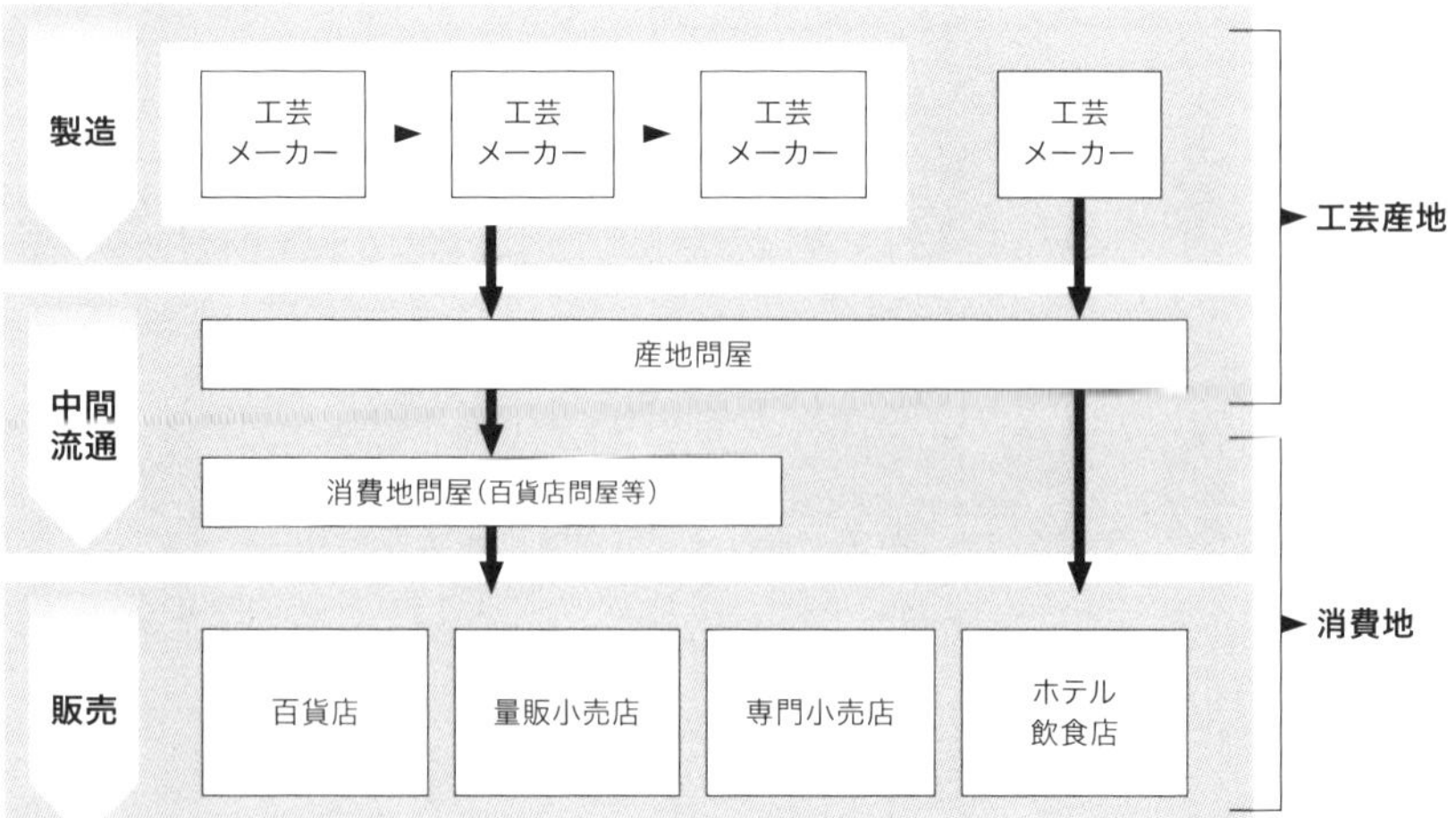

出所：（株）日本経済研究所

的なものである、もしくは合理的だったと言えるでしょう。

なお、本書では「工芸事業者」という言葉を使っていますが、これは作り手である「工芸メーカー」と流通を担う「産地問屋」の2つを含んだものと理解してください。

工芸の産業構造はどのように成立したのか？

このように工芸産業・工芸産地の特色は、1つの地域（産地）内で2つの分業制、つまり製造工程の分業、そして製造と流通の分業が進んでいることにあります。

では、このような構造はいつごろ成立したのでしょうか。

これを考える際に気を付けたいのが、その工芸品の製造が始まった時代（産地として成立した時代）と、産業構造が成立した時代は異なるということです。現在、工芸品とされるものの多くは、江戸時代に各地を治める藩が主導して産地を形成してきました。このとき各藩は製品の流通を一括で管理するための専売制を敷いたり、藩が指定する問屋《とい や》に流通を任せたりという流通施策を取りました。また、江戸や大阪などの大都市にも消費地での流通を担う問屋が成長します。このような背景も工芸に「伝統」という枕詞が付けられる大きな理由ですが、現在と同じものづくりや流通のあり方（産業構造）が古くから変わらず存在したわけではありません。

前章でも書きましたが、現代の私たちの生活にもつながる近代的な製造・流通の構造は、産業革命と都市化、鉄道網の発達が進んだ明治時代の終わりごろに生まれました。さらに戦後の高度経済成長期とその後の内需拡大期には、国内人口が大幅に増え、消費も急拡大したため、大量にモノを作って、流通させなければ需要を賄えない時代となり、さらにこの構造は強固になっていきました。

そこで、生産地（主に地方）は製品づくりに集中し、中間流通は生産地から都市部に製品を供給することに特化し、消費地では百貨店・専門小売店等が販売を担うという流通構造が発達してきました。

工芸産地でも同様で、製品や産地によって分業の程度に濃淡はあるものの、消費地（特に百貨店）からの注文に応えるため、工程ごとの分業を発達させることで、生産量を確保し、供給責任を果たしてきました。そして、百貨店や消費地の問屋・卸売事業者との窓口となる産地問屋が生まれ、受発注・販売を担い産地の中で中心的な役割を果たすようになったのです。

これも前章で示したように伝統的工芸品の生産額のピークは日本がバブル景気に沸く１９８０年代後半から１９９０年ごろですが、この大量生産・販売時代に適応できる産業構造があったからこそ、工芸産地の生産を伸ばすことができました。

つまり、工芸産地の成立や製品（技術）は江戸時代以前から続くもの、いわば「伝統的」かもしれませんが、産地内での分業構造は明治時代以前の専売制や問屋制度にその萌芽があったとしても、現在のようなかたちになったのは比較的最近なのです。工芸の産業構造そのものは、「伝統的」ではなく、時代に応じて変化してきた非常に「近代的」なものだと言えるでしょう。

しかし、このように時代の変化、とりわけ消費地サイドの商業や流通のあり方に対応して成立してきた産業構造は、やはり時代の変化によって改変を迫られています。

次では、2000年代の商業や流通に焦点を当てて工芸を取り巻く環境の変化について見ていきます。

2. 工芸を取り巻く環境変化

２０００年代に入ってすでに25年が経ちました。この間に工芸のみならず、私たち消費者を取り巻く商業・流通環境はずいぶん変わりました。

例えばスマートフォンの画面上で商品を選んで、決済まで終え、翌日には玄関先に荷物が届くというようなことは、２０００年時点では多くの人にとって想像もできなかったのではないでしょうか。しかし、今は当然の消費行動となっています。環境が変わった後には、今ある環境は当たり前のものになり、それ以前がどうだったかイメージすることも難しくなるのです。

この２０００年代の商業・流通環境の変化について、5つのトピックで見ていきます。

百貨店の売場減少

現在の百貨店は、インバウンド消費（免税消費）と国内富裕層への外商が好調ということですが、百貨店売上高は１９９０年代のピーク時に比べると半分程度まで落ち込んでおり、商業全体における百貨店の存在感低下は否めない状況が続いています。

このような中、２０００年代に百貨店業界では統廃合の動きが進んでいます。２００７年には阪急百貨店と阪神百貨店が経営統合しエイチ・ツー・オーリテイリング（株）に、同年、大丸と松坂屋がＪ．フロントリテイリング（株）に、そして２００８年に伊勢丹と三越が（株）三越伊勢丹ホールディングスになど、以前はライバルとしてしか考えられなかった組み合わせで経営の統合が進み、店舗の合理化が推し進められています。

また地方部では百貨店の退潮はより深刻であり、商圏人口の減少もあり、閉店や経営破綻が続いています。そして２０２４年１月時点では百貨店がなくなった県は山形県・徳島県・島根県・岐阜県の４つに上っています。

明治時代の終わりから百貨店は工芸の販売チャネルとして極めて大きな位置づけを持ってきたことは先述しました。この百貨店での売上減少については、近年はインバウンドの消費が旺盛なこともあり一定程度回復していますが、店舗数や売場面積が減るということは、工芸にとって販売場所・機会を失うことを意味します。

今後、既存百貨店のリニューアルはあっても、新設は考えにくく、百貨店を販売チャネルの中心に据えてきた工芸

百貨店の売上・店舗面積の推移

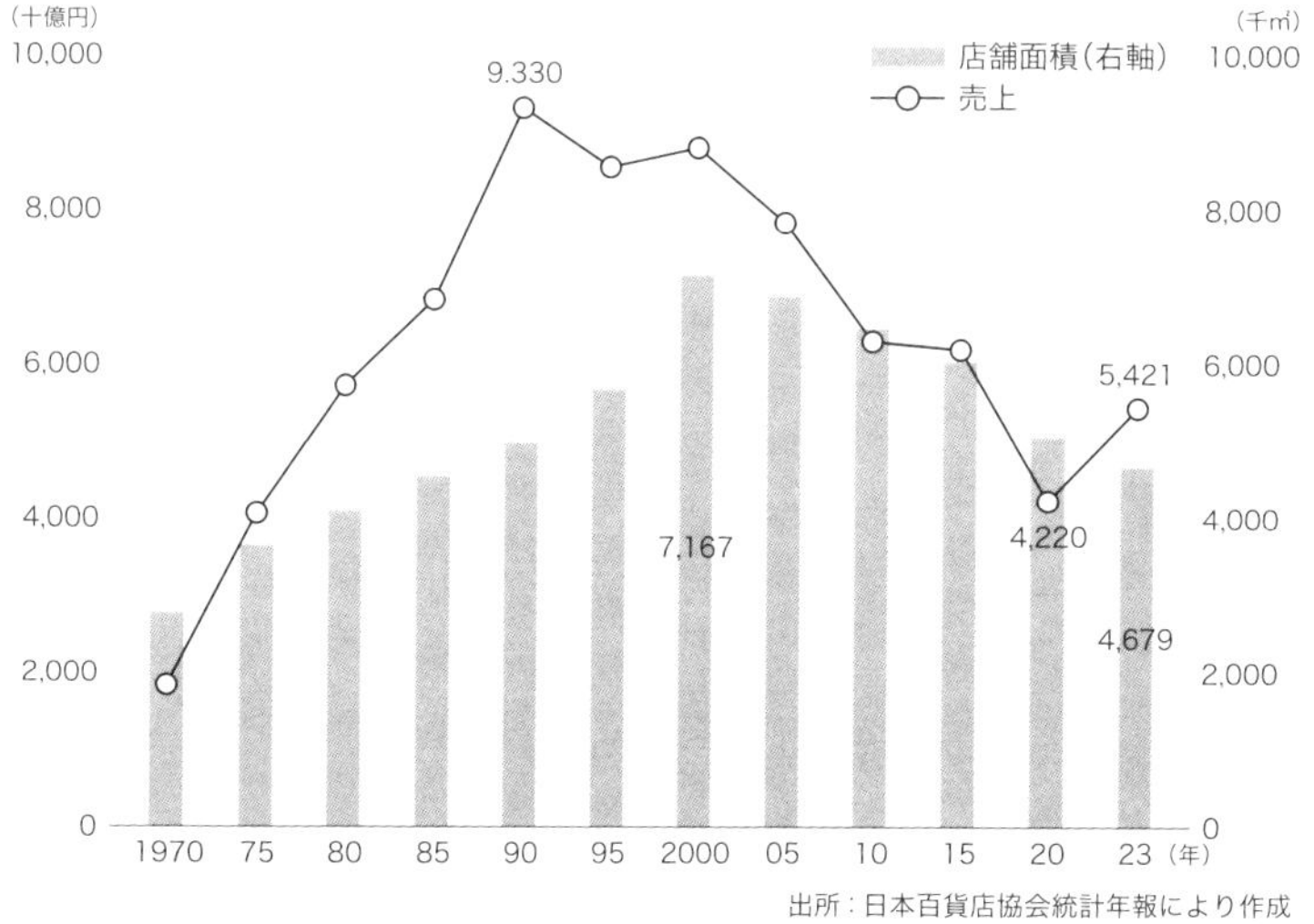

出所：日本百貨店協会統計年報により作成

産地や事業者は、販売戦略の変更を余儀なくされています。

多様な小売業態の増加

百貨店の売上が減少傾向にある一方、多様な小売業態が成長してきたのが2000年代です。

コンビニエンスストア、ドラッグストア、大型家電量販店、ホームセンターなど現在では当たり前となった小売業態も2000年代に大きく店舗数を増やし成長してきましたが、ここでは工芸と関係するGMS(General Merchandise Store)と百円ショップについて触れたいと思います。

まず、2000年に大規模小売店舗立地法が施行され、商業の需給調整が廃止され、大型店の出店が自由化されました。その結果、イオンモールが代表的ですがGMSといわれるロードサイドに立地する超大型商業施設・ショッピングモールが全国各地に登場しました。特に地方では百貨店と競合し、顧客を奪うかたちで存在感を高めてきました。百貨店は都市の中心部にあり車でのアクセスに難点がありますが、GMSは車での来店を前提としています。これが車社会の地方部の生活スタイルと合致しました。地域商業の核としての地位は、百貨店からGMSに移ったと言っていいでしょう。そうでなければ、地方部で百貨店の閉店が続く一方、ショッピングモールに人が集まっている理由が説明できません。

これらGMSを展開する企業の商品戦略は百貨店と全く異なります。

百貨店は数ある商品の中から自らのブランド・店舗に合ったものを選択し店頭に並べるこ

とが基本的な商品戦略ですが、GMSはプライベートブランド（PB）展開を商品戦略の中心としています（どちらも施設内にファッションブランド等をテナントとして出店させているのは同じです）。

PBとは商業事業者が自ら企画する自社ブランド商品について、メーカーに製造を発注するもので、大手コンビニエンスストアでも採用されている商品施策です。現在ではGMSやコンビニで棚に並ぶ商品の多くはPBになっていますが、2000年代初頭にはほとんどが大手メーカーによるナショナルブランド（NB）製品だったので、隔世の感があります。

このPB戦略は、GMS運営企業にとっては、自社独自の開発による商品力の強化で店舗ブランド力が向上するという利点もありますが、それ以上に卸売を介在させないことで中間流通コストを圧縮し、利益率を高めることが最大の狙いです。

食器などの日用品では工芸産業も関係しますが、GMSが必要とする物量を製造できる産地や企業は限られており、海外の事業者に発注されることが多い状況です。また、もしPB製品の製造を受注しても、かなり厳しい契約条件が求められます。

もう一つの百円ショップは、もう誰もが身近な存在となりました。

ダイソー、キャンドゥ、セリアなどが代表的ですが、これらも2000年代に急成長し、いまや日常の生活で使うありとあらゆるものすべてを百円ショップで揃えることも可能です。茶碗、汁椀、皿、コップなど品ぞろえもあり、家具のような大型のものを除けば、従来工芸産業が供給してきた分野で競合するようになっています。

そして、これら百円ショップの商品の大部分は製造コストが低いアジアを中心とする海外で作られています。つまり、百円ショップは海外の製造事業者とグローバルに競合する舞台となっているのです。

もちろん国内の工芸産地が、これから海外メーカーと低価格競争をする必要はないのですが、日用品マーケット全体の中で百円ショップに代表される低価格製品が、消費者の選択として存在感を増しているということは言えるでしょう。

製造小売業（ＳＰＡ）の成長

国内のブランドとしてはユニクロ・ニトリ・無印良品など、海外のブランドとしてはイケア・ＧＡＰ・Ｈ＆Ｍなど、ファッションや生活雑貨・家具の購入を考えるのに、これらのブランドが候補に挙がらない人はかなり少ないのではないでしょうか。家にある衣服や日用品の多くが、これらのブランドだという人もかなりいると思います。

これらブランドに共通するのは、製造小売業という業態を取っていることです。

英語ではＳＰＡ（Speciality store retailer of Private label Apparel）と言いますが、これは１９８６年にＧＡＰの経営者が自社の経営スタイルを表現する言葉として使ったのが始まりで、日本では製造小売業と訳されています。もともと西友のＰＢとして１９８０年代に生まれた無印良品も製造小売業ですので、２０００年以前からあった事業スタイルと言えます。

しかし、先ほど挙げたユニクロ・ニトリなどＳＰＡ業態を採用する企業が店舗網を全国的に拡大し、急成長を遂げたのは、２０００年代に入ってから、つい最近のことです（これは無印良品も同様です）。

製造小売業とは、自社で企画・デザインした製品を自社の流通で販売することが特徴であり、先ほど触れたPBと近いものがあります。異なるのは、扱う商品がすべて自社のPBであり、他社の製品の仕入れは行っていないという点にあります。製品の製造については、自社で製造部門を持つということは稀であり、多くの場合、生産コストの低い海外のメーカーにOEM発注するという、グローバルな調達網を形成しています。

2000年代にSPA業態のブランドが勃興してきた当初は、ファスト・フードになぞらえて、ファスト・ファッション、ファスト・ファーニチャーと呼ばれ、安価ではあるが、品質はいまいち、使い捨てというイメージを持つ人もいました。しかし現在では、手ごろな価格で品質・性能・デザインどれも高い水準のブランドが多く、「ファスト…」という形容をする人はほとんどいないのではないでしょうか。

工芸との関係で言えば、一部のブランドは国内の工芸産地にOEM生産を発注する例もありますが、それでもやはり海外で生産した価格競争力の高い製品が多く、工芸産業にとって脅威となっていると言えるでしょう。

デジタル化の進展

商業・流通環境において2000年代に起きた変化のうちで最大のものが、デジタル化の進展でしょう。インターネットを介した販売・購入（Eコマース、EC）は、もはや現在の私たちの生活に切り離せないものとなりました。しかし、2000年ごろはまだそこまで一般的なものではありませんでした。

ＥＣプラットフォームの代表的な存在は、アマゾン・楽天市場・ヤフーショッピング等ですが、これらがサービスを開始し、成長したのが２０００年代です。

アマゾンは、１９９４年に書籍のＥＣプラットフォーマーとして誕生し、２０００年に日本に上陸、２００１年からは書籍以外の商品も取り扱うようになりました。また２００２年からメーカーや小売事業者が出品できるマーケットプレイス事業を開始し、現在に至っています。

日本では、事業者が出店する形態を採る楽天市場が代表的です。これは１９９７年にサービスが始まり、２００２年のポイント制度（楽天ポイント）開始を契機に急激に成長しました。２００１年の流通総額は約３６０億円でしたが、10年後の２０１１年には１兆円を超えたということですので、その成長スピードは驚くべきものがあります。

その他、ヤフーショッピングは１９９９年、ＺＯＺＯＴＯＷＮは２００４年にサービスを開始しています。

また、このようなＥＣプラットフォーム以外にも、メーカー・小売事業者が自社でＥＣサイトを立ち上げ、直接顧客に販売することも可能になりました。特にメーカーは大企業でも中小企業でも、従来、卸売事業者を通じて商品を供給してきたので、一般消費者に対して直接情報を発信したり、販売したりということは困難でしたが、それが簡単に行えるようになったことは、非常に大きな変化だったと言えます。

私たち消費者からすると、ＥＣが一般化する以前は、何を買うにしても基本的に行動の範囲内にある店舗とそこに並んでいる商品のみが消費の対象でした。もちろんテレビショッピングやカタログ販売といった通信販売はありましたが、それは消費の中のごくごく一部でした。しかし、ECが一般化したことで、行動範囲という制約はなくなり、オンライン上にある無限とも思える量の商品が選択肢に挙がるようになりました。販売サイドからすると、地理的な制約を超えて消費者にアプローチできるようになった反面、数限りない事業者・商品と競合するようになったということになります。

工芸にとっても、消費者にアプローチしやすくなったというチャンスと、競合が無限に広がるというピンチの2つの側面があり、デジタル化への対応・活用が求められるようになりました。

都市開発と新たな商業施設の誕生

1990年代、日本がバブル崩壊後の景気悪化に苦しむ一方で、アジア各国では経済成長が続き、アジアにおける日本の競争力の低下が懸念されるようになりました。特にアジア各地で大都市が急成長し、グローバルな都市間競争でも日本の大都市の競争力低下が課題となりました。

そこで2002年に都市部における大規模再開発を後押しするため都市再生特別措置法が制定されました。この法律によって、特定地域（開発区域）では容積率と別用途制限の緩和といった特例措置が適用されることとなり、超高層複合ビルの整備が急速に進んでいます。

この流れの中、東京では六本木ヒルズ（2003年）、表参道ヒルズ（2006年）、東京ミッドタウン（2007年）、コレド室町（2010年）、渋谷ヒカリエ（2012年）、

ＫＩＴＴＥ丸の内（２０１３年）、ＧＩＮＺＡ ＳＩＸ（２０１７年）、コレド室町テラス（２０１９年）、渋谷スクランブルスクエア（２０１９年）等の大規模複合施設が多数誕生、今後も再開発は続いていきます。

東京・大阪・名古屋といった大都市圏以外にも札幌・福岡をはじめ多くの地方都市で都市再生・再開発の動きは活発になっています。

これら大規模複合施設における商業フロアは、都市部における新たな流行発信拠点として、従来その地位にあった百貨店と競合します。その中で、地方創生などの地方の魅力に対する関心の高まりもあり、新たに発信すべきコンテンツの一つとして「工芸」が着目されています。後ほど事例として触れますが、２０００年代に頭角を現した全国各地の工芸事業者の多くが、これら施設にテナントとして選ばれるようになりました。

Column

陶磁器産業の変遷

工芸産業について統計的にその変遷を追うのは大変難しいものがあります。というのも統計分類として「工芸」はありませんし、どの統計品目を「工芸」に分類するかも判断が分かれるところです。また、時代が古くなればなるほど、そもそもデータがないというのが実情です。

その中で、工芸産業の中で最も規模が大きく、近代日本の工業化においても重要な位置を占める陶磁器産業については比較的データの入手がしやすいため、ここでは陶磁器産業に焦点を当てて、明治以降の変遷を数字で見ていきたいと思います。

明治以降の陶磁器産業の数字を把握するための手掛かりとなる資料に『商品生産輸出入物量累年統計表』があります。これは1871年（明治4年）から1960年（昭和35年）の間で510品目について生産量と輸出入量を整理した資料です。

この資料が取り上げる財の一つに「陶磁器」がありますので、まずこのデータを紹介します。1871年（明治4年）の陶磁器生産量は3万5000tで輸出は0tとされています。これが近代的な製造技術が導入されたことで生産量は伸びていき、1940年（昭和15年）では47万tと13倍以上に増加しました。一方、輸出についても成長を見せ、万国博覧会などでの評価や欧州を中心としたジャポニスムブームを受けて1890年（明治23年）の輸出量は1万tとなります。これは生産量の約3割です。その後も陶磁器の輸出は、第一次世界大戦で混乱する欧州から米国に軸足を移して成長し、1940年には10万tが輸出されるようになりました。戦前はおおむね生産量の約2割が輸出されていますから、陶磁器産業は立派な輸出産業だったと言えるでしょう。日本を代表する陶磁器メーカーであるノリタケがその代表で、同社製のテーブルセットは米国で高い人気を誇りました。戦前に輸出された同社の製品は、今でも「オールドノリタケ」として多くの愛好家がいます。

そして、第二次世界大戦で生産・輸出ともに大幅に落ち込みましたが、戦後になると生産・輸出ともに大幅に増加し、1960年（昭和35年）には生産量76万1000t、輸出量

25万9000t（輸出割合34・0%）と戦前を大きく上回る水準に成長しました。

　ちなみに全期間にわたって陶磁器の輸入量は0t、つまりほぼ輸入されていません。

　1960年以降も見ていきましょう。ここは工業統計や貿易統計等をもとにした金額ベースとなります。

　まず目を引くのが生産額の増加です。1960年（昭和35年）の陶磁器（飲食器等）の生産額（製造品出荷額）は358億円でしたが、1990年（平成2年）には3119億円とおよそ10倍の増加となります（もちろん物価上昇の影響もあります）。

　この成長をけん引したのが、まず輸出です。1960年の輸出額は243億円と生産額に対して約7割の水準です。量的には34・0%を占めるのみなので、価格の高い製品が主に輸出され、陶磁器産業の成長ドライバーとなったことが分かります。また、高度経済成長と人口増加が内需サイドのドライバーとなり1990年までの成長を支えました。

　しかし、1990年までの成長の陰で、1980年代

明治時代から昭和35年までの陶磁器生産量と輸出量

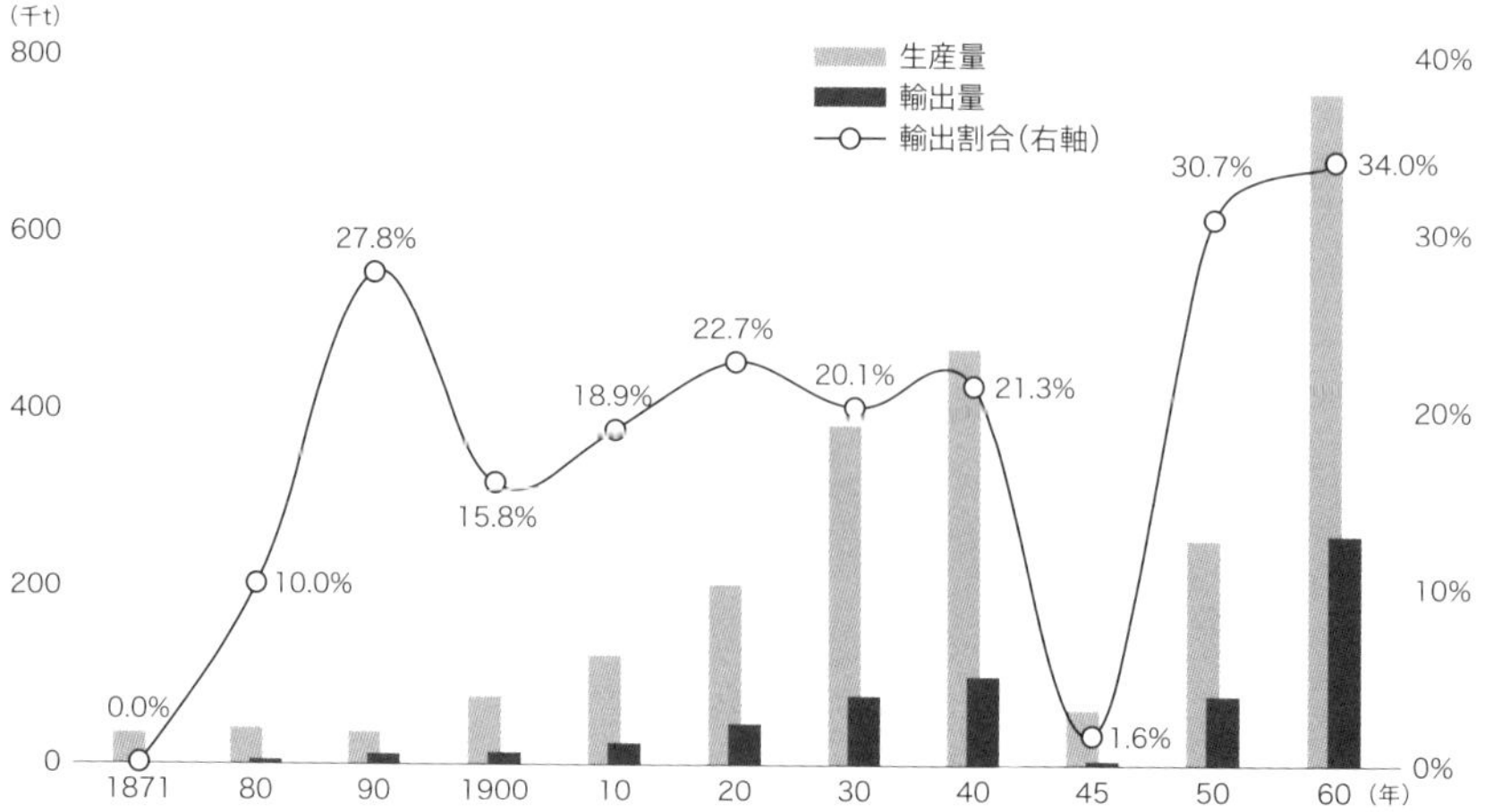

出所：『商品生産輸出入物量累年統計表』により作成
（注）陶磁器には日常用飲食器に加え碍子等の工業用途の製品も含む

にプラザ合意による急速な円高進行で輸出は減少に転じていました。さらに国内でも１９９０年代のバブル崩壊と海外からの輸入品増加で、生産量も急速に落ち込んでいます。２０２２年の生産額は５０３億円ですから、ピークの１９９０年からは６分の１の規模まで縮小してしまいました。

ただ、近年、実は改めて輸出が伸びてきており、２０２２年の輸出額は２７７億円と、金額ベースでは生産額の約５割にあたる製品が輸出されていることになります。陶磁器産業のあり方は徐々に変わりつつあることが分かります。

最後に日本の陶磁器マーケットの変遷を見ていきます。工業統計・工業動態統計調査・貿易統計から１９９０年以降の陶磁器（飲食器）について数量ベースでマーケット状況を推計しました。

その結果、１９９０年時点では陶磁器の国内マーケット（見なし内需。在庫を含むためあくまで見なしの数字です）は41・7万ｔであり、輸出入を加味すると、陶磁器マーケットにおける国産品の割合（内需国内生産割

1960年以降の陶磁器（飲食器等）の製造品出荷額等・輸出額の推移

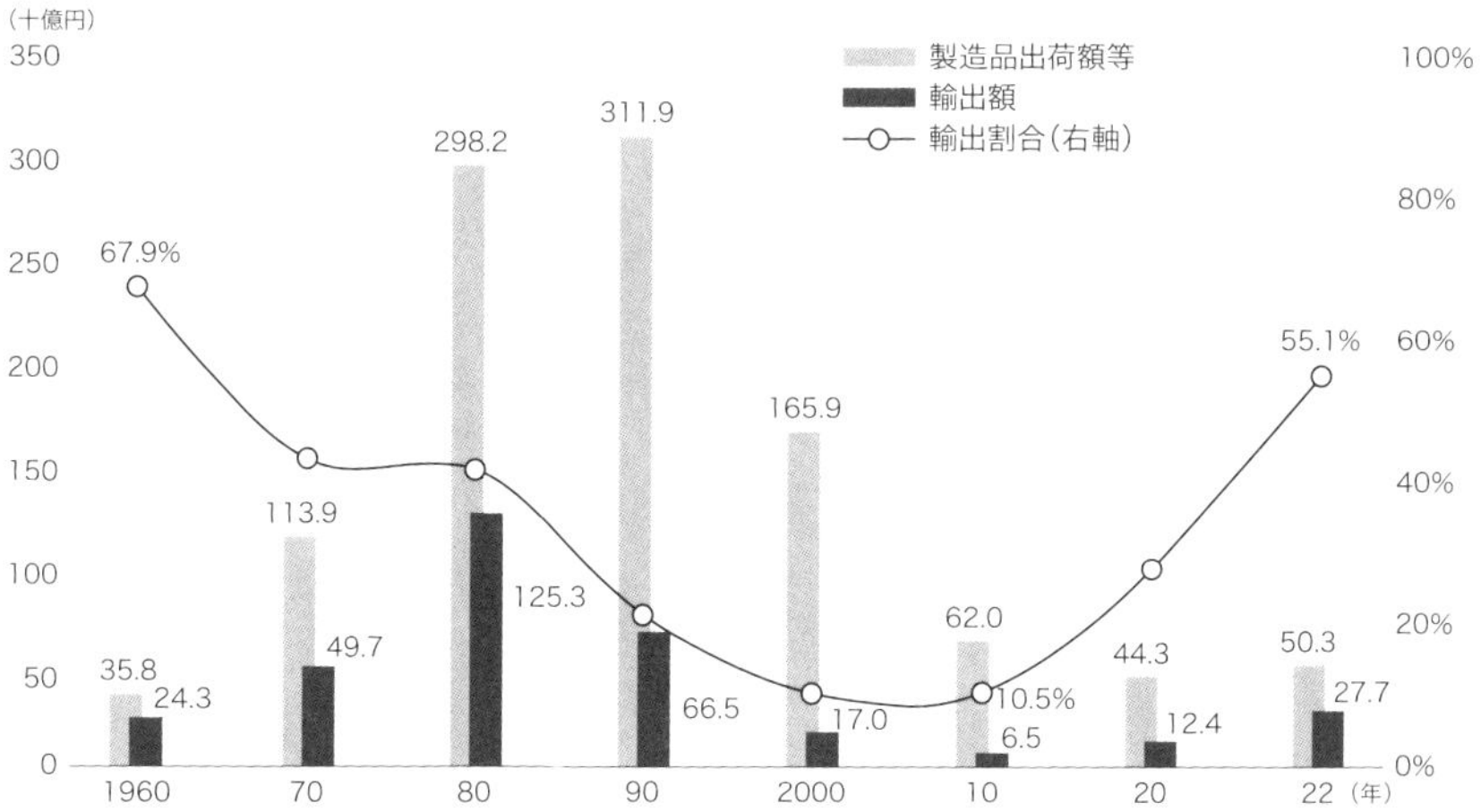

出所：工業統計・貿易統計等により作成

合）は98・8%となりました。つまり、１９９０年に陶磁器を買えばほぼ間違いなく国産だったのです。国内陶磁器は、東海地方（瀬戸・美濃等）、北部九州（有田・波佐見等）が主要産地ですから、当時の人はほとんど工芸産地の製品を買っていたとも言えます。一方、この時期の輸入は欧州からの高単価な製品です。国産以外のわずかな量の陶磁器は百貨店で売られていた欧州の高級陶磁器と考えていいでしょう。

それが２０００年代に入ると、国内マーケットは急速にしぼんでいくと同時に、輸入が伸びてきます。輸入先は中国などのアジアで、単価の低い製品が大量に流入しました。これにより国内における国産品の割合は5〜6割程度に減少しています。また、いくら人口が減少しているとはいえ、ここまで急速に国内マーケットが縮小するには他の原因がなければ説明できません。これは、樹脂製の食器が陶磁器に置き換わったことが大きな要因として考えられます。

いずれにしても、１９９０年代まで国内マーケットのほぼすべてを占めていた国産陶磁器は、安価で手ごろな製品分野でのシェアをアジア各国に奪われ、国内シェアを50%

1990年以降の陶磁器（飲食器）の市場動向（数量ベース）

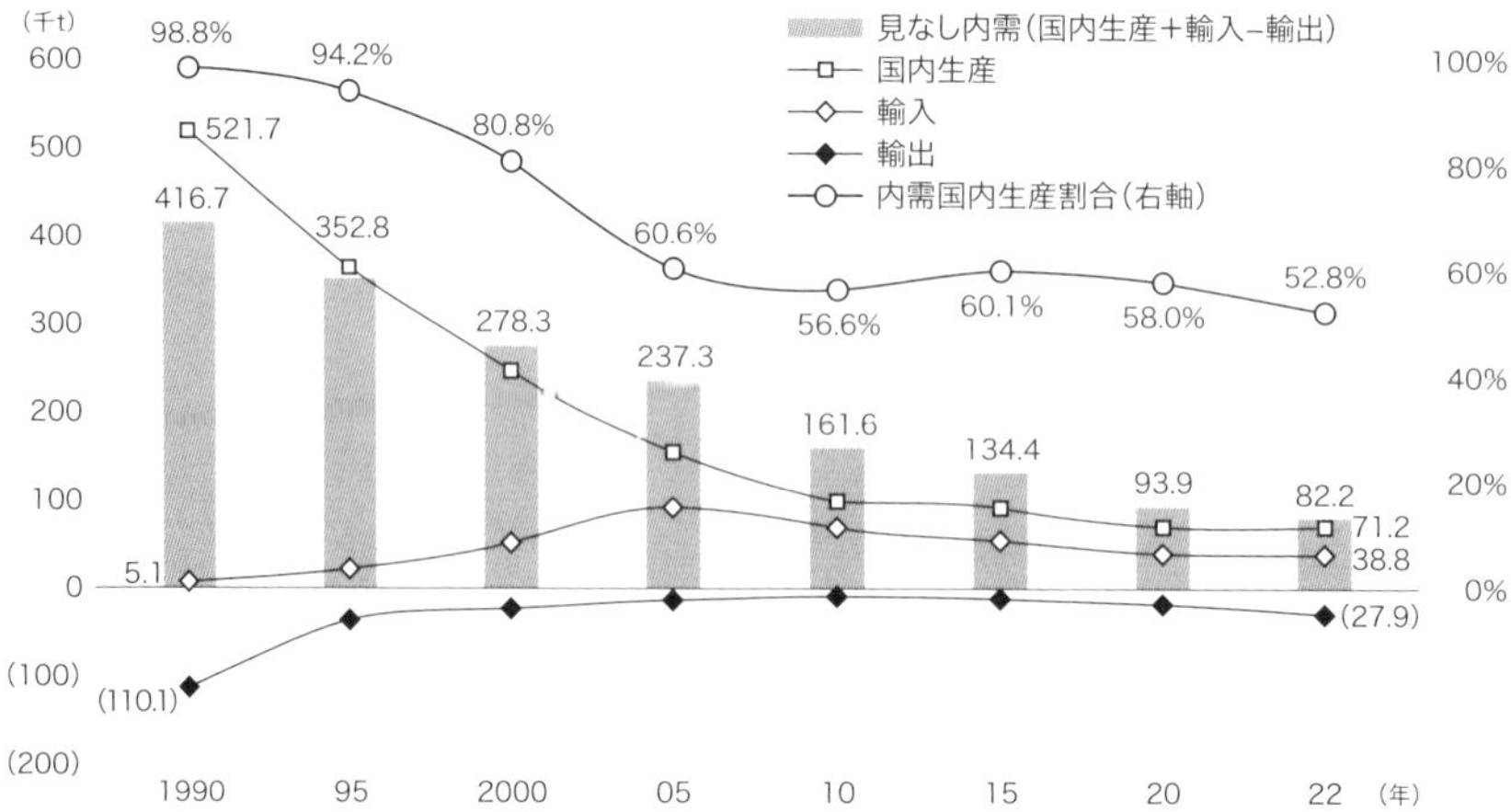

出所：工業統計・工業動態統計調査・貿易統計により作成

程度まで落としているのが現状です。国内の陶磁器、ひいては陶磁器の工芸産地は、そのポジションを大きく変えざるを得ない環境となっているのです。

　ちなみにこのような現象は欧州でも起きており、安価な輸入品にマーケットを奪われた結果、2000年代に高級食器ブランド企業であるロイヤル・ウースター・スポード（英国）やウォーターフォード・ウェッジウッド（アイルランド）、レノックス（米国）、ローゼンタール（ドイツ）などが経営破綻しています。

3．工芸の構造的問題とは？

ここまで工芸の産業構造と2000年代の商業・流通環境の変化について見てきました。では、この環境の変化は工芸産業にとってどのような意味を持ち、産業構造にどのような影響を与えているのでしょうか。

結論を先に言うと、工芸産業は一般の人々の生活中における手ごろな日用品としてのポジションを失うとともに、比較的価格の高い製品分野でも競争が激しくなり、販路を大きく失った。そして、その結果、以前の商業・流通環境に適応して成立してきた産業構造に問題が生じている、ということです。

では、どういうことか考えていきましょう。

商業環境の変化がもつ意味　～工芸のポジションが変わった

先ほど工芸を代表する分野として陶磁器の市場規模のデータを示したとおり、1990年代はまだ国内製品が9割以上のシェアを持っていました。1割にも満たない海外からの輸入品は、欧米からの高価格品が主でした。ロイヤルコペンハーゲン、ウェッジウッド、ジノリ、バカラ等、百貨店で売られている高級品をイメージしていただけるとよいと思います。

したがって、高価格帯の製品を別にすれば、1990年代までは、日用品を買えばそれはたいてい国産であり、それらは全国の工芸産地で作られたものでした。

しかし、2000年代に入ると状況は一変しました。

大手小売事業者のPB増加、SPA事業者や百円ショップの成長といった商業・流通環境の変化により、価格競争力のある、つまり安価な製品が中国をはじめアジア各国から大量に輸入されるようになりました。また、グローバルな生産・流通体制を構築するというのは海外企業も同じであり、例えば、北欧デザインで人気の高いマリメッコやアラビアといったブランドのように、デザイン性が高く、日本では比較的高い価格帯で販売されているものも、製造拠点であるアジアから日本に入ってくるようになりました。これらブランドは、デザインこそ北欧ですが、製造は中国やタイで行われている製品が多いのです。

さらに、海外製品との競合に加えて、例えば陶磁器・漆器であれば、プラスチックなど樹脂製の製品（大量生産が非常に容易であり安価）といった代替品が増えたことも、脅威として挙げられます。

このような変化の結果、工芸は低価格帯から高価格帯まで幅広い価格帯でシェアを持っているというポジションを失っていきました。

まず、高価格帯では、最重要販路である百貨店の店舗数が減り、売上も減少する中、販売機会の多くを失っています。また、少ない販売機会の場でも、海外の高級ブランドと正面から立ち向かうことのできる国内ブランドは残念ながらほとんどありません。

次に、中価格帯でも、北欧をはじめとするデザイン性の高いブランドが商業施設の中で直営店舗を展開していたり、雑貨のセレクトショップで扱われたりと存在感を高めています。

無印良品のようなブランドも中価格帯と言ってよいと思いますが、このようなＳＰＡ事業者の成長もあり、中価格帯は非常に競争の激しいマーケット環境になっています。

また、このマーケットの主要な顧客層は20～40代の人が中心になっています。これらの年代に訴求できるデザイン性やブランドイメージは、北欧ブランドや無印良品等がもっとも得意とするところですが、工芸産地から上手くアプローチできているところは、２０００年当初には、ほとんどありませんでした。

そして、低価格帯においては百円ショップが象徴的ですが、２０００年代にあらゆる分野で進んだ低価格化の中では、製造コストが安く、かつ大量生産を可能としている中国などのＯＥＭ事業者によって、製品が供給されるようになりました。従来、仕事の量の観点からすれば、

工芸の日用品・雑貨マーケットにおけるポジションの変化

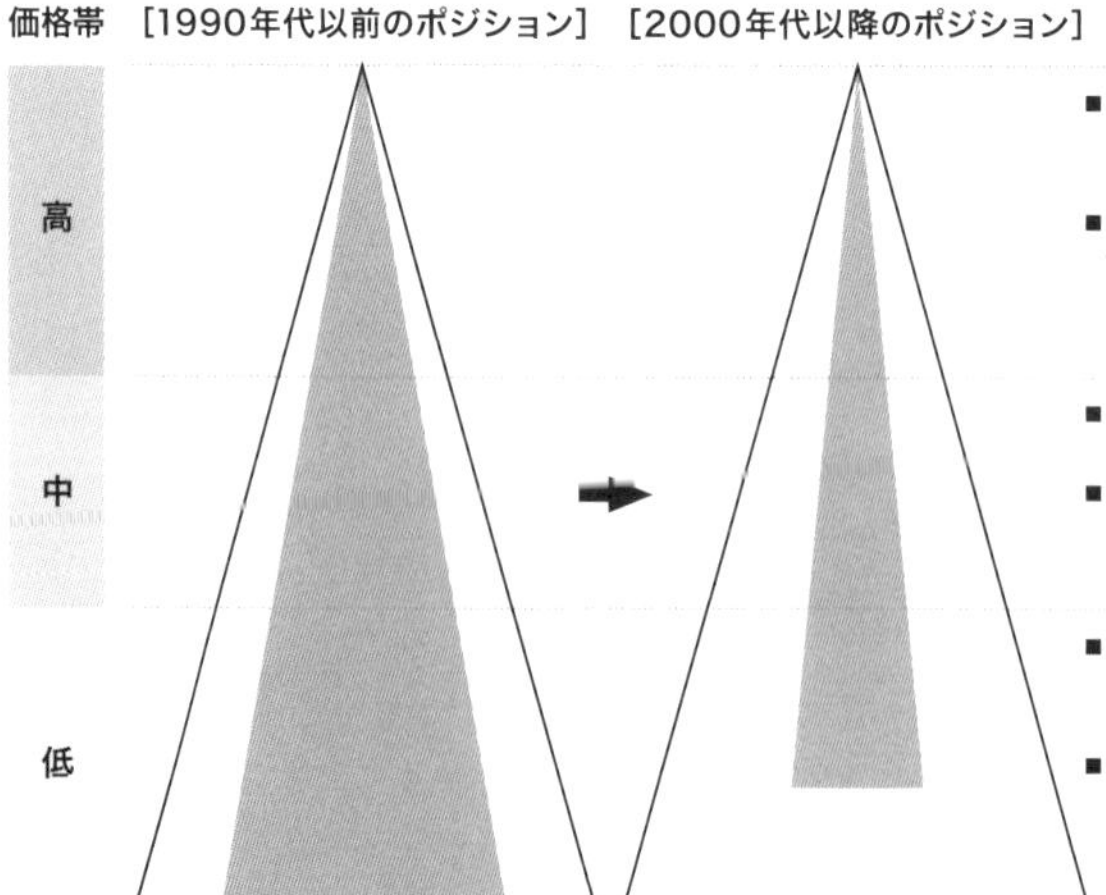

[ポジション変化の概要]

- 1990年代まで日用品・雑貨は百貨店が中心となって高価格帯の工芸品、欧米高級ブランドが販売されてきた。
- バブル崩壊以降、2000年代は百貨店の店舗数・売上高ともに減少が続いており、工芸品も多くの販売機会を失っている。一方で引き続き欧米ブランドとの競争は続いている。

- 1990年代では未だ国産比率は高く 中価格帯でも工芸品のシェアは高かった。
- 2000年代に国内SPA事業者による生活雑貨、欧米からのデザイン雑貨(多くはアジア製)が多数登場し、工芸品のシェアは低下。

- 1990年代までは国産比率は高く、量販店等で販売されていた比較的低価格な手ごろな日用品も工芸産業が多くを供給。
- 2000年代には百円ショップをはじめとする低価格路線が顕著になり、中国などの海外製の製品が大量に流入、工芸品のシェアは大きく低下。

出所：(株)日本経済研究所

工芸業界にとって大変重要なマーケットであった低価格帯においても、海外との価格競争に対応することは困難であり、主たる供給者としてのポジションを失っています。

このようにあらゆる価格帯で競争力を失ったというのが2000年代の工芸産業であり、内需を中心とした「国内産業」として非常に危機的な状況と言えます。

工芸産業の構造的問題

工芸産業は、製造工程を分業で担う製造事業者と受発注の窓口となる産地問屋が一定の地域に集まって産地を形成しているという構造です。このような構造は、産地外から安定的に注文が来るという条件下では、非常に効率的・合理的な構造と言えます。

特に戦後日本が経済成長と人口増加によって需要が安定的に拡大し、かつ海外からの輸入品との競合もないという条件下では、産地間での競争はあっても、工芸産業全体としては、増える注文に対して、製造し、消費地に卸すことに特化すればよかったので、この構造で生産量を増やし成長することが可能でした。

しかし、2000年代に入ると、先ほどのように商業・流通環境が変化し、海外との競争が激しくなったことで、安定的な注文という産業構造の成立条件が崩れてしまい、合理的であったはずの構造が多くの問題を抱えるようになってしまったのです。

従来の流れでは、消費地の問屋（例えば百貨店問屋）から産地問屋に注文が来て、産地問屋は産地内の製造事業者に発注、製造事業者は工程を分業しながら最終製品を仕上げて産地問屋に納品、その後消費地の問屋に販売されるというものでした（90ページの図参照）。

それが消費地の商業・流通環境が変化したことで、産地問屋への注文が減ると、そのまま産地全体の仕事は減ってしまいます。それでも産地問屋が注文を受けようとすると、問屋・産地という国内競争だけでなく、海外とも競争することになるので、どうしても以前より安値で受注せざるを得ません。仕事が減り、受注単価が下がると、産地問屋は利益を確保するために、製造事業者にはより安い価格で発注せざるを得なくなります。

次に、工芸の製造事業者は、安値で受注しても、材料費の削減には限界があるので、職人の人件費を抑えざるを得なくなります。そうなると職人の離職は進みますし、新たに職人になろうとする人もいなくなり、人手不足が常態化します。さらに、製造事業者の廃業も進みます。そして、分業で成り立つ製造工程の一部がなくなってしまい、最終製品まで産地内で作ることができなくなる、ということが起こります。製造自体ができなくなってしまうのです。実際このような危機にある工芸産地は、全国にいくつも出てきています。

新しい製品開発やブランドを立ち上げて、自ら市場を開拓するということも考えられますが、注文通りに作ることに特化してきた製造事業者や、消費地の問屋から注文を取ってくることに専念する必要があった産地問屋は、製品開発や小売店等への販路開拓の経験が乏しく、一般消費者との接点もありません。市場を自ら切り開く有効な手を打ち出すことが非常に困難な構造なのです。

従来産業の成立条件であったものが失われてしまうと、それまで上手くいっていた構造が逆回転を始めてしまい、問題が続々と発生してしまいます。そしてその問題の発生の原因となっているのが、従来の構造です。このように構造そのものが持っている特性を原因として問題が発生し、その問題がさらに構造を崩すように働くことを、構造的な問題と言います。

２０００年代の工芸産業はその特性を活かして成立させてきた産業構造が原因となって問題が発生し、それが深刻化するという、まさに構造的な問題を抱えるようになってしまったのです。そして、この構造的問題を発生させている根本的な原因である産業構造そのものは、歴史的に形成されたものですが、その構造までも不変の「伝統的」なものと捉えてしまい、工芸事業者が率先して市場環境の変化に対応してこなかったこと、これが工芸産業の抱えた最大の問題と言えるでしょう。

4. 2000年代の工芸リバイバル

工芸産業を取り巻く環境変化、それによるマーケットにおけるポジション変化、さらに工芸産業が内包する構造的問題、どれも工芸産業や工芸産地にとってポジティブなものではありません。しかし、2000年代に入って、この状況に対して新たなビジネスモデルを構築し、マーケットを切り開き、成長する工芸事業者が全国各地から登場してきました。確かに2000年代は工芸産業にとって苦しい時代ではありますが、同時にリバイバルに向けた転換期でもあったのです。

この工芸リバイバルを実現させた事業展開を簡潔に表現すると、「自分で製造(企画)した商品を自ら直接消費者もしくは実需者(小売・レストラン等)に売る」ということです。

つまりは「自分で作って、自分で売る」ということなので、非常に単純で当たり前のように見えるかもしれません。

しかし、工芸の産業構造では、作る人・事業者は作ることに特化し、産地問屋は受発注を専門に行います。製品のデザインは、産地内で昔から作ってきたもの、もしくは消費地からの指示によって決まるので、産地内で一般消費者の動向を踏まえたデザインや製品開発を行う機能・能力は育ちにくい状況でした。そもそも一般消費者との接点もほぼありません。

この中で、「自分で作る」という企画・デザインに始まる製品開発と、「自分で売る」という販路開拓、特に一般消費者への直接販売を一つの事業者が行うことは大変難しいことであり、従来の産地構造の常識とは外れたものでした。

さらに、工芸のポジションは中価格〜高価格帯で勝負するほかない状況にある意味で追い込まれてきましたが、そこで消費者の支持を得るということは、国内外の雑貨ブランドとしのぎを削るということを意味します。また、主要な販路であった百貨店に頼りきることはできず、新たな商業・流通環境にも対応しなければなりません。

ということで、「自分で作って、自分で売る」という工芸の新たな動きは、一見当たり前のようですが、古くから続く産地内の産業構造にとっては、まったく新しいものでした。新たに「自分で作って、自分で売る」ビジネスモデルを打ち出し、中価格〜高価格帯での製品開発を行い、変化する商業・流通環境の中で一般消費者にリーチして、そこで支持されるブランドを構築するということは、非常に難しいことだったのです。

以降ではこの困難な取組みに成功し、工芸産業のリバイバルをけん引してきた代表的な企業の事例を紹介したいと思います。

Case 1

能作

（株）能作は、富山県高岡市に本社を構え、高岡銅器の伝統的な鋳造技術を活かしたものづくりを続ける企業です。１９１６年（大正５年）の創業以来、高岡銅器の生地製造を担ってきましたが、２０００年代から真鍮《しんちゅう》や錫《すず》を用いたデザイン性の高い食器やインテリア雑貨の製造・販売を開始。中でも柔らかく曲げることができる錫の食器や花器は同社を象徴する製品であり、その伝統と革新が融合したものづくりや製品は「能作」ブランドとして認知され、国内外で高い評価を受けています。また、２０１７年にオープンした新社屋は年間13万人が訪れる富山県を代表する観光施設になるなど、ものづくりからツーリズムまで拡大する同社の活動は、２０００年代における工芸の新しい潮流を象徴するものとなっています。

能作の製品は職人の高度な技術によって作られる。
職人の平均年齢は30代であり、若手も多く活躍している

４００年以上の歴史を持つ「高岡銅器」

富山県高岡市は、日本の銅器生産のおよそ9割を占める最大の産地です。１９７５年に伝統的工芸品に指定された「高岡銅器」はこの地で４００年以上の歴史を刻んできました。

その始まりは、江戸時代初頭、加賀前田家二代当主で加賀藩二代藩主の前田利長が高岡のまちづくりを進めると同時に、地場産業として鋳物産業を興したことにあります。当初は鉄鋳物が中心でしたが、江戸時代後期に茶道具・仏具などの銅器製造が盛んになり、高度な造形技術が産地に定着。明治時代には精巧な美術工芸品が多数作られ、１８６７年のパリ万博を皮切りに国内外の博覧会で高い評価を受けるようになりました。以降も戦前・戦後を通じて、生活用品から置物・茶道具・仏具・銅像（小学校の二宮金次郎像の大部分は高岡で作られました）に至るまで多様な銅器が作られ、ピーク時の１９９０年の販売額は３７４億円にまで至りました。しかし、近年は輸入品との競合や銅器需要の減少などを受け、販売額は１００億円を切る水準に落ち込んでいます。

高岡銅器の産地構造と能作

高岡銅器の産地における産業構造は、前節で示した工芸産地の基本的な産業構造である「製造分業」「産地問屋」を主とした構造がそのまま当てはまります。

まず、産地問屋が顧客である百貨店（もしくは百貨店問屋）や寺社等から注文を取り、各工程を担う専門業者に発注します。高岡銅器の製造工程は、木型や金型など鋳物と同じ形状の型を作る「原型製造」、原型から鋳型を作り、鋳造して製品の形を作る「生地製造」、生地に着色・彫金する「加飾」の大きく三工程に分かれていますが、これら工程全般を問屋が中心となって取りまとめ、最後に出来上がった製品を注文先に納品・販売するのが一般的な流れです。

能作はこれら工程のうち「生地製造」を担う鋳物メーカーとして創業。産地の中では問屋から発注を受ける「下請け」的な立場ではありましたが、その高い技術力によって、「能作には作れないものはない」と評価されていました。

能作のビジネスモデルの変化

1990年代以降、高岡銅器の販売額の減少が始まると、下請けメーカーである能作への発注も減っていきました。この状況に危機感を持った能作克治氏（現会長。以下、能作

能作のビジネスモデルの変化

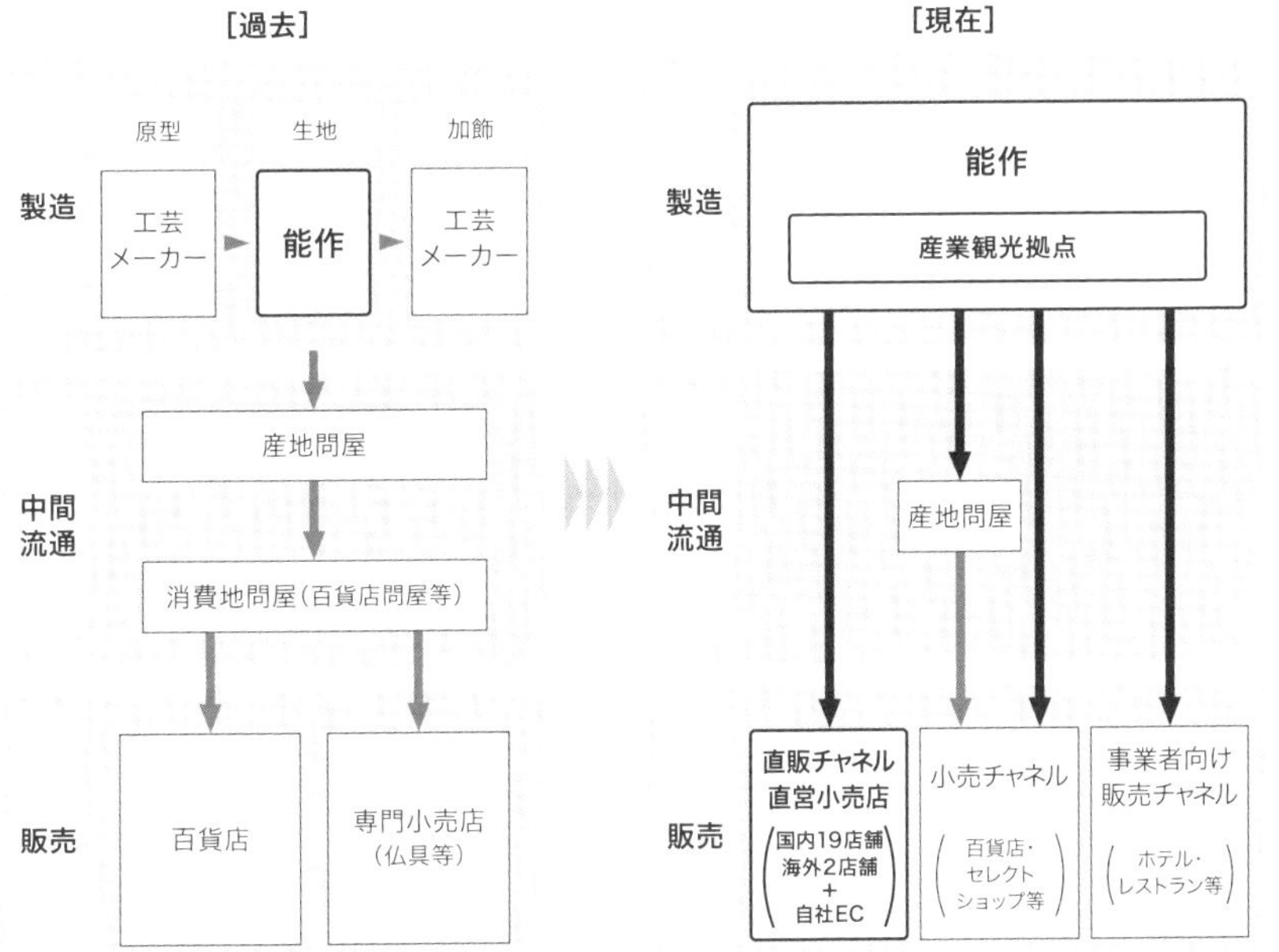

出所：（株）日本経済研究所

氏）は、下請けの立場から脱却すべく2002年から「自社のオリジナル製品の開発・販売」に力を入れ、いくつものヒット商品を生み出しました。そして、「直営店舗の展開（2009年）」「本格的な産業観光の取組み（2017年）」と展開し、成功を収めています。

これらは「製造工程の一部を担う下請け的なものづくり」から「自ら企画・ものづくりをし、それを自ら売る」というビジネスモデルの大変革で、工芸産地における事業展開としては、画期的なものでした。

以下では、この変革のポイントについて詳しく見てみましょう。

①製品開発・製造

現在の能作は素材としては真鍮と錫の2つを中心に食器・花器からインテリア雑貨まで幅広く展開しています。これらの中から製品開発のエポックとなった代表的な製品である「真鍮の風鈴」と「錫100％の食器・花器などの生活雑貨」について紹介します。

現在は同社売上の85％を自社オリジナル製品が占めるようになっていますが、もちろん最初から上手くいったわけではありません。製品開発を始めた当初は国内の様々な展示会等に出展したものの、なかなか思うように販路を見つけることはできませんでした。

そのようなとき、能作氏はユーザーの声を直接把握している販売者からの声を聞く必要があると考えていたところ、開発した真鍮製のハンドベルをセレクトショップで販売する機会を得ました。このハンドベル自体はあまり売れませんでしたが、販売店の店員からの「ハンドベルを使うシーンは日本の生活の中にない、風鈴として売ったらどうか」という意見を受けて、風鈴にリデザインして販売したところ、大ヒット商品となり、同社の名前が広く知られるきっかけとなりました。ちなみに、このベル・風鈴のデザインは能作氏自身が手掛けています。

この成功を受け、セレクトショップから「食器を開発してほしい」という要望が寄せられます。しかし、同社が得意とする真鍮は、日本では食品衛生法による規制があることから食器にはあまり適しないと判断し、能作氏は新たな素材として錫に着目しました。

しかし、錫はやわからい金属で変形しやすいという性質があるので、当時は錫合金で作られた食器はあっても、錫100%のものはありませんでした。そこで発想を変えて「曲げてつかう」「曲げられる」ことを前面に打ち出した製品を開発したところ、その面白さ・斬新さが好評を博し風鈴に次ぐ大ヒット商品となりました。

同社の代表的な商品である、自分の手で曲げて形を決める「KAGO」も、この錫の特性を最大限に活かした商品です。今では錫100%の製品は、食器・花器以外にも広がり、錫製品は売上の大部分を占めるまでに成長しています。

能作はもともと高い製造技術を持つ企業でしたが、複雑な形状の製品を多品種でかつ少量のロットから製造する技術開発を積極的に進めています。この技術力に加え、デザイン力（同社はデザイナーを積極起用している企業ですが、それでも製品の多くは能作氏がデザインを手掛けています）と、顧客サイドの意見を取り入れ、新しい素材に挑戦する柔軟

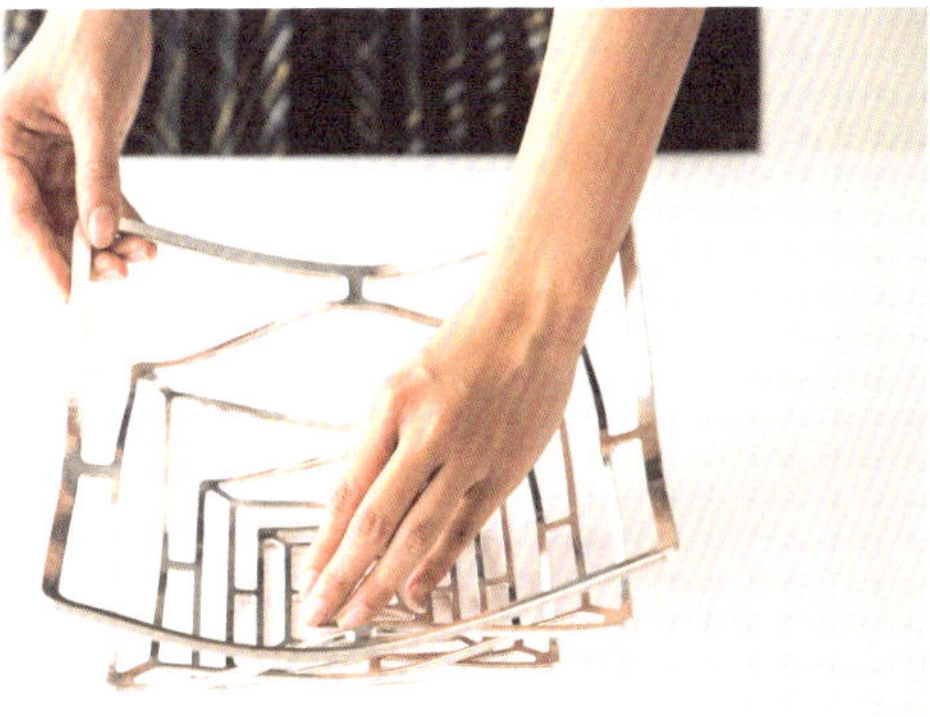

曲げられるという錫の特性を活かしたロングセラー商品「KAGO（かご）」

性や企画力こそが、同社が魅力的な製品を生み出し続けることができる理由です。

②流通・販売

2002年の自社オリジナル製品の開発・販売開始から7年後の2009年に能作は、初の直営店舗を日本橋三越本店にオープンしました。これはいわば「製造業」から小売業という「サービス業」に進出するという点で、ビジネスモデルを根底から変革することを意味します。

それまでの販売ルートは、従来の産地問屋を経由するものと、その販路とバッティングしない小売店等に直接納品するものの2つでした。しかし、それだけでは、直接消費者の反応は見えず、ブランドイメージを高めるにも限界がある。これに対して、直営店では、自社の商品の魅力を自分たちで直接消費者に伝えることができる。この実現にはビジネスモデルを変える必要があったのです。

そして、この直営店舗を中心とした販売戦略でも一般消費者の支持を集めることに成功し、これまで東京をはじめ大阪、富山、福岡、名古屋等に出店を進め、現在は19店舗を展開しています。また、海外でも台湾の台北市に直営店を2店舗構えています。また、この直営店舗に加え、自社ECでの販売も伸ばしています。

photo ©車田保

年間13万人以上が訪れる富山の産業観光の拠点である能作の本社外観　©車田保

このように知名度やブランド力が高まった結果、事業者向けの販路も伸びており、国内外の三ツ星レストランやホテルで食器等が採用されるなど、一般消費者向け以外のＢｔｏＢの売上も順調に増えています。

③産業観光

最後に「産業観光」です。これは次章で「工芸産地ツーリズム」として詳しく述べますが、工芸が作り上げられる現場（工場）に一般の人を呼び込み、工芸への理解や愛着を深めてもらおうというもので、能作では産業観光部を立ち上げて取組みを進めています。

ここで特筆すべき取組みは、能作が２０１７年４月に高岡市内に建設した新社屋です。新社屋建設は、製造能力の向上や職場環境の向上に加え、この産業観光に力を入れることが目的で、社屋内には、職人の作業を見学できるスペースに加え、体験スペース・ショップ・カフェが置かれています。能作のものづくりについて、製品の製造工程から完成までを知ること、そして、使って、買うこともできるといった、能作に関するすべてを体験する場として設計されています。

P122写真／富山の観光情報の発信も行う本社FACTORY SHOP　©車田保

建設当初の来場者目標は年間2万~3万人でしたが、2019年には年間13万人の来場者を記録、今や富山県を代表する観光スポットにもなっています。また、産業観光部では、結婚10周年を祝う「錫婚式」事業も立ち上げるなど、工芸に新たな切り口から価値を見出し、提供する取組みを続けています。

変革の結果とこれから

2002年にオリジナル商品開発を始めたとき、同社の従業員は10人、売上は1億円でした。それが経営改革の結果、2023年には従業員は200人、売上は約20億円、この20年少しの間にそれぞれ20倍に伸びたのです。また、高齢化・人手不足が常態化している工芸業界において、同社従業員の平均年齢は30代です。製造を担う職人はもちろんですが、企画・デザイン・ブランディングなど、若手人材の活躍する場が多いことがその理由となっています。また、長く同社を率いてきた能作氏は、2023年に社長職を30代の能作千春氏(現・代表取締役社長)に譲り、会長に就任しました。現在も能作氏は精力的に活動を続けていますが、同社の将来に目を向けた経営の若返りも進んでいます。

さらに、能作が進めてきた変革の結果・影響は、一企業の中に留まっていません。

高岡市では、同社の影響を受け、自社でオリジナルブランド・商品を開発・展開するメーカーが続々と生まれており、国内外のマーケットで評価される例も出てきています。さらに高岡市をはじめとした近隣地域が連携し、工芸だけでなく、食や観光を盛り上げていこうと、地域商社(一社)水と匠が設立されるなど、高岡市は全国的に見ても先駆的な取組みが活発に行われる地域になっています。

一つの工芸メーカーの成功が地域の他の工芸メーカーや地域全体に波及していく。このような例としても、能作の存在はこれからの地方創生を考えていく上で重要なものと言えるでしょう。

Case 2

Ｈａｃｏａ（ハコア）

福井県鯖江市に拠点を置く（株）Ｈａｃｏａ（ハコア）は、越前漆器の木地製造で培った職人技を基盤に、デザイン性の高い木工製品を製造・販売する企業です。２００９年から「Ｈａｃｏａ」ブランドを軸としたＤ ｔｏ Ｃ（Direct to Consumer）戦略を採用し、独自の美意識と機能性を追求したキーボードやスマートフォンアクセサリー、文房具・インテリア雑貨等を、自社の販売チャネルである直営店舗とオンライン販売を通じて顧客に届けています。２０１９年には職人文化の発信拠点として「Ｈａｃｏａ ＶＩＬＬＡＧＥ ＴＯＫＹＯ」をオープン、さらにチョコレートブランド「ＤＲＹＡＤＥＳ（ドリュアデス）」を立ち上げるなど、ものづくりとしての工芸に留まらない事業を展開しています。

１５００年以上前まで遡る「越前漆器」の歴史

漆器は陶磁器と並び日本の工芸を代表する製品分野であり、全国各地に漆器の産地があります。その中でも福井県の越前漆器は、石川県の輪島漆器と山中漆器、福島県の会津漆器とともに四大漆器に数えられる国内最大の漆器産地です。

P127写真／各商品の特性に合わせ、角面を滑らかにする面取り作業

この越前漆器の産地は、福井県鯖江市を中心とする地域です。その歴史は約1500年前、古墳時代の末期まで遡ります。もともと越前国（今の福井県）で育った第26代継体天皇がまだ皇子であったとき、現在の鯖江市内の集落にいた塗師に冠の修理を依頼、その出来栄えに感銘を受け、この地で漆器づくりを奨励したと伝えられています。

江戸時代には蒔絵や沈金などの装飾技法も導入されるなど産地として発展、さらに明治時代になると従来得意としていた丸物（椀類）に加え角物（膳・盆・箱等）も作られるようになり、当時の旅館や飲食店を顧客に販路を拡大、漆器の一大産地としての地位を確立しました。そして戦後は、木製漆器以外に近代漆器と言われるプラスチック素地を使った機械量産型の合成樹脂漆器にも力を入れ、戦後に急速に増加した業務用需要を獲得、外食産業の成長を支えてきました。

しかし、バブル崩壊によって国内の業務用需要が落ち込んだこと、木製漆器については生活様式の変化や主要な販路であった百貨店が不振となったことなどから、鯖江市の漆器生産額は1991年の153億円から2020年には43億円とおよそ3分の1以下にまで減少しています。

越前漆器の産地構造とHacoa

漆器の製造工程は、非常に細かく分かれ、分業化が進んでいることが特徴です。これは越前漆器だけではなく、他の漆器産地でも同様です。

この製造工程を非常に簡単に分けると「木地製造」「漆塗［木地下地（下塗り）・中塗り・

上塗り」」「加飾（蒔絵・沈金等）」の3工程となります。

まず、木地屋・木地師と言われる事業者・職人のうち丸物師が椀など、角物師が箱・盆などの角物を手掛け、漆器の骨格となる木地を製作します。そして次に漆塗となりますが、まず木地の状態をチェックし必要であれば布や紙で補強し、漆を木地にしみ込ませることで素地を強化する「木地下地（下塗り）」が行われます。これは漆器の堅牢さ、後工程の中塗り・上塗りの良し悪しを決める非常に重要な工程です。そして、「中塗り」で何度も塗りと研ぎを繰り返し、最後の塗装工程である「上塗り」に進みます。埃《ほこり》が付かないよう、細心の注意をもってひと塗りで仕上げる「上塗り」は、多くの方の漆塗に対するイメージに近いのではないでしょうか。

そして「上塗り」で漆器としていったん仕上がった後に、必要に応じて蒔絵や沈金などの装飾を加えることで、きらびやかな器や道具の完成となります。

高精度な漆器製造には、多い場合、何百にもなる工程が必要となります。そのため多くの知識や経験、高い技術が求められるので、各工程でそれを専門とする職人・事業者がかかわります。この高度に発達した分業構造が漆器製造の特徴です。そして、これら製造分業の工程全般を取りまとめ、受発注を行うのが産地問屋となります。

ここで紹介する（株）Ｈａｃｏａ（ハコア）、その前身となる（有）山口工芸は１９６２年に伝統工芸士の山口怜示氏（現会長）が創業し、冠婚葬祭で使われる膳や盆等の高級漆器の木地づくりを半世紀にわたり行ってきました。これらは板で作る箱（ハコ）が基本となる形で、Ｈａｃｏａ（ハコア）の名前もここに由来します。

Ｈａｃｏａのビジネスモデルの変遷

１９９０年代に漆器への需要が減少すると、産地への発注自体が減っていきました。そうなると木地屋の仕事も減り、越前漆器の産地全体を先行き不安な影が覆っていました。

１９９３年に山口工芸に入社した市橋人士氏（現代表取締役社長）は、義父である山口氏のもとで木地師として修業し、腕を磨いていきましたが、木地屋という下請けの仕事だけでは将来が見通せないと考え、技術に加えプロダクトデザインを習得、２００１年に自社製品ブランドである「Ｈａｃｏａ（ハコア）」を立ち上げます。

それが現在では国内11店舗を展開する木工雑貨ブランドにまで成長するのですが、ここに至るまでには多くの挑戦や模索がありました。

そこで以下では、Ｈａｃｏａの事業展開について３つのフェーズで見ていきます。

■「Ｈａｃｏａ」ブランドの始まり

(株)Hacoaのビジネスモデルの変化

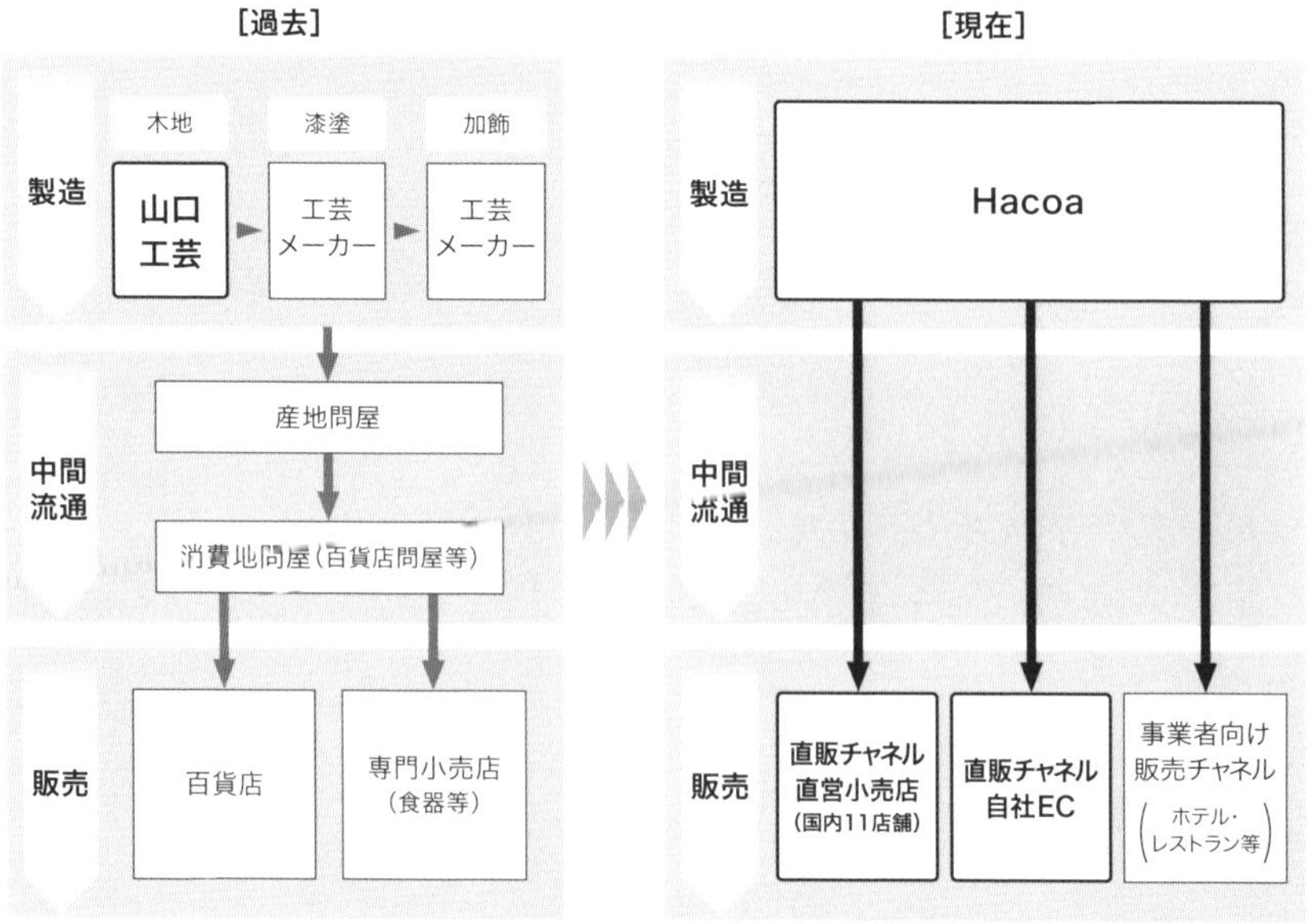

出所：(株)日本経済研究所

市橋氏が社内ベンチャーとして、２００１年に「Ｈａｃｏａ」を立ち上げる前のことです。市橋氏は自身の手による木地に地元の塗師に頼んで漆を塗ってもらい、オリジナル漆器を作りました。この漆器を持って、東京の百貨店に売り込みをかけた結果、販売の機会が得られることになったのですが、それが問屋を介した流通を主とする産地のルールに反するという批判を受け、販売を断念せざるを得なくなってしまいました。このような経験から、市橋氏は、漆を塗らずに木の質感を活かし、現代に合った商品づくりをすることを決め、自身でデザインした木製雑貨を地元のクラフトマーケットやインターネットで販売し始めました。当時はＥＣ黎明期です。市橋氏の取組みは非常に早かったと言えるでしょう。

　このクラフトマーケットやインターネット販売での手ごたえから、市橋氏は２００１年にＨａｃｏａ事業部を立ち上げます。その後、高度な技術を活かした木製トレイなどが評判を呼び、市橋氏は木地師ではなく、木工家としての知名度を高めていきました。

　始まりは、地元の小さなクラフトマーケットやインターネット販売だったというのは、これから工芸ブランドを立ち上げようとする人にも勇気を与えるものではないでしょうか。

■木製雑貨ブランドとしての成長

２００２年にＨａｃｏａの名前が広く知られるきっかけとなる製品が

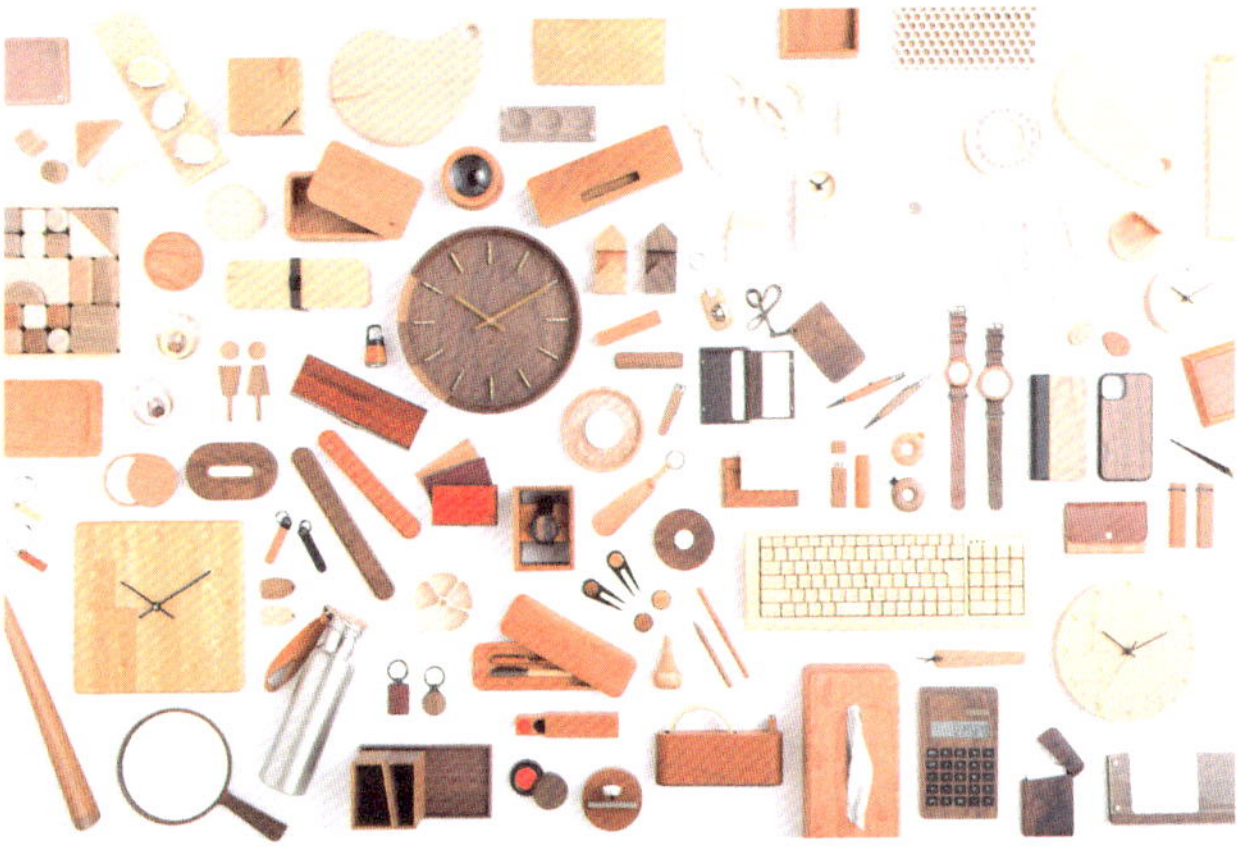

Hacoaブランドの
木工雑貨商品

生まれます。木製PCキーボードである「木ーボード」です。発表後すぐに高い評価を得て、「世界一美しいキーボード」としてパリのルーブル美術館でも展示されました。この「木ーボード」を契機として携帯電話のカスタムジャケット等、多くのヒット製品を生み出していきます。

こうして木工雑貨ブランドとしての評価が高まると、小売事業者向けの卸売販売に加え、2006年からはUSBメモリなど法人向けのノベルティ販売が売上を伸ばし、木工雑貨の製造・販売事業は順調に成長していきました。さらに、高級ブランドホテルからアメニティ製作の注文が入ったことを皮切りに、ホテルや店舗の内装デザイン・施工プロデュースの仕事が多く舞い込むようになりました。

このような成長フェーズの中、2007年に社長に就任した市橋氏は、製造能力の強化やスタッフの職場環境の向上のため、2008年に鯖江市内に新社屋を建設。全面ガラス張りの社屋は、漆器産地の工場のイメージを変えるもので、国内外問わずHacoaで働きたいという若者も増えていきました。

一般の人々がデジタル化の流れの中で、パソコンや携帯電話を持つようになったのは1990年代後半から2000年代の初めにかけてです。この流れを捉えて、デジタル関連製品の展開を始めたことが、同社の成長の要因として挙げられるでしょう。従来の漆器では食卓・キッチン関連分野が主となりますが、既存の分野から離れて自由に発想し、新しいマーケットに挑戦する、時代の変化に合わせて、積極的に新たなマーケットに挑む、この姿勢はHacoaの特徴であり、多くの工芸事業者が見習うべき姿勢だと思います。

■DtoC戦略への転換

しかし、2008年のリーマンショックによる金融危機が世界経済を一気に冷やしてしまいます。その影響で、Hacoaへ寄せられるノベルティ需要は激減、ホテルからの注文もストップし、売上は大幅な減少を余儀なくされます。

これを機に、市橋氏は外部環境に左右されない強い顧客基盤を持つビジネスモデルへの転換を模索し、「デザイン性の高いオリジナルの木工商品を多種多様にそろえて、直接顧客に販売する」という現在の事業コンセプトを確立しました。

オリジナル製品の中でも2010年に発表したiPhone用の木製ケース「フルウッドケース」が国内外で注目されたことで、木工雑貨事業はV字回復を遂げました。その後も名刺入れ、モバイルバッテリー等、多くの人気商品が生まれています。また、2014年にはHacoaブランドのシスターブランドとして「+Lumber（プラス・ランバー）」をリリース。これは木目の美しい板をアクセントにしたカジュアルな製品ブランドであり、現在はフラッグシップ製品ブランド「Hacoa」と並ぶ人気ブランドに成長しています。

そして、販売面です。現在、同社は自社の直営店舗とEC以外では販売しない、完全なDtoCのビジネススタイルです。小売事業者への卸売販売はしていません。

直営店舗については、2010年に東京御《お》徒町《かちまち》のJR高架下に整備された工房街「2k540」での「Hacoaダイレクトストア」を開設したことが始まりです。これが話題となり、2013年にはKITTE丸の内に出店、話題性の高い都内一等地の商業施設に店を構えることで、Hacoaの知名度・人気は格段に高まり、現在は全国に11店舗を展開するまでになっています。

次にECです。同社のECショップ「Hacoaオンラインストア」は同社売上の約3割を占める重要な販売チャネルとなっています。現在、多くの工芸ブランドがECを手掛けていますが、その中でもこの売上比率はおそらく異例の高さだと思います。実店舗で製品の良さを知ったファンがECでも購入するといった流れを上手く生み出していることがその要因ですが、まだEC黎明期であった2001年からECにも力を入れてきたHacoaの取組みは、他の工芸メーカーにも非常に参考になるものと思われます。

Hacoaの新たな事業展開と鯖江

2001年にブランドを立ち上げる前、市橋氏が奥様と2人で参加したクラフトマーケットでの売上は数万円程度でした。それが2020年には売上約10億円、従業員は約120人と、越前漆器をはじめ眼鏡・繊維などのものづくりが盛んな鯖江において産地を代表する企業になっています。

最後に近年の取組みをいくつか紹介します。

2019年に社名をそれまでの（有）山口工芸から製品ブランドである「Hacoa」と同名の（株）Hacoaに変更しました。この製品ブランドと企業ブランドの統合は、例えばユニクロのような企業も行っていますが、顧客から見て企業と製品のブランドが一致していることは、ブランド認知を高めるための打ち手として非常に有効に働いています。

そして同年6月には東京都内に「職人」をテーマとした複合施設「Hacoa

Hacoaの人気製品である
木製スマホケース

VILLAGE TOKYO」をオープン、この4階建ての施設にはショップ、カフェ、サロン、ラボラトリー、オフィスが入り、オリジナル製品の販売に加え、「職人」の魅力を伝えるトークイベントやワークショップを開催しています。Hacoa自体はもちろん、「職人」そのものの価値を世の中に認知・理解してもらう取組みとして、大変意義のあるものと言えるでしょう。

また、同じ年に高級チョコレートブランド「DRYADES（ドリュアデス）」もスタート。欧州で腕を磨いたチョコレート職人とともに立ち上げたこのブランドは開業から間もないうちに人気ブランドとなっています。

ここまでのHacoaの事業展開と市橋氏の決断・行動を見ていくと、マーケットの環境変化に柔軟に対応してビジネスモデルを変革し、それまで世の中になかったものを高いセンスで打ち出していることに驚かされます。そして、Hacoaの存在は、鯖江の中でも、後ほど紹介するようなRENEWをはじめとする新たな挑戦をスタートする人・事業者の後押しとなって、鯖江のものづくり全体の活性化につながっています。

東京・茅場町にある複合施設〈Hacoa VILLAGE TOKYO〉（現在は移転しています）

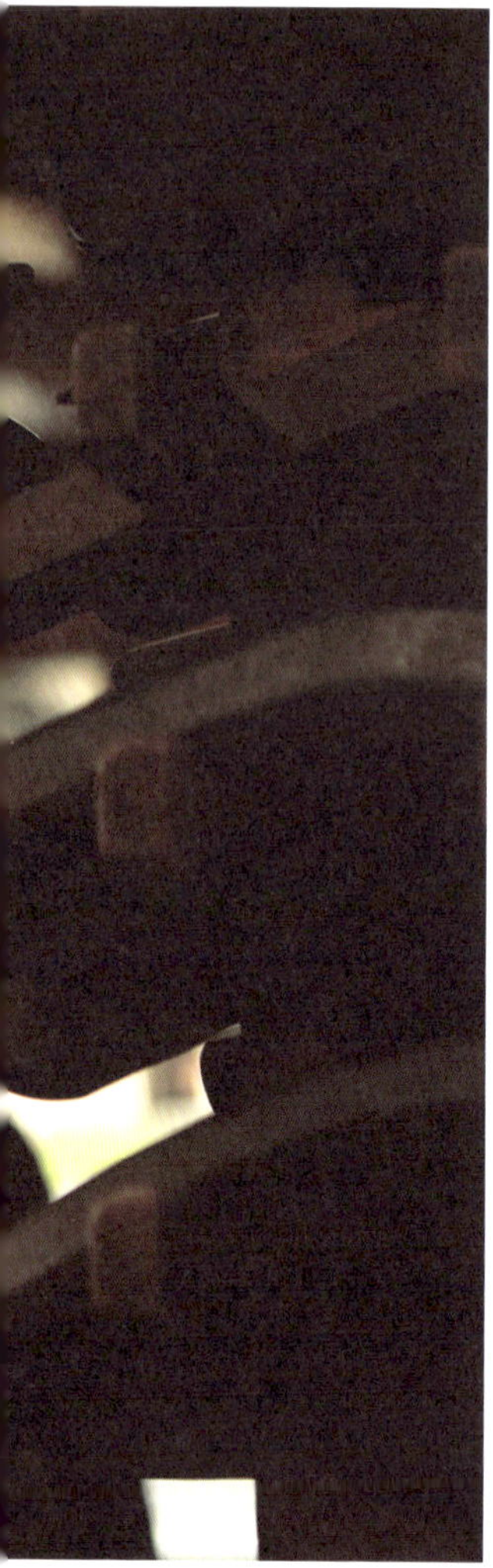

Case 3

玉川堂

銅板を何度も叩くことで生み出される茶道具・酒器・花器などの銅器、この製品と技法を「鎚起《ついき》銅器」と言います。ここで紹介する玉川《ぎょくせん》堂は新潟県燕《つばめ》市で1816年に創業、今に至るまで200年以上にわたり技術を継承・発展させてきた鎚起銅器の老舗です。この玉川堂の歴史は、伝統を絶え間ない革新でつないできた工芸の歴史そのものとも言え、特に明治時代以降の工芸産業の展開において重要な役割を果たしてきました。玉川堂による革新は、2000年代にも七代目玉川基行氏（現社長）のもとで行われており、その製品開発・流通面での改革は、国内外でラグジュアリーブランドとしての評価を高めることにつながってい

鎚起銅器を成形するための土台となる鉄棒「鳥口《とりぐち》」
「鳥口」という名前は玉川堂が名付けたもの

ます。

玉川堂と近代工芸の歴史

第2章で近代日本の工芸の展開について整理しました。この歴史に玉川堂は深くかかわっています。そこで200年以上にわたる同社の歴史を紹介したいと思います。

もともと新潟県燕市・三条市を中心とする地域では、江戸時代から農家の副業として、鉄を叩いて作る和釘づくりが奨励され、和釘の一大産地に発展しました。また、より価値の高いものづくりとして神社の金具等の銅細工づくりも進められ、18世紀初めに近隣の弥彦山からの銅産出が始まると、和釘に加え銅製品の産地としても成立しました。

そして、江戸時代の明和年間（1764～1772年）に仙台から鎚起銅器の製法が伝わり、その技術を承継したのが初代・玉川覚兵衛（1799～1872年）です。彼はやかん・鍋・釜などの生活道具を作り始め、玉川堂の祖となりました。

次の二代目、玉川覚次郎（1829～1891年）の時代に、日本は江戸から明治の過渡期を迎えます。

明治政府では殖産興業政策の中で国際博覧会への参加、特に美術工芸品の出品に力を入れましたが、この政府からの要請を受けた覚次郎は、日本が最初に公式参加した1873年（明治6年）のウィーン万博への出品を果たします。この出品の際に、初めて「玉川堂」という商号を名乗りました。

三代目の玉川覚平（1853～1922年）は、鎚起銅器の可能性を広げるために従来の鎚起に加え、彫金・鍍金技術を導入し、工場を増築するなど、質・量ともに事業を拡大、芸術性と実用性を兼ね備えた製品を次々に生み出しました。１８９３年のシカゴ万国博覧会や１９０４年のセントルイス万国博覧会など国際万博にも積極的に出品、１９１０年の日英博覧会では銀賞を受賞し、世界に玉川堂の名声を広めていきました。

また、１８９４年には明治天皇の御大婚25周年を記念して製品を献上したことを契機に、玉川堂の製品は皇室や宮家への献上品となり、国内でもその評価を不動のものとします。

そして、四代目の玉川覚平（１８８１〜１９４７年）の時代には、より技術革新が進みます。１枚の銅板から胴体と注ぎ口を継ぎ目なく製作する「口打出《くちうちだし》」技術、紫金色や配合金という着色技術など、現在の玉川堂の代名詞とも言える技術を確立させました。１９２６年のフィラデルフィア万国博覧会では最高賞を受賞するなど、国際的な名声は一層高まりました。

そうした成功が続いたところ、昭和初期に世界を巻き込む金融恐慌が発生、玉川堂も無関係ではいられず、経営状況は急速に悪化します。そこで、攻めの戦略として、大消費地である首都圏向けの製造・販売を強化すべく、横浜に分工場を設け、販路の拡大に取り組みました。

この横浜の分工場の工場長として首都圏での販路拡大を担ったのが、後に五代当主となる玉川覚平（１９０１〜１９９２年）です。彼は当時急速に成長した百貨店との取引を拡大し、五代目就任後も玉川堂の成長をけん引します。しかし、１９３７年に日中戦争によって銅の使用制限が始まると、それから１９４５年の敗戦までの間に燕・横浜の両工場は営業停止を余儀なくされました。

終戦を迎えると、玉川堂はすぐに燕工場を再開、戦後復興の中で徐々に経営の立て直しを行います。この戦後の経営を担ったのが六代目玉川政男氏（1938〜2022年）です。同氏は金工作家としても高い評価を受けながら、産地組合の設立など産地の発展に尽力、その努力もあり、「鎚起銅器」は1980年に文化庁から選択無形文化財、1981年に通商産業大臣（現・経済産業大臣）から伝統的工芸品の指定を受けることになりました。

また、六代目政男氏の弟にあたる玉川宣夫氏は2010年に「鍛金」で重要無形文化財保持者（人間国宝）に認定され、玉川堂の歴史に大きな足跡を残しています。

こうして工芸メーカーとしての地位を高めた玉川堂の製品は、1980年代中ごろからのバブル景気の中で、地元の産地問屋を経て全国の百貨店等に広がっていきます。さらに企業等からの贈答品需要も大幅に伸びたことで、玉川堂は順調に売上を伸ばしていきました。しかし、1990年代のバブル崩壊とともに百貨店での販売は減り、贈答品需要は激減、玉川堂の売上はピーク時の3分の1まで落ち込みます。倒産寸前まで経営状況は悪化し、職人の半数を解雇せざるを得なくなる状況に追い込まれます。

玉川堂のビジネスモデルの変化

玉川堂が経営危機に陥る中で入社したのが七代目玉川基行氏（現・代表取締役。以下、玉川氏）です。この玉川氏の行った経営改革によって玉川堂は復活を果たし、工芸業界では数少ない海外にも通じるラグジュアリーブランドとして認知されるまで成長しています。

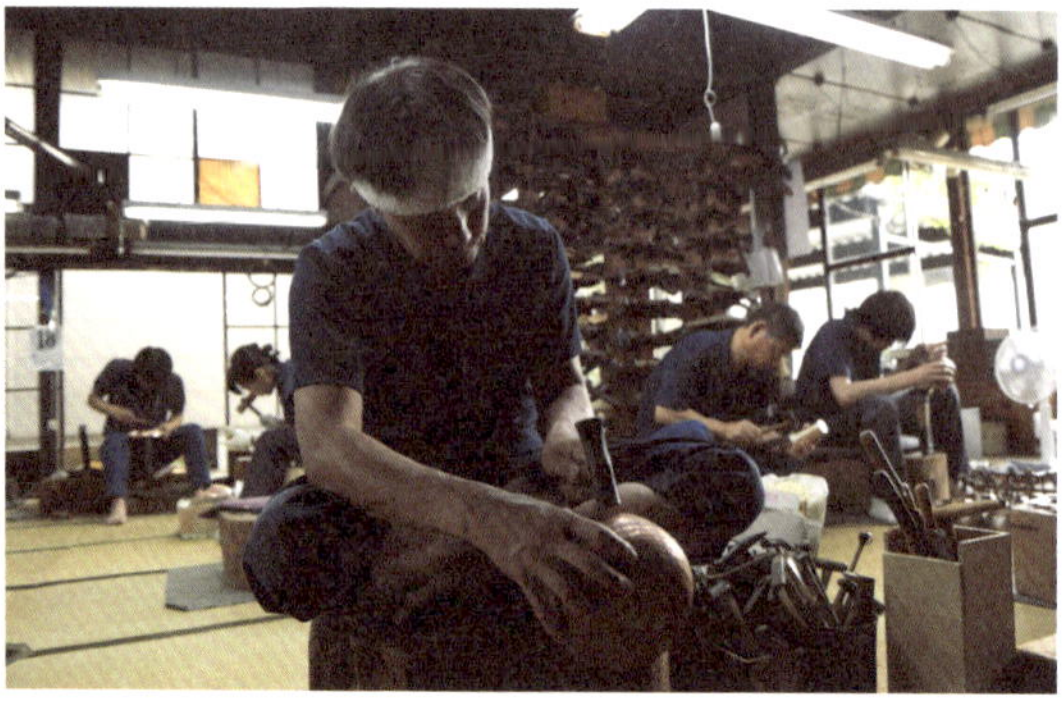

鎚起銅器は銅板を何度も叩いて生み出される

■製品・流通改革

玉川堂の経営改革は、端的に言えば「自ら作ったものを、自ら売る」というものです。

最初に玉川氏が手掛けたのが、販売戦略の改革です。これは産地問屋との取引を止めるという大胆な改革であり、問屋を介した販売を止めることで、利益率を向上させるとともに、直接顧客の声を聞くことが最大の目的でした。しかし、この判断は販路を失うという非常に高いリスクを伴います。これが可能だったのは、玉川氏が技術力の高さと商品の品質に対して絶対的な自信を持っていたためです。

それでも背水の陣の心持ちで、玉川氏は自ら製品を持参して大手百貨店への売り込みに出向きました。そして、百貨店の催事における実演販売をきっかけに、百貨店での取扱いが増加、1997～1998年頃から売上は徐々に好転していきます。

また、顧客やバイヤーの声を反映した、ぐい

玉川堂のビジネスモデルの変化

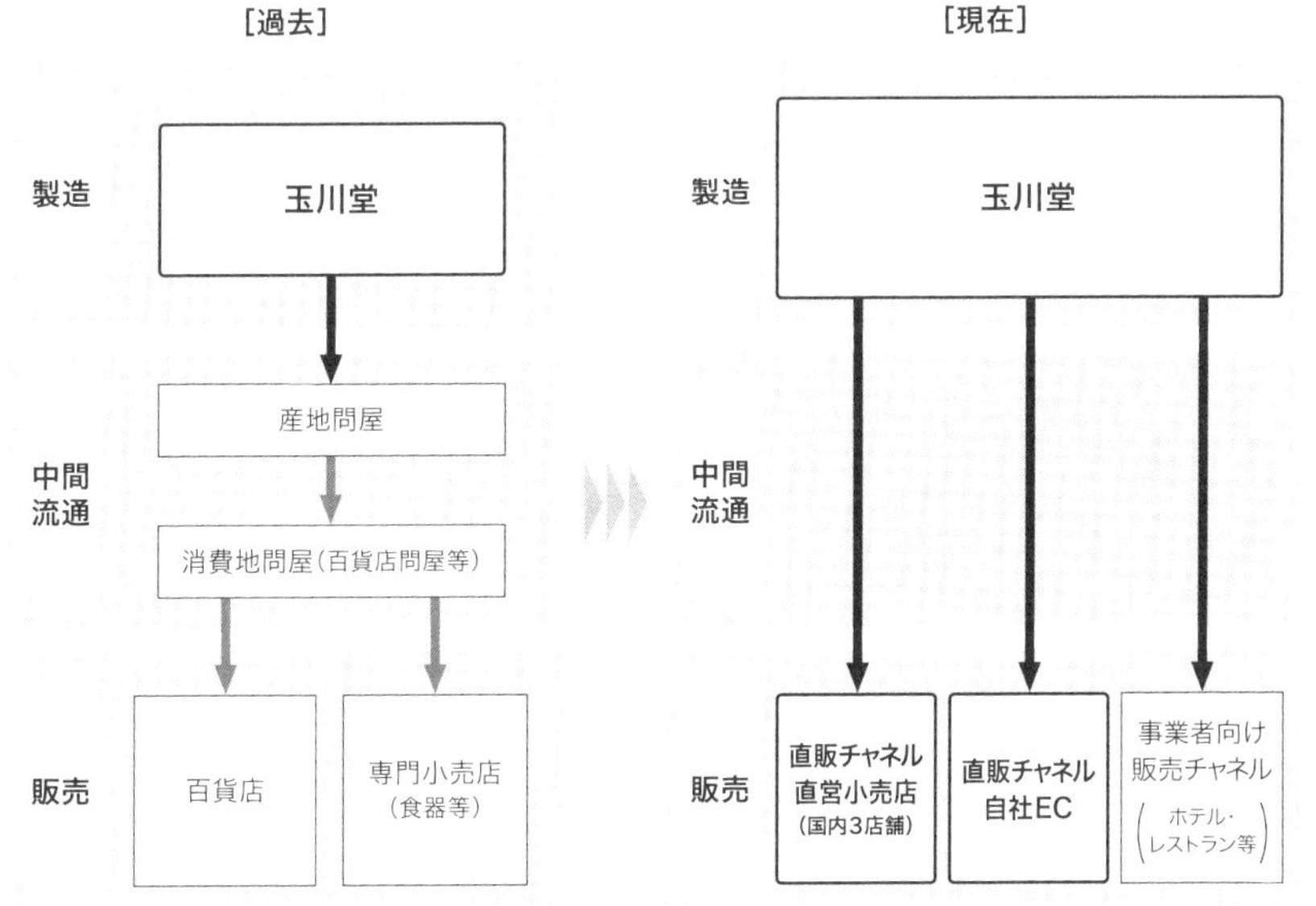

出所:(株)日本経済研究所

呑・カップ・コーヒーポット・ドリッパーなどの新商品の展開といった製品改革にも取り組み、経営は徐々に軌道に乗っていきました。

こうした中、もう一度転機が訪れます。一つは先述した玉川宣夫氏の人間国宝認定、もう一つはフランスの最高級シャンパンメーカーであるクリュッグ社との出会いです。クリュッグ社とのプロジェクト(後述)をきっかけに、6代目当主のオリヴィエ・クリュッグ氏からシャンパーニュの本社に招かれた玉川氏は、その土地と製品の強い結び付き「テロワール」の重要性を感じたと言います。そして、その後、クリュッグ氏が玉川堂を訪れた際に、工房から感銘を受けている姿を見て、玉川氏は顧客に直接自分たちのものづくりの価値を伝えること、特に燕を中心に伝えるためのビジネスモデルを模索するようになります。

そこでまず、本社兼工房である本社屋を「燕本店」として、工房見学の受け入れ体制と販売体制の強化を手掛けます。また、２０１４年には東京の青山に直営店舗を出店、その後程なくＧＩＮＺＡ ＳＩＸの直営店舗もオープンし、都市部での直販体制を構築していきました(２０１９年に青山店は閉店)。

この直営店展開は、「自社の製品を自社で売ることで、顧客とのコミュニケーションを密にとる」という玉川氏の一貫した経営戦略からきています。そのため、以前は売上の70%を占めていた百貨店での販売は、今は１%未満。玉川堂はその製品のほぼすべてを直営店舗で行うようになっています。

■ラグジュアリーブランドとの共創

玉川堂のフラッグシップ製品とも言える「湯沸《ゆわかし》 口打出《くちうちだし》」(やかん)の価格は85万円(税抜、

本書執筆時点）です。一般的なやかんと比べると大変高価なものですが、職人が一つ一つ時間をかけて1枚の銅板から作り出す製品の価値を認め、購入する人は国内外に多数います。この状況は玉川堂がラグジュアリーブランドとして認知されているものと言ってよいでしょう。特に顧客の半数以上は、お茶の文化を持つ中国などアジアからの買い物客であり、玉川堂の名は海外でも高級ブランドとして認知されています。

また、玉川堂を高く評価し認知しているのは国内外の一般消費者だけではありません。

海外のラグジュアリーブランドからの評価も高く、先述のシャンパンメーカーであるクリュッグ社からの依頼で鎚起銅器製のワインクーラーを製作し、クリュッグ社の取引先である高級レストランや富裕層顧客向けに限定販売しています。その他、スイスの高級時計メーカーとの取引では鎚起銅器製の文字盤も製作するなど、海外のラグジュアリーブランドでも玉川堂の名は広く知られるようになっています。

■ツーリズムの取組み

玉川堂は数十年も前から本社屋（燕本店）に訪れた顧客に工房を案内する取組みをしていますが、「自ら作ったものを、自ら売る」というスタイルに転換する中、産業観光（ツーリズム）への対応も強化しています。

フラッグシップ製品である
「湯沸 口打出」
複雑な造形は1枚の銅板を叩くことで生み出される

とはいえ、新たに施設を作っているわけではありません。玉川堂の本社屋は、登録有形文化財でもあり、今もこの歴史的な建物が同社のものづくりの現場です。訪れた人は、歴史を感じられる最高の場所で、ベテラン職人の案内によってその高い技術やものづくりにかける時間、そして思いを知ることができる。このような体験をすると、玉川堂の製品が高価格であるのも十分に納得できます。

ここに訪れるのは日本人だけではありません。欧米・アジアなどからのインバウンド客も増えており、玉川堂では外国語対応ができる人材の育成にも努めるなど海外への対応を進めています。

また、次章で事例として紹介する産地一体型オープンファクトリーイベント「燕三条 工場の祭典」の企画・運営においても中心的な役割を果たしてきたように、玉川堂は自社だけでなく地域全体のツーリズムの振興にも尽力しています。これも特筆すべきことでしょう。

玉川堂のこれからと燕三条

２００年を超える玉川堂の歴史は、日本近代の工芸産業のそれと歩を一にしてきました。そして、この歴史は絶え間ない技術革新やビジネスモデルの変革の歴史でもあります。玉川氏は「伝統とは革新の連続である」と語ります。「伝統」とは決して過去の参照や伝承を意味するのではなく、常に時代の変化に対応して生き残るための革新を続けた結果とその軌跡なのです。

玉川堂の売上は、１９９０年代のバブル崩壊後に1億円まで減少しましたが、今や約4億円まで回復・成長しています。２００年を超える鎚起銅器の歴史を常に革新し、２０００年代に新たなビジネスモデルで確立された「玉川堂」ブランドは、新たな伝統として、これからも同社の強みとなっていくでしょう。

最後に玉川堂の新たな取組みについても紹介します。

玉川堂は２０２４年に東京西麻布に新店舗「笄 ＫＯＧＡＩ」をオープンしました。ここは同社の銅器を中心に、現在の生活シーンにあった工芸（木工、染織、漆器、陶磁、硝子、金工等）のセレクトショップです。お客さんはカフェでお茶やコーヒーを楽しみながら、工芸の魅力を知ることができるという、これまでの直営店舗とは異なるアプローチで工芸を提案する試みとなっています。

次の玉川堂の革新はどこにあり、どのように伝統を生み出していくのか。今後も玉川堂の取組みに注目していきたいと思います。

玉川堂の銅器以外の工芸品も手に取ることができるショップ〈笄 KOGAI〉

Case 4

中川政七商店

（株）中川政七《まさしち》商店の歴史は１７１６年（享保元年）に最上級の麻織物である「奈良《なら》晒《ざらし》」の問屋として始まり、今や創業から３００年を超えています。この日本を代表する老舗企業である中川政七商店は、２０００年代に13代中川政七氏（前・代表取締役会長。以下、中川氏）のもと、「日本の工芸を元気にする！」というビジョンを掲げ、店舗ブランド「中川政七商店」を軸とする製造小売業（ＳＰＡ）を展開するとともに、工芸事業者への教育事業・経営再生コンサルティング事業・流通支援事業等を幅広く手掛けるなど、工芸業界において重要なプラットフォームを提供する企業に成長しました。２０００年代の工芸リバイバルにおい

手績み手織りの麻の製法を体験できる布蔵
300年を超える中川政七商店の歴史の一端
を知ることができる

て、中川政七商店は最も重要な存在の一つといっても過言ではありません。そこで以下では、中川政七商店の歴史から現在の工芸プラットフォームのあり方について見ていきます。

中川政七商店の歴史

「奈良晒」は、麻を晒して純白にした手績《てう》み手織りの麻織物であり、麻織物では最上級の品質を持つものとして、武士の正装や社寺で使用する衣類として全国で広く用いられてきました。当時の奈良では奈良晒づくりは重要な産業だったのです。

　こうした中、江戸時代中期の１７１６年に、初代である中屋喜兵衛が奈良晒の卸業を創業したのが、(株)中川政七商店の歴史の始まりです。つまり同社の歴史は、産地問屋から始まったと言えます。

　しかし、明治時代になると多くの工芸品と同様に、最大の顧客である武士層がなくなってしまい、奈良晒は産業としての危機を迎えることになります。これに対して、９代中川政七は一般消費者向けの製品開発を進め、風呂上がりの汗取りや産着などによって市場の開拓に成功、特に「汗取り」はその品質の高さから皇室御用達にもなりました。

　その後、大正時代に入るとさらに奈良晒産業全体が衰退し、ものづくり自体が危機に瀕することになります。そこで10代中川政七は、それまでの卸売業（産地問屋）だけでは事業が成り立たないと判断、奈良に自社工場を建てて製造業に進出するという、いわゆる「川上への統合」を進め、製造・販売が一体となった事業構造を構築します。当時作られた製品の中には、１９２５年のパリ万国博覧会に出品されたハンカチーフもあり、現在も奈良本店に展示されています。

戦後は、国内での製造コストが高まったことで、奈良晒の国内工場は閉鎖するも、機械化は選ばずに、類似のものづくり技術を持っていた韓国や中国に製造先を移します。こうしてものづくりの根幹となる、手績み手織り麻の製法は今もこだわりとして続けられています。

1973年には12代中川巖雄氏によって麻の茶巾・仕覆づくりから茶道業界に販路を開き、茶道具関連の卸売事業を拡大します。「新分野・市場の開拓」です。

また、1985年には、卸売事業と製造事業に加え、麻小物の小売事業として奈良に直営店舗「遊中川」を開業、和雑貨事業をスタートさせました。これは卸・製造業から見ると「川下への展開」です。1970年代から1980年代という日本の内需成長期に同社は積極的な事業展開を行ってきたと言えるでしょう。

しかし、2002年、後に13代中川政七となる中川氏が入社した当時、売上の7割を占めていた茶道具関連事業は黒字であったものの、3割を占める麻小物を中心とする和雑貨事業は赤字の状態で、会社全体でも借入金が売上の半分という不安定な経営状況にありました。これを改善するために、まず中川氏は和雑貨事業の改革に着手します。当初は基本的な生産管理から始めましたが、最終的には顧客にブランド認知されるような付加価値の高いビジネスモデルを作り上げるために、新たな商品開発と直営店での販売による「自社ブランドの開発」という抜本的な改革を進めます。

ブランド開発とSPA業態の確立

ここからは中川氏が進めたブランド開発について「遊 中川」「粋更kisara」「中川政七商店」の3つを順に見ていきますが、それは同時に工芸業界におけるSPA業態の確立の歩みとも言えるものです。

まず、顧客からのブランド認知を高めるため、2002年に和雑貨ブランド「遊 中川」の直営店舗を東京や大阪の百貨店に開業します。従来は小売店への麻小物の卸売が中心でしたが、ブランドの世界観を表現した直営店でオリジナル製品を展開することで、ブランドの認知や評価が高まっていき、「遊 中川」ブランドでの百貨店出店を加速させていきました。ちなみに現在も同社のベストセラー商品である「花ふきん」(綿100%かや織の生地を2枚重ねで仕立てたふきん)も「遊 中川」事業から生まれた商品です(2008年にはグッドデザイン賞金賞を受賞)。

一方、「遊 中川」ブランドの主要顧客層であった中高年女性層は、百貨店の主要顧客層で、やはり競合も多い分野です。そこで2003年、デザインや生活スタイルにこだわる若者層にもリーチできる新ブランドとして、ライフスタイルブランド「粋更kisara」を立ち上げました。このブランドでは、工芸メーカーと連携してデザイン性の高い商品を開発・製造し、麻小物やかや織に留まらない幅広い商品展開を進めていきました。いわば小規模なSPA業態です。

こうした中、2006年に中川政七商店が一般的な知名度を一気に高めるチャンスが訪れます。「粋更ｋｉｓａｒａ」ブランド店舗の表参道ヒルズへの出店です。奈良の中小企業が、東京で高い注目を浴びる新商業施設へ出店したことは、当時大きな話題となりました。

そして２０１０年、現在の主要ブランドである「中川政七商店」ブランドの開発が始まります。これは工芸業界における本格的かつ初めてのＳＰＡ業態の確立を目指したものです。

ブランド設計にあたっては、同社の３００年にわたる歴史が表現されていること、総合雑貨ブランドとして暮らしの道具を取り扱うこと、店舗面積の拡大や多店舗展開によって販売力を強化すること、これらの点で、先行する２つのブランドとポジションが異なるものとして位置づけられました。

このブランドのカギとなるのが商品の確保です。多種多様な分野で十分な量を確保しなければ、店舗を維持・拡大できません。そこで同社では「粋更ｋｉｓａｒａ」ブランドでの経験を活かし、さらに全国の工芸メーカーとのネットワークを拡大するとともに、自社の企画・デザイン力を向上することで、品質・デザイン性の高い商品を取り扱うことを可能としました。後に触れる工芸事業者へのコンサルティングもこのような文脈で始まっています。

流通面では、２０１０年に「中川政七商店」ブランドの店舗の１号店を京都にオープンしたのち、全国に店舗網を拡大していきました。従来のブランドは百貨店を中心に出店していたのですが、

中川政七商店が全国の工芸メーカーと生み出す便利で美しい「暮らしの道具」

このブランドでは当時新規オープンが進んでいた駅ビルやショッピングセンターにも幅広く出店。様々な顧客層にリーチを広げていきました。こうして、現在は約60店舗を展開するまでになり、工芸業界でトップクラスの販売力を持つ存在となっています。

工芸業界のプラットフォームとしての中川政七商店

中川政七商店は2007年に工芸業界全体の衰退に目を向けた上で「日本の工芸を元気にする！」というビジョンを掲げました。このビジョンのもと、経営再生コンサルティング事業により全国各地の工芸産地で新たなブランド開発を支援、店舗ブランド「中川政七商店」を立ち上げ小売販売チャネルを強化、合同展示会「大日本市」により工芸メーカーの販路開拓を支援など、多岐にわたる取組みを展開することで、工芸業界におけるプラットフォーム構築を進めてきました。

そこで、以下では現在の中川政七商店の事業構造を整理し、工芸業界のプラットフォーマーとしてどのように活動・機能しているかを見ていきたいと思います。

同社の事業は、大きく分けて「製造小売（SPA）事業」と「産地支援事業」の2つで構成されます。前者は店舗ブランド「中川政七商店」を主とした工芸品の企画・製造・販売事業です。後者は経営コンサルティング等の教育支援と合同展示会「大日本市」・ECモール「さんち商店街」等の流通支援の2つで構成されています。それぞれ見ていきましょう。

■製造小売（SPA）事業

先ほども述べたように、同社のSPA事業モデルは2003年の「粋更kisara」から2010年「中川政七商店」に至る自社ブランド開発の中で確立されたもので、工芸業界では革新的な手法でした。

現在では全国約60の直営店舗とECサイトを通じて、自社オリジナルブランド製品に加え、コンサルティングによって誕生した新たなブランド商品、優良な工芸メーカーの商品の販売チャネルとして、多くの消費者に工芸品を提供しています。

このSPA事業の強みと特徴を考えたときに以下の3つが挙げられます。

一つ目は、直接消費者にブランド・商品を届ける販売チャネルを広く展開していることです。これは連携する工芸メーカーにとって全国に販売機会を得られる魅力的なものであるとともに、消費者の反応・動向を深く観察

中川政七商店の工芸プラットフォーム

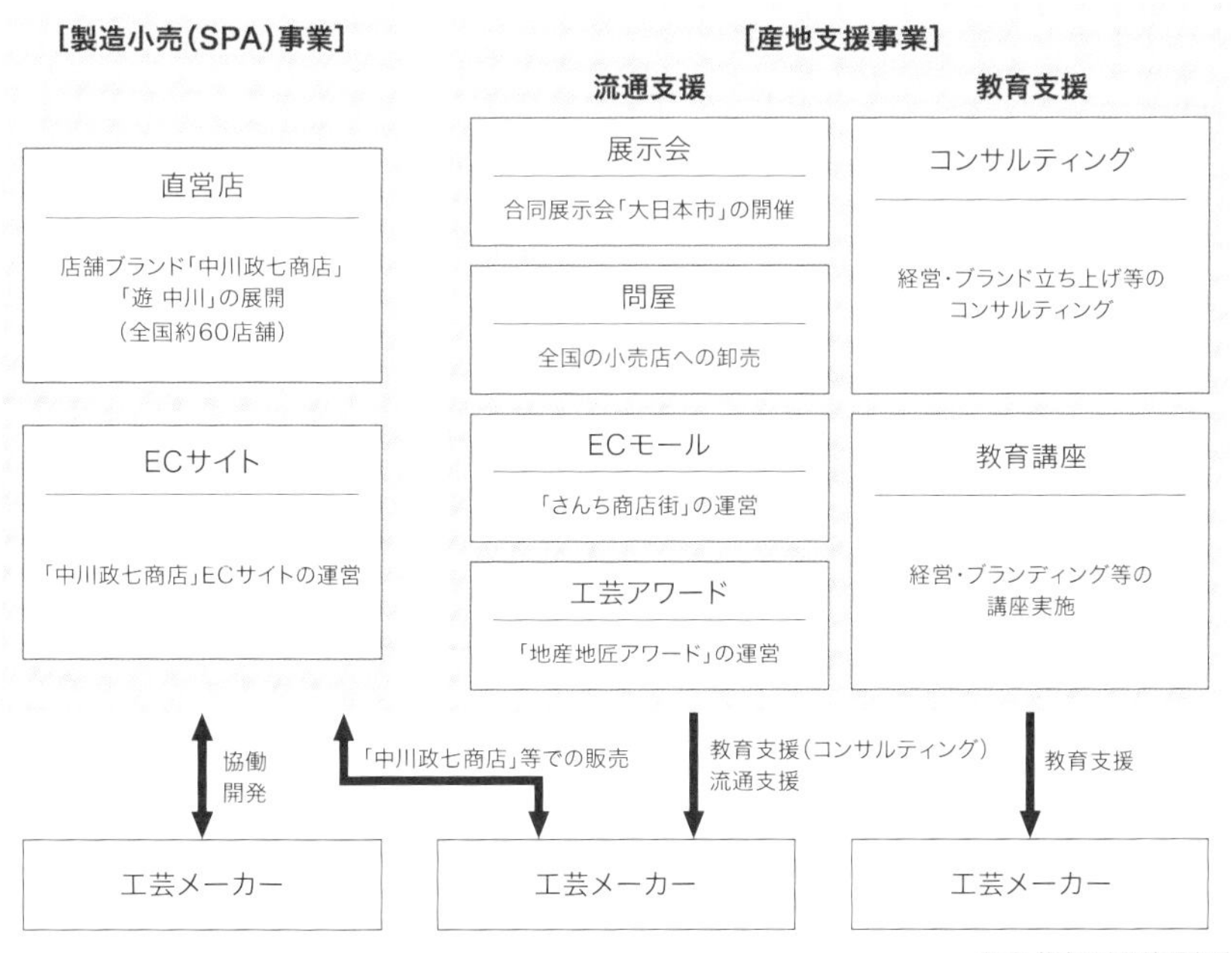

出所：(株)日本経済研究所

し知ることで、それを新たな商品・ブランド開発に活かすことができる、という中川政七商店の極めて大きな強みとなっています。

次に挙げられるのが、優れた商品・ブランド開発力です。多くの工芸メーカーでは外部デザイナーを活用した商品開発が行われていますが、同社では早い段階から自社の中でデザイナーの育成を始め、現在では約15人のインハウスデザイナーが活躍しています。消費者の動向を直接知り、それを次の開発に活かすことができる体制が構築されているのです。これは工芸業界において非常に稀な例であり、中川政七商店の競争力を支える重要な要素です。

最後に、生産管理や物流システムといった事業を支える基盤が強固であるということです。これについてもデザイナーの育成とともに、早い段階からその重要性に着目し、高度なシステムを構築してきました。そして2024年には奈良県天理市に自社物流拠点「NKG倉庫」を整備し、物流拠点を統合、自社店舗・EC網だけでなく、連携する工芸メーカーへの物流サービスも提供する体制を整えています。この点はややもすれば見逃されがちですが、中川政七商店の強靭なビジネスモデルのカギとなっています。

■産地支援事業

この産地支援事業は、「日本の工芸を元気にする！」というビジョンが具現化したものであり、製造小売事業とも連携したシナジー効果を生んでいるという点で、他社が真似しようにも大変難しい、非常に独自性の高い事業です。以下ではこの産地支援事業の2つの柱である「教育支援」と「流通支援」について、それぞれ見ていきます。

【教育支援】

中川政七商店が教育支援に位置づけているのは「コンサルティング」「教育講座」「アナザー・ジャパン」の3つです。

前者2つの「コンサルティング」「教育講座」はそれぞれ工芸事業者に対するかかわりの深浅は異なりますが、問題意識は通底しています。それは多くの工芸事業者において企業経営に関する基礎的な知見や現代的な技術が乏しいということです。従来の産地問屋を核とした製造分業構造の中では、工芸メーカーは問屋からの注文に応えるだけでよく、その問屋も消費地からの注文に応えるだけ、という経営スタイルになりがちです。この中では、製造・流通戦略を計画し、予算を立て、実行に移した後に、実績と計画を検証するという企業経営が必要ありません。そのため、いざ新たな商品開発が必要となっても、外部にデザインを依頼し、一時的に新商品ができるだけということでは、長続きしません。

中川政七商店では、各地の工芸メーカーとの連携を進める中で、工芸業界が持つこのような構造的な問題を解決し、工芸産地や工芸事業者の持続性を向上させ、成長を実現することを目的として教育支援事業を展開しています。

この教育支援事業の中で、最も特徴的であり、実際に工芸事業者の育成・支援に直結しているのが、コンサルティング事業です。これは、工芸事業者に対して事業経営の考え方から始まり、ブランド戦略や販路開拓の計画立案をサポート、さらに生み出された新たなブランド・商品については、同社の流通チャネルで販売するなど、事業の最上流から出口までトータルに支援しています。ただ、これはブランド開発が目的となるのではなく、あくまでそれは手段として、コンサルティング先の財務状況全般の改善をゴールにしている点も特徴です。

中川政七商店ではこのコンサルティング事業を通じ、現在までに60社以上の経営再生をサポート、次章で紹介する波佐見焼の（有）マルヒロや新潟県燕市の刃物メーカー（株）タダフサなど、現在の工芸業界でよく知られた企業の成長を実現しています。

一方、3つ目の「アナザー・ジャパン」は、今後の工芸産業の活性化には、「作り手」である工芸事業者だけでなく、「伝える・販売する」役割を担う人材が必要という中川政七商店の考えから、取り組まれているプロジェクトです。そのため「コンサルティング」「講座」と教育対象が異なります。

このプロジェクトは、東京駅前の商業施設を舞台として、47都道府県の地域産品セレクトショップ「アナザー・ジャパン」を経営するもので、このショップの経営に当たるのは、各都道府県出身の現役大学生です。彼らは、中川政七商店の経営研修を受けた後、店舗経営を自らの責任で実践することで、経営の厳しさを思い知るとともに、自分の地元をはじめ各地の魅力や可能性を発見する。こうした経験を通じて、卒業後に東京だけではなく、各地方で活躍する人材を輩出することが目指されています。

【流通支援】

前述した能作、Ｈａｃｏａ、玉川堂は、いずれも自社オリジナルブランド・製品を自らの販売チャネルで売るという取組みを進めてきた企業です。もちろんすばらしいことですが、中小事業者がすべてと言ってもいい工芸業界で、全部の事業者が、直営店舗の展開や自社ＥＣの運営・集客をすべきだというのは現実的ではありません。やはり販路を広く取るという点で小売事業者への販売（卸売）の重要性は高いのです。ただ、これも簡単なことではありません。

この流通面の課題に対してソリューションを提供しているのが、流通支援事業です。これは合同展示会「大日本市」、卸売サポート、ECモール「さんち商店街」、工芸アワード「地産地匠アワード」の運営の4つから構成されています。

まず、合同展示会「大日本市」です。

これは年間2回開催される工芸に特化した事業者間取引のための展示商談会であり、一回の展示会への参加事業者数は約70社・ブランド、小売店のバイヤーをはじめとする訪問者数は約3000人と、工芸業界で最大規模の展示会として、工芸メーカーが新しい販路を開拓するための重要なプラットフォームとなっています。

次に、卸売サポートです。

これはいわゆる問屋業務で、中川政七商店のコンサルティングによって生まれたブランドや新たに契約を結んだブランドについて同社が問屋として小売への卸売を行うものです。工芸事業者としては、自社の経営資源を販路開拓ではなく、製造や新商品開発に振り向けられるというメリットがあります。

そして、ECモール「さんち商店街」の運営です。

これは中川政七商店の自社EC（中川政七商店）をプラットフォームとして、全国の工芸事業者・ブランドが出店し、直接消費者に販売するECモールです。現在、様々なECプラットフォームがあり、比較的低価格でECサイトを立ち上げることが可能となっていますが、消費者に訴えかけるコンテンツ作りや集客を行うには、かなりの労力とコストがかかります。

この「さんち商店街」では、中川政七商店の顧客集客を強みとしつつ、ブランド・商品の紹介に加えて、産地の歴史や製造背景などのコンテンツづくりもサポートしており、短期的な売上だけでなく、工芸事業者がブランド力を強化し、継続的に成長できる基盤を提供しています。

最後の工芸アワード「地産地匠アワード」については、２０２４年に始まった新たな取組みですので、次項で触れたいと思います。

工芸プラットフォーマーとしての中川政七商店

２００２年に12億円だった中川政七商店の売上は、直近では86億円を超えるまでになっています。

この売上と比較するのは正確ではないのですが、以前に紹介した伝統的工芸品の生産額は２０２０年で８７０億円ですから、その約１割の規模です。伝統的工芸品の生産額の減少が止まっていない一方で、中川政七商店は２０００年代に工芸分野で60億円近く販売を伸ばしているのです。もちろんこの売上の増加は、全国

の工芸メーカーと連携して実現したものですが、この点だけでも、２０００年代に同社が果たした役割は極めて大きかったことが分かります。

２０１８年に中川政七商店の成長をけん引してきた中川氏は社長職を千石あや氏（現・代表取締役社長）に譲りました。３００年間ファミリー企業としての経営が続いてきた同社は、「日本の工芸を元気にする！」というビジョンのもと、企業としての持続性や成長性を高めるために、ファミリー企業からの脱却という大きな経営判断を行いました。

そして千石氏のもとで新たな展開が続々と始まっています。

物流倉庫を整備し流通基盤を再構築したことはすでに触れましたが、２０２４年、工芸アワード「地産地匠アワード」をスタートしました。これは工芸メーカーとその地域のデザイナーとの協働によって生まれた工芸ブランド・商品を対象とした、いわば工芸業界におけるコンペティションです。このアワードで受賞した商品については、中川政七商店の流通サポートを受け、継続的な製造と販売に向けた可能性を高めることができるという仕組みとなっています。これも工芸産地を新たなチャレンジに導くプラットフォームの一つと言えるでしょう。

また、これはぜひ触れておきたいこととして、２０２４年１月に発生した能登半島地震によって、輪島塗をはじめ北陸の工芸産地は多大な被害を受けました。このとき中川政七商店では被災産地への支援として、全国の店舗とＥＣサイトで「北陸のものづくり展」を開始し、売上の全額を被災地に寄付しています。このような取組みも強力な販売プラットフォームあってこそと言えるでしょう。

P158写真／日本のいいものが集う合同展示会「大日本市」

その他、奈良の産業観光や地域活性化の拠点である「鹿猿狐ビルヂング」の運営など、ここでは紹介しきれない事業も多数展開しています。どれも、本質的に工芸産業の持続可能性や成長性を高めるための施策であり、「日本の工芸を元気にする！」というビジョンに忠実な事業展開は、これからも多くの人々の期待と関心を集めていくことでしょう。

2021年4月にオープンした「集いの地」
〈鹿猿狐ビルヂング〉

5．まとめ　〜「自分で作って、自分で売る」ということ

本章では工芸産地における従来型の産業構造を整理した上で、２０００年代の商業・流通環境の変化によって、その産業構造が多くの問題を抱えるに至ったこと、そしてその問題をブレークするように「自分で作って、自分で売る」という事業展開が工芸産業の内側から生まれ、「工芸リバイバル」と言える状況になっていること。これらを事例とともに示してきました。以下は本章のまとめとして、工芸リバイバルが可能となった時代背景と、「自分で作って、自分で売る」というビジネスモデルについてポイントをまとめていきます。

工芸リバイバルの時代背景　〜「地域」「デザイン」「デジタル化」

２０００年代に「工芸リバイバル」が可能となったのは、もちろん個々の企業の努力が最大の要因ですが、いくつかの時代背景が重要な要因となったことも見逃せません。それは「地域」「デザイン」「デジタル化」です。

まず「地域」についてです。２０１１年に発生した東日本大震災はそれ自体非常に苦しい大規模な自然災害でした。このとき、被災地を消費によって応援しようという機運が全国的

に高まったことを覚えている方も多いのではないでしょうか。ふるさと納税制度が始まったのは2008年ですが、その利用者が急増したのも2011年以降です。「地域」を消費によって支えるという意識が一般的に広がるきっかけとなったのが東日本大震災と言って良いでしょう。その後、様々な自然災害や新型コロナウイルス感染症パンデミックのときにも、「地域」を買い支えようとする消費行動が見られたように、消費者の意識は大きく変わりました。また、2014年から始まった政府の一連の「地方創生」政策も地域に対する意識・関心を高めることに大きく寄与したのではないかと思います。

次に「デザイン」です。一般消費者がデザインというものに広く関心を持つようになったのも2000年代の特徴です。具体的には1998年に「Pen」（2000年から月2回刊、2021年から再度月刊化）、2000年に「Casa BRUTUS」などのデザインに関するコンテンツを豊富に取り扱う雑誌の創刊、デザイン性の高い雑貨を取り扱うセレクトショップの誕生などによって、当時の若者（今はもう中年層です）を中心に日常の生活にデザイン（特にモダンなプロダクトデザイン）を取り入れることへの関心が高まったのです。

最後に「デジタル化」です。これはすでに述べた通りですが、インターネットとパソコン・スマートフォンの普及によって、情報の出し手は大きな資本を持つ企業・メディアだけでなく、中小事業者・個人にも広がりました。また情報の受け手も自分で情報を探しにいく、そして購入するということが可能となりました。これは地域の工芸事業者にとって強い追い風となる技術革新だったと言えるでしょう。

「自分で作って、自分で売る」～Ｄ　ｔｏ　Ｃについて

「自分で作って、自分で売る」というビジネスモデルはＤ　ｔｏ　Ｃと呼ばれるものです。Ｄ　ｔｏ　ＣとはDirect to Consumerの略称で、より正確には「自社のオリジナルブランド商品を、卸売等の中間流通を挟まず、直営店・ＥＣ等の自社がコントロールする販売チャネルで消費者（Consumer）に直接（Direct）に販売する事業スタイル」のことです。消費者とのコミュニケーションは、自社で運営するＳＮＳ・ＥＣサイト・直営店舗といった自らで発信する情報を吟味できるタッチポイントで行うことが特徴です。

工芸産業では、工芸メーカーであれば自らの製造拠点でものづくりを行い、自社の販売チャネルを中心に顧客に売るということになります。もちろん自社の販売チャネルでの直接販売と卸売（他社の販売チャネルを用いた流通）を組み合わせることもあり得ますので、Ｄ　ｔｏ　Ｃを志向すると言ったほうがよいかもしれません。

また、産地問屋は自社で製造拠点を持ちませんから、産地内の工芸メーカーと連携して「自分で企画して作り」そして「自分で売る」ということになります。これはＳＰＡ業態ですが、そもそもこれはＤ　ｔｏ　Ｃを志向するものなので、Ｄ　ｔｏ　Ｃのあり方の一つと位置づけられます。

最後に、この工芸産業におけるＤ　ｔｏ　Ｃを志向するビジネスモデルについて、そのポイントを整理して本章を閉じたいと思います。

「自分で作る」製品開発 〜デザインと技術の融合〜

工芸産業に限らず、顧客に製品を買ってもらおうとすれば、製品の競争力がなくては何も始まりません。プロモーションだけがんばっても、一時の成功はあり得ても継続はあり得ません。しかし、日本のように成熟して飽和した商品社会では、違いを生み出すことは簡単なことではありません。また、工芸産業が主なターゲットとする比較的高い価格帯では、デザイン性やストーリー性に磨きがかかった製品が競合となります。

このとき、「工芸」という歴史性や高い技術力を持つ産業は、ある意味で有利とはいえますが、それだけでは戦えないというのが、2000年代までに出た結論ではないでしょうか。やはり現在の生活スタイルに合い、そして新規性のあるものを生み出さなければなりません。つまり「自分で作る」という製品開発では、「デザイン」と「(工芸)技術」の融合が最大のテーマとなります。

特に「デザイン」については、すでに一般消費者の目は肥えていますので、いかに製品開発にデザインを導入するかが課題となります。そのため、デザインをいかに経営に取り入れていくのか、これが重要なポイントです(個別製品のデザインの良し悪しは、ここで論じることはできませんので、ひとまず置いておきます)。

実は事例として取り上げた企業はほとんどすべての製品を自社でデザインしています。その担い手は、自社内のデザイナーであったり、職人であったり、はたまた経営者自身だったりします。このように自社内で高度なプロダクトデザインが継続的に行える場合、企業は強い競争力を持つことができます。

一方で、すべての工芸事業者がプロダクトデザインに通じているわけではありませんので、外部デザイナーの活用は重要な選択肢となります。例えば能作の人気商品である「ＫＡＧＯ」では外部のデザイナーを起用しているように、すべてを自社でデザインすることが正解というわけでもありません。

ただ、デザイナーを活用するに当たっては、デザイナーに対して販売（売上）やブランド向上により寄与するよう、インセンティブを与える仕組みは検討すべきです。例えば、１９９０年代後半から２０００年代初めにかけて、工芸に限らず地域の製品開発にデザイナーを起用することが流行しました。このとき多くの場合、デザインというサービスに対してデザイン料を一括で支払うという契約形態が取られたので、ともすると消費者に受け入れられるか（売れるか）は二の次で、自分の創造力をアピールすることに力点が置かれたデザインも多く見られました。デザインしっぱなしという状態です。

一方で、能作や第5章で見る百田陶園（１６１６／ａｒｉｔａ ｊａｐａｎ）のように、デザインした製品の販売額のうち一定割合をデザイナーに支払うというロイヤルティ型の契約にすると、デザイナーとしては売れる（と考える）デザインを考えますし、デザインした後も販売を伸ばすための努力をするようになります。そうしなければ自分の利益にならないからです。ただ、この場合は、工芸事業者にとっては継続的にデザイナーへの支払いが発生することになりますので、長い目で見た場合、一括で支払うよりも多くのコストがかかることになります。

これもどちらの契約形態が良いか悪いかということではありませんが、自社の経営戦略やブランドのあり方においてデザインをどのように位置づけるかを十分に検討した上で、デザイナーを活用することが重要となります。

「自分で売る」流通 〜徐々に展開を進めることが重要〜

次のポイントは「自分で売る」、つまりいかに直接顧客に販売するチャネルを構築し強化するかということです。これは卸売を介した流通を否定するものではありません。しかし、顧客に自社でしっかりと自社のものづくりのこだわりや製品の魅力を伝え、価格に納得してもらうことは、卸売をする際にも価格交渉力や価格決定権に大きくかかわってきます。また、もちろん直接販売したほうが卸売よりも、中間流通マージン分が利益になりますので利益率は高まります。

直販チャネルのうち、もっとも手早く構築できるのがECサイトです。現在は様々なECプラットフォームがありますし、自社ECを安価に構築できるECサービスも多数あります。ただ、ECは、構築するコストを比較的安く抑えることができる一方、そもそも企業名やブランド・製品名が知られていなければ、売上につながりにくいという特徴があります。私たちは知らない言葉を検索しないのです。

このとき、直営店舗の重要性は高いと言えます。直接顧客と顔を合わせて、自社の特徴を伝えることができ、ファンの獲得や知名度の向上を実現しやすくなります。また、顧客の反応もよく分かるので、次の製品開発にも結び付けやすいというECにはないメリットもあります。ただ、当然のことながら、都市部で店舗を持とうと思えば、出店費用や店舗の維持コスト（賃料や人件費等）はかなりのものになります。十分な売上が見込めないならば、とても直営店舗の展開は不可能です。

そのため、逆説的になりますが、「自分で売る」直販チャネルを育てていくためにも、広く製品を流通させることができる卸売を介した流通は、ブランド立ち上げや製品開発当初には非常に重要な意味を持ちます。まず、自社のブランド・製品に合った小売店舗（百貨店やセレクトショップ等）の棚に商品として並べてもらう、この販路開拓の取組みから始め、徐々に直販チャネルを育てていくことが、「自分で売る」ための手順となるでしょう。事例で見たような企業も「自分で作る」ことを始めてから「自分で売る」ようになるまで10年はかかっています。息の長い取組みが必要なのです。

販路開拓については、中川政七商店の「大日本市」をはじめ工芸をテーマとした商談会も開催されていますので、このような機会を活用することが考えられるでしょう。

「自分で作って、自分で売る」ブランド～「ものづくり」からの脱却～

そして、「自分で作って、自分で売る」という一続きのビジネスモデルであるＤ　ｔｏ　Ｃについてです。工芸事業者にとってＤ　ｔｏ　Ｃの展開を進めるということは、製品や流通の工夫をするという表面的なことではありません。本質的には狭い意味での「ものづくり」事業者ではなく、一般消費者と向き合う「サービス」事業者になるということであり、より深くは顧客にその価値が認められる「ブランド」事業者になるということです。

これには、製造部門（職人）はもちろんですが、定期的に新商品をリリースするための製品開発や各販売チャネルの売上・在庫状況を把握する販売管理を行うことが必要になります。また、自社ブランドについて外部に情報発信を行うなどブランド価値の向上を担当する部署も要るでしょう。そして、基本的な経営技術である予算・決算や管理会計といった財務面での知見・経験も、下請け的なものづくりとは大きく異なります。

「自分で作って、自分で売る」ことは、一見当たり前のビジネスに見えますが、現在の工芸が高単価な価格帯で戦わなければならないとすれば、このように経営を高度化して「ブランド」事業者とならなければ、実現は難しいのです。

経営者と人材 ～経営者の熱意と多様な人材が必要～

前述のように「自分で作って、自分で売る」ことを考えると、最後にはどうしても事業を担う「人」がポイントとなります。

歴史的な背景を色濃く持つ工芸産地では、従来の産業構造をある意味で否定するような事業を展開するには、多くのしがらみや軋轢を乗り越えなければなりません。工芸事業者がD to Cブランドとして認知されるためには少なくとも10年程度はかかります。その間、当初の意志は固くても、それを持続して経営革新にチャレンジし続けることは簡単ではないのです。そのとき企業経営の知見・技術を持ち、マーケットの変化に対するアンテナを張り、デザインに対するセンスを持つ、さらには粘り強く熱意をもって挑戦し続ける経営者の存在が極めて重要です。このような経営者が出てきた産地からは、その影響を受けて新たなチャレンジを行う事業者が出てきています。一方、出てこない、出てきにくい産地は今後さらに苦境に立たされることでしょう。

また、「自分で作って、自分で売る」ビジネスには、単にものづくりだけでなく、例えば直営店舗の販売・管理やEC構築・運営などの流通面やデザイン・企画・広報などのブランディング面などで多様な人材が必要となります。とても一人の経営者がすべてを担うことは不可能です。このような多様・多才な人材が活躍できる事業環境であり、産地であるか、これが「工芸リバイバル」の中で大変重要なポイントとなります。一方で、このような人材が活躍できる産業であるということは、今後の工芸産業が地域において持ち得る意味・可能性を示すものともなっています。

第4章

工芸とツーリズム

本章では工芸とツーリズム（観光）について考えていきます。

工芸とツーリズムの関係は古くて、新しいものと言えます。

明治時代に鉄道網が発達し、産業革命等を経て都市化が進むと、都市部に住む庶民を中心に旅行が一般化してきました。そこで全国各地の観光地では土産品としての菓子や工芸品が生み出され、人気を集めるようになりました。菓子は広島のもみじ饅頭《まんじゅう》など、工芸品ではこけしなどの郷土玩具が代表的なものです。北海道で木彫りの熊が生まれたのも昭和初期です。土産品としての工芸は、戦後も観光がより一般化する中で人気コンテンツの一つとなり、観光消費は工芸を支える役割を果たしてきました。また、海外輸出が減少してきた1970年代から1980年代には国内向けに工芸を発信する必要が出てきたことから、全国の工芸産地でものづくりを体験できる施設が作られ、製品の販売だけでなく、体験型の消費の受け皿となりました。

ただ、このような工芸とツーリズムの関係性において、工芸事業者は観光客や地域の観光事業者に対して体験の場・時間やモノとして工芸を提供するものの、自ら情報発信し集客しているわけではありません。注文に応じて製品を供給したり、場を提供したりという、ある意味受け身での対応でした。

一方、2000年代になると、工芸事業者が自ら体験・見学施設を整備したり、産地単位でイベントを開催したりするなど、自ら積極的にツーリズムを展開する動きが出てきました。これらの事例は後ほど紹介しますが、単に工芸を観光コンテンツの一つとして提供するのではなく、工芸そのものをディスティネーション（旅の目的地）として自ら集客するという点で、従来の工芸とツーリズムの関係と大きく異なっています。

いわば工場見学や工業地帯の夜景ツアー等を指す「産業観光」の工芸版とも言える動きですが、ここでは工芸産地を旅の目的地とする「工芸産地ツーリズム」と名付けて、工芸ならではの背景や具体的な事例を整理し、工芸事業者や産地に与える影響について考えていきます。

1.「工芸」というブランド

ブランドとは何か？

2000年代に生まれた工芸とツーリズムの新たな関係を考える上で重要となるのが「ブランド」であり、ブランドを構築するための経営的な施策である「ブランディング」です。

前章でも何度か「ブランド」という言葉を使ってきました。

では「ブランド」とはどういうものでしょうか。少しだけ、ブランド論に寄り道します。

いま私たちが何か買い物をしようとしたとき、その対象となる商品は数限りなく存在し、モノは溢れている状況にあります。

しかし、一部の商品や企業等は、このような中でも、他の商品や企業よりも優れていると評価され、例えば他よりも良い条件（他の商品と比較されない、高い価格で売れる、店舗で良い場所に置かれる等）で売れ続けている状態にあります。例えば、数限りなくあるファッション製品の中でも、一部のブランドは百貨店の中で良い場所に店舗を構え、シャツ一つとっても同じような品質の他商品よりも高い価格で売れています。

このように商品という観点では「他の商品よりも評価・信頼され、良い条件で継続的に売れている」状況が「ブランドである」ということです。消費者サイドから見ると「このブランドだから（他より高くても）買う」という人が継続的に一定数いるということになります。

では、このような「ブランドである」商品やそれを提供する企業にはどのような特徴があるのか、これがブランド論の出発点となります。

「ブランドとは何か」への回答は論者によって異なり、なかなか統一的な定義は難しいのですが、マーケティング論の大家であるアメリカの経営学者フィリップ・コトラーは「（ブランドとは）顧客と企業が共有する認識であり、また、顧客に期待を促し、企業はそれに応えるもの」「顧客に製品やサービスを競合他社のものと異なるものとして識別させるための名称、言葉、記号、シンボル、デザイン、及びその組み合わせ」としました。確かに、私たちがブランドとして認識する製品やサービスには、ブランド名やマーク、特徴的なデザイン等があります。ただ、これはある意味で外形的な定義です。現在、あらゆる製品やサービスは基本的にこの外形的な要素を含んでいるので、ほぼすべてがブランドだということにもなり得てしまいます。このコトラーの定義は１９７０年代に提出されたもので、その後、次に紹介するアーカーの議論も踏まえて、コトラー自ら現在に至るまで刷新を続けています。

ブランドについてコトラーから一歩進めて議論を展開したのが、こちらもアメリカの経営学者であるデービッド・アーカーです。現在、アーカーのブランド論は、最も一般的・基本的なものとなっています。

アーカーは、ブランドとは「ブランドの名前やシンボルと結び付いた資産（負債）の集まりであり、これにより製品やサービスの価値を増大（減少）させるもの」としています。ブランドとは、外形的な特徴を備えたモノ・コトではなく、ブランドであるということ自体を指す無形の資産であり、その資産によってブランドの価値（売上や利益）が生み出される、ということです。

ブランドを資産（ブランド・エクイティ）と捉えたところが重要で、その中身は、ブランド認知（ブランドとして顧客に認められている）、ブランド連想（顧客がブランドに対して思い浮かべるイメージ）、ブランド・ロイヤリティ（顧客によるブランドへの愛着）の３つで構成されるとします。つまり、資産となるのは最終的には顧客の心の中にあるイメージや愛着なのです。そして、これらの対象の中心にあるのが、企業や製品・サービスのコンセプトや価値を表現するストーリーである、というのがアーカーのブランド論の概要です。

したがって、「ブランディング」とは、「資産としてのブランドの価値（顧客からの評価・イメージ・愛着）をコンセプトやストーリーによって維持・向上させ、資産が生み出す価値（売上や利益）を最大化する」ということになります。

ここで注意しておきたいのは、以下の２つです。

まず、アーカーの定義において、資産には負債、価値の増大には減少が組み合わされていることです。ときにブランドは負の影響も持つことがあるのです。

例えば、ある企業の一つの製品が健康被害を出した場合、その製品だけでなく、同じ企業の他の製品も売上を減らします。その後、市場に投入した製品もなかなか販売は軌道に乗りません。それは企業がブランドの資産価値を大きく下げ、資産が生み出す価値も大きく減らしてしまったからです。

もう一つは、そもそも論となりますが、コトラーとアーカーの定義はどちらも、すでに「他の製品よりも評価・信頼され、良い条件で継続的に売れている」、つまりブランドとして認知され、成立しているものを対象にしているということです。

ただ、マーケットには、「ブランドとして立ち上げたけれど知られていない」「知られているけれど、売れていない」「一時的にブームとして売れただけ」「継続的に売れてはいるが、良い条件では売れていない（価格を下げないと売れない等）」という商品・企業も多く存在します。むしろ大半がそうだと言ってもいいでしょう。いくら外形にブランドのような条件（ロゴや名称など）が揃っていても「ブランドである」とは言えません。もしくはブランドとなりえる資産はあっても上手く活用できていない、ということになります。

現在、あらゆる事業者にとってブランディングが重要なのは当たり前ですが、モノが溢れる現代においてブランド化を実現することは簡単ではありません。ブランドやブランディングは消費社会が続く限り、事業者にとって最重要テーマであり続けるでしょう。

工芸とブランド

ここまでのブランドやブランディングの基本的な整理を下敷きにして工芸について考えます。

工芸とブランドの関係は、大きく以下の「工芸ブランド」「産地ブランド」「企業ブランド」「商品ブランド」の4つの層に分けて考えることができます。後者の2つは一般的なブランド論の中でもよく出てくるものですが、前者の2つは工芸ならではと言えるでしょう。これら4つはそれぞれ別々にあるのではなく、相互に深くかかわっています。

ここではブランドとは顧客からの評価の集合体としての資産である、もしくは資産として活用できるものという意味で使います。実際のモノ（商品）や企業はもちろんですが、地域やコンセプト（概念）も資産となり得ます。

また、ブランドは顧客からの評価ですから、プラスに働けば資産ですが、マイナスに働けば負債にもなるという点は留意が必要です。

①工芸ブランド

前近代から続く歴史・文化的な背景を持つ「工芸」という概念・コンセプトは、事業者や製品が「工芸であること」それ自体でブランドとして機能することがあります。つまり、「工芸」とはブランド論の中ではコンセプトブランドとして位置づけられます。

実際に工芸に良いイメージを持ち、「工芸だから」「工芸が好きだから」購入するという工芸ファンも多いのではないでしょうか。これは工芸ブランドが資産となっている状況です。また、「工芸」のサブジャンルとも言える「民藝」についても、その背景となる柳宗悦の思想や活動を踏まえて事業を展開し（つまり民藝というストーリーを資産として活用し）、根強いファンを持つ事業者も多く存在します。

伝産法で指定された工芸産地で生み出される製品の一部には「伝統マーク」が付けられて販売されていますが、これも工芸ブランドの一つのあり方です。「伝統工芸」という言葉も、もともとの意味から離れて一般化しており、日本文化を象徴する一つのコンテンツとして認識されています。これもコンセプトブランド化していると言ってもよいでしょう。

逆に工芸に対してネガティブなイメージ（古臭い、今の生活に合っていない等）を持つ人もいます。このとき工芸ブランドは、資産ではなく、負債になってしまっているということになります。

②産地ブランド

例えば、陶磁器であれば「有田」「波佐見」「瀬戸」「美濃」「信楽」「益子」等、漆器では「会津」「輪島」「越前」など、多くの人にとってすぐイメージが浮かぶ産地があります。これら以外にも工芸産地は全国で３００近くあると言われているので、それぞれに「産地ブランド」となる資産を持っているとも言えます。

店頭で「有田焼」や「瀬戸焼」と表示されるのは、それによって信頼や評価を与える顧客がいることを想定しているためであり、工芸産地で作られていること自体がブランド資産になり得るという判断がされているのです。

工芸以外でも農水産物や菓子・日本酒等の加工食品・飲料といった商品でも「地域性」を強く打ち出した「地域ブランド」が多く存在しますが、「産地ブランド」はこの地域ブランドの工芸版と位置づけることもできるでしょう。

一方で、もしある工芸産地が「品質が悪い」「安物」という負のイメージを持たれてしまうと、産地ブランドは資産ではなく負債となってしまいます。

③企業ブランド

企業ブランドは、教科書的に言えば、企業が得ているブランド資産全体のことで、社内外からその企業に対して抱かれているイメージや信頼感、評価等がその内容となります。評価の対象となるのは、企業の打ち出す理念、ビジョン、価値観、企業の歴史やものづくり・サービス提供に対する姿勢・行動内容などが挙げられます。

（株）中川政七商店を例にすると、創業300年を超える歴史を持つ企業であり、「日本の工芸を元気にする！」というビジョンを掲げ、工芸業界でSPA業態に取り組む……などが、企業として高い評価を集め、同社の店舗・ECサイトやそこで取り扱われる商品の信頼性も向上しているという状況が、企業ブランドとして成立していることを示します。

さらに、企業ブランドは買い手としての顧客に対してだけではなく、そこで働きたい、ここで働くやりがいはこれだ、というように雇用面でも重要な役割を果たします。前章の事例で挙げた企業には、若い人が多く働いています。これも企業ブランドとして成立している証《あかし》と言えるでしょう。

また、企業ではありませんが、作り手という観点では作家も同様です。その作家に対するイメージや評価もブランド資産として機能し、固定的なファンがつくというように整理できます。

もちろん企業が信頼を失ってしまえば、その評価自体がブランド資産ではなく、負債として働くので、企業は常に自社のブランドについて注意を払わなければなりません。

④商品ブランド

商品ブランドとは、特定の製品やサービスに対して抱かれているイメージや信頼感、評価等から成り立つブランド資産です。ブランドとして認知される商品は、製品・サービスの特徴、品質、デザイン、機能などによって、顧客が他の商品とは違う特別な価値を提供していると捉えている、ということになります。例えば、スマートフォンの中でもｉＰｈｏｎｅには他とは違う価値を感じる人が多いのではないでしょうか。これが商品ブランドとして成立している状態です。

商品ブランドは、それを提供する企業自体のブランドも高めますし、逆もまたしかりです。ｉＰｈｏｎｅの存在がＡｐｐｌｅ社のブランド力を高めるとともに、Ａｐｐｌｅ社のブランド力がｉＰｈｏｎｅの価値を高めているというように、企業と商品ブランドには相互関係があります。

このような関係は、工芸でも基本的には同じですが、大手メーカーと異なり、もともと多くの工芸事業者は企業として名前が知られていたわけではありません。つまり、顧客が最初にブランドイメージを持つ対象・入り口となるのは商品のみです。そこで、工芸事業者が自社で製品を開発・販売しようと思う場合、まずは商品ブランドとして成立させることが最優先課題となります。

（株）Ｈａｃｏａでは、前身となる（有）山口工芸が、まず商品ブランドとして「Ｈａｃｏａ」を立ち上げ、それがブランドとして成立した後に、企業名を「Ｈａｃｏａ」に変更することで企業ブランドを再構築しました。このように、商品ブランドが先行するのが、工芸における企業と商品ブランドの関係になります。ちなみにユニクロも同じように商品ブランドと企業ブランドの統一を行っています。

また、商品はモノですが、サービスについてもブランドは成立します。例えば店舗ブランドとは小売というサービスのブランドです。前章で紹介した店舗ブランドとしての「中川政七商店」がその代表例です。

工芸のブランディング

では、これまで工芸に関するブランド資産（工芸・産地・企業・商品）は、どのように価値を生み出してきたのでしょうか。工芸はどのようにブランディングしてきたのか、ということです。

「産業としての工芸」には輸出産業と国内産業という2つの側面があります。海外向け、国内向けでブランディングのあり方は変わりますが、ここでは現在国内向けにリバイバルしてきた工芸のあり方と比較するため国内産業としてのブランディングに絞って考えます。

まず、1970年代から1980年代にかけての内需拡大期です。この時期の日用品・雑貨の国内マーケットには、ほとんど輸入品はなく、あっても欧米の高級ブランドだけでした。この急激に伸びる需要の大部分に対して、国内の工芸産地が供給を担ってきたのです。

そのため、「工芸である」ことは前提になるので、主たる競争は「どの産地で作られたものなのか」、つまり「産地ブランド」間の競争となります。

とはいえ当時、工芸の産業構造は、消費地からの注文に応じて工芸産地が作って送り出すことに特化していました。この構造では、工芸産地で活動する製造事業者や産地問屋は、直接消費者と接点を持っていなかったので、産地サイドから独自に消費者向けに「産地ブランド」を打ち出すことは簡単ではありません。

一方、消費地では百貨店を中心に、どこで販売されているか、ということが消費者にとっては重要だったので、百貨店そのものが企業もしくは店舗ブランドとして強い状況です。その百貨店では、有田焼・輪島塗といった産地ブランドを店頭で掲げることで販売を伸ばしてきました。「産地ブランド」そのものは歴史的に形成されてきたものですが、消費者に向けて「産地ブランド」を資産とし、商品価値に結び付けてきたのは、どちらかと言えば消費地の百貨店を代表とする流通事業者だったと言えるでしょう（百貨店では作家の展示会も多く開かれ、工芸作家にとって重要な販売機会となってきましたが、ここでは産業的な面のみを扱います）。

この状況は前章で詳しく見た通り、１９９０年代のバブル崩壊から２０００年代の商業・流通環境の変化によって大きく変わりました。そして、従来の分業が進み、消費者と直接接点を持ってこなかった産地構造から、自社で商品開発から販売までを一気通貫で手掛けＤｔｏＣを志向する工芸事業者が出てきました。

事例としても紹介したこれら事業者は、自ら「商品ブランド」を展開し「企業ブランド」を高めるまでに至っています。そして、「工芸ブランド」「産地ブランド」は事業者が活用する資産であるとともに、商品・企業ブランド化に成功した事業者によって、その価値が高められているという関係になっています。「産地ブランド」に頼ってきた以前の事業者のあり方からすれば、逆の流れです。

このように工芸事業者が主体的に「工芸」「産地」「企業」「商品」という４つのブランド資産の活用・価値向上に取り組み、消費者に対して販売（価値を生み出す）というブランディングに取り組むようになった、そして、ブランディングの主体は消費地から工芸産地に移った。これが２０００年代になって生まれた新たな工芸ブランディングのあり方なのです。

工芸ブランディングとしての「工芸産地ツーリズム」

ではブランディングに当たっての具体的な打ち手について見ていきましょう。

一般的には、自社の打ち出すべきビジョンやミッションを定めたブランド戦略を策定し、それに基づいて伝えるべきストーリーやシンボルとしてのロゴ・デザイン等を作り、これらを顧客との接点であるタッチポイントで表現し、顧客からの認知度や信頼度を高めていく、ということになります。タッチポイントとは具体的には店舗、ウェブサイト、ＳＮＳ、広告等です。

このように書くと非常に単純に見えますが、従来、工芸産地の中でものづくりや流通に特化してきた製造事業者や産地問屋が、このような総合的・統一的な施策を実施していくのは簡単なことではありません。

前章で２０００年代の工芸リバイバルをけん引してきた工芸事業者のビジネスモデルについてＤ　ｔｏ　Ｃを志向するものとしましたが、この特徴は、「下請け・分業・ＯＥＭから自社企画のオリジナルブランドへ」や「問屋・卸売流通から自社流通へ」といった、生産・流通面の経営改革に留まりません。むしろ本質的なのは、工芸事業者がものづくりの範疇を超えてブランド構築を行い、そのために「メディア化」するということです。

「企業のメディア化」というと、デジタル化が進んだことで、多くの企業でウェブサイトや

SNS等を運用して自社からの情報発信を強化している、という文脈で語られることがありますが、工芸事業者にとってのメディア化はもっと抜本的な変化を指します。

製品そのものに始まり、店舗・ECサイトといった販売チャネルをどうデザインするのか。すでにモノが溢れ、商業施設には様々なショップがある中、単に機能性やコストパフォーマンス、単純な地域性の表現では消費者は振り向いてくれない。どのような情報をどう提供すれば、もっとも自社のこだわりや価値を伝えられるのか。そして、振り向いてくれた顧客が、継続的に自社に目を向けるような関係性を築くには、どんなきっかけや場面を作ればよいのか。

このように、ものづくりだけ、受発注・流通だけではなく、あらゆる顧客とのタッチポイントで、自社の価値（情報）をビジョンやブランドの世界観に基づいて統一的に編集・デザイン・表現し、より深く顧客との関係性を構築していくことが求められます。

一方で、今の時代にブランディングに関心がなく、取組みをしていない、というような消費者向けのメーカーや流通事業者はいません。そのため、世の中には商品だけでなく、商品に関するあらゆる情報は溢れかえっています。ある意味でブランドだらけ、という状況になっています。消費者からすると、どれも似たような情報と感じてしまっても仕方ありません。

このような中で、工芸事業者や工芸産地が、他のブランドと差別化できる方法は何でしょうか。それが、顧客に実際に工芸産地に足を運んでもらい、自社の工場等に来てもらう「工芸産地ツーリズム」の取組みです。「工芸産地」や「自社そのもの（工場等）」をタッチポイントとするということで、これは例えば北欧の雑貨ブランドにはできません。なぜなら作っているのはアジアというケースも多いからです。

「工芸ブランド」の基盤となるのは歴史性や手工業性（手しごと性）というストーリーであり、「産地ブランド」はその産地の歴史・文化や地理的条件・自然環境が混然となった「地域性」というストーリーでしょう。また、工芸事業者は自社のこだわりについて、生産現場を見せることでより直接的に伝えることができます。

顧客からすると、メディアを通じた言葉や映像であれば労無くして知ることができますが、工芸産地ツーリズムではそうはいきません。まずその産地に足を運ぶ（旅行する）必要があるので、情報へのアクセスという点では、かなりの困難がありますし、お金もかかります。しかし、足を運んでしまえば、工場のにおい・雰囲気、職人の手さばき、地元での食事等、自分の五感で直接的に工芸産地を経験することができます。

ブランド資産とは、顧客の心にある評価や愛着というのが定義ですが、このように実際に工芸産地を訪れたということは、顧客の心に深い印象を残すものになる可能性が高く、ブランド資産の向上につながるものと言えるでしょう。工芸産地ツーリズムは工芸ならではのブランディング施策として有力なものなのです。

この工芸産地ツーリズムの取組みは、現在、多くの工芸産地で行われるようになってきました。次からはその具体的な例を見ていきます。

2. 工芸産地ツーリズムの展開

企業や工芸産地が、自らのブランド資産の価値を高めるために行う工芸産地ツーリズムの取組みは、大きく分けて次の3つのあり方で展開しています。

①工芸メーカーによる取組み

工芸事業者が、自社のものづくりの現場を見学・体験するオープンファクトリーや、自社のビジョンやブランドの世界観を体験する施設を整備し、そこに地域内外から集客する。

②工芸産地単位での取組み

一定の地域に集積する工芸事業者等が、産地の知名度や評価を高めることを目的に、産地一体型オープンファクトリー等のイベントを開催し、地域内外の人々にものづくりの現場や地域を体感するツーリズムの機会を提供する。

③工芸以外のプレイヤーによる取組み

従来の工芸事業者に代わって、工芸や産地の魅力を製品や販売チャネルで消費者に伝え、販売するなど、「作り手（工芸事業者）」と「使い手（消費者）」の間に入って事業を企画・プロデュースするプレイヤー「地域商社」が各地に登場。「ものづくり」と「ツーリズム」

を地域内で有機的に展開する。

以下では、この3つについて事例とともに紹介します。

工芸メーカーによる取組み

工芸だけでなく食品や機械メーカーなど地域に根差したものづくり企業が一時的に工場見学を受け入れたり、製作体験イベントを開催したりということは、ずいぶん昔から行われており、子どものころに社会科見学で行ったことがあるという人も多いでしょう。

一方で、工芸事業者がブランディングの拠点として、自社に多くの人を呼び込む「工芸産地ツーリズム」の取組みは、以前の一時的な工場見学のイメージとは全く異なります。

前章の事例で紹介した（株）能作の本社施設は、一時的ではない、常設のオープンファクトリーであり、製作体験はよりエンターテインメント性が高く、レストラン・ファクトリーショップで充実した消費体験もできる、といったように、同社のものづくりに関する総合体験施設となっています。

このように自社施設をブランディング拠点とする例は全国に誕生しており、一企業のブランディング拠点に留まらず、工芸や産地全体のイメージアップにつながっているとともに、工芸以外の食や自然など地域全体のツーリズムの観点からも、重要な目的地となっています。

近年、多くの工芸事業者による取組みが出てきていますが、その中から、非常に早い時期から取組みを始めてきた（株）諏訪田製作所（新潟県三条市）と従来の工芸のイメージを塗り替えるような展開を見せている（有）マルヒロ（長崎県波佐見町）の2つを紹介します。

Case 5

諏訪田製作所

（株）諏訪田製作所は１９２６年に新潟県三条市で創業した刃物メーカーです。腕利きの職人が手仕事で作り上げる「ニッパー型つめ切り」は１９９０年以降、その切れ味やデザイン性がネイリスト等のプロの間で支持を得てから、一般消費者にも認知が広がり、今や「ＳＵＷＡＤＡ」はつめ切りのトップブランドとして国内外で高い評価を得ています。また、２０１１年には工芸業界で先駆けとなる常設のオープンファクトリーを開始、さらに海外マーケットの開拓も積極的に展開しています。ここでは、諏訪田製作所のものづくりに対する姿勢からオープンファクトリー、そして海外展開について紹介します。

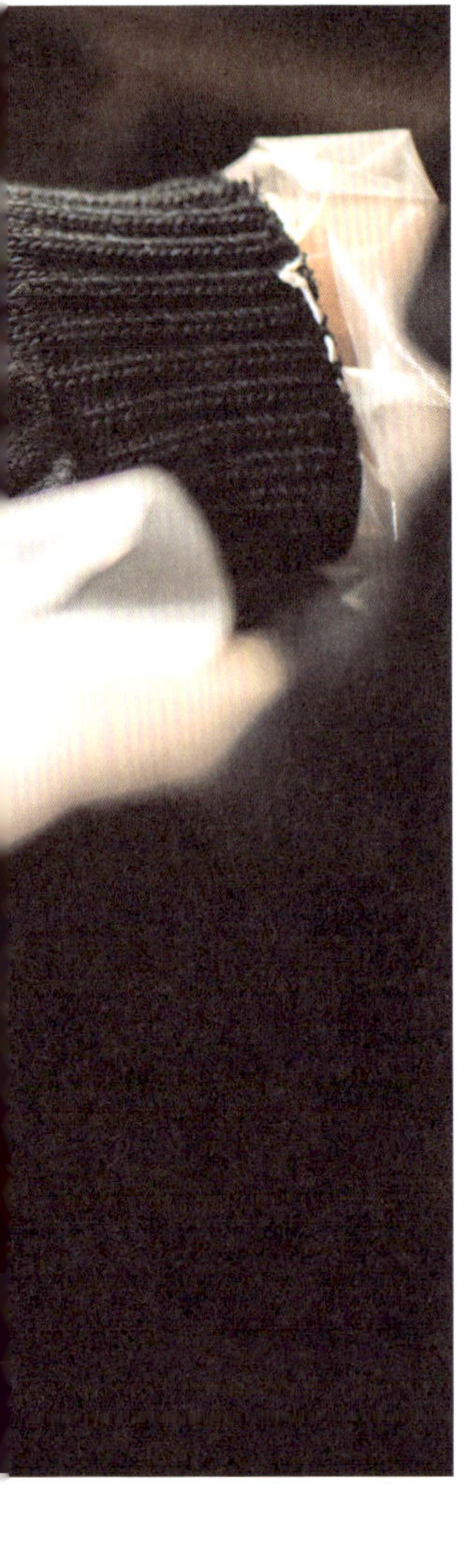

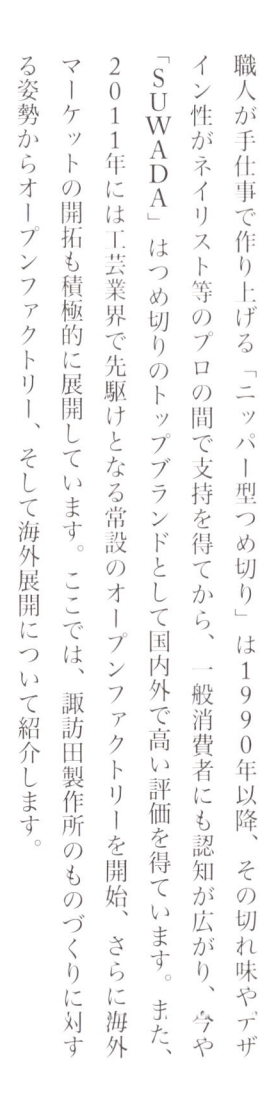

職人の高度な技術が要求される研磨作業
1つ1つの製品が職人の手仕事で作られている

諏訪田製作所のものづくり

（株）諏訪田製作所は１９２６年（大正15年）、鍛冶の町として知られる新潟県三条市で創業しました。当初は釘や鉄線を切断するための工具である「喰切《くいき》り」（現在のニッパーのような工具）が主要製品です。創業3年前に発生した関東大震災からの復興過程で、首都圏を中心に住宅建設が急増し、その建設工事を手掛ける大工に向けて製品を供給したのです。

このニッパーはハサミと同じような構造ですが、両側の鋭利な刃がしっかりと正確に合わさらないと対象を切断できません。簡単な構造でありながら、高品質のものを作り出すには、職人の高度な技術が要求される製品なのです。

諏訪田製作所ではこの技術力を活かして、戦後の１９５０年代からひょうたん形つめ切りや植木盆栽用の刃物、栗の皮剝き鋏《ばさみ》など工具以外の製品づくりに取り組み、戦後の高度経済成長期を乗り越えていきました。しかし、１９９０年代初頭のバブル崩壊によって、三条市や隣の燕市に集積する金属加工業は仕事が減っていき、産地全体に衰退へ向かう空気が流れていました。このような中、１９９６年に新商品としてニッパー型つめ切り「ＳＵＷＡＤＡつめ切り」をリリース、同年グッドデザイン賞に選ばれ、今や同社の代名詞でありフラッグシップとなっています。

そして、翌１９９７年に諏訪田製作所3代目社長として小林知行氏（現・代表取締役社長）が就任します。

小林氏は、自らものづくりを行い得る高い技術力を持つ職人でもあるので、製品の機能を追求し、こだわりを持ったものづくりを非常に重視する経営者です。これは優れたメーカーの経営者としての姿ですが、さらに重要なのは、ブランド構築に優れた手腕を発揮する経営者の顔も持っていることです。単にものづくりだけでなく、高い技術や品質、そしてデザインに見合う価値をマーケット・顧客に認めてもらうためのブランド戦略にも力を入れているのが、小林氏が率いる諏訪田製作所なのです。

今では「SUWADA」と言えば、切れ味と美しさを兼ね備えた高品質で高価格のつめ切りをイメージされる方も多いと思います。このようなブランドイメージの確立こそ、手仕事でものづくりを行うがゆえに生産規模の拡大に限界がある中、マーケットで高い評価を得るために、小林氏が力を入れてきたことなのです。

具体的には商品のデザインやパッケージから製造工場のデザイン、ショールームや社員のユニフォーム、社員の食事や育児環境までも配慮した経営を行い、社内外、そして海外に対しても同社のブランド力を高めるための施策を展開しています。

これら施策の中で、以下では自社で取り組む「工芸産地ツーリズム」としてのオープンファクトリーについて紹介します。そして、次章を先取りするかたちですが、諏訪田製作所の海外展開についても見ていきます。

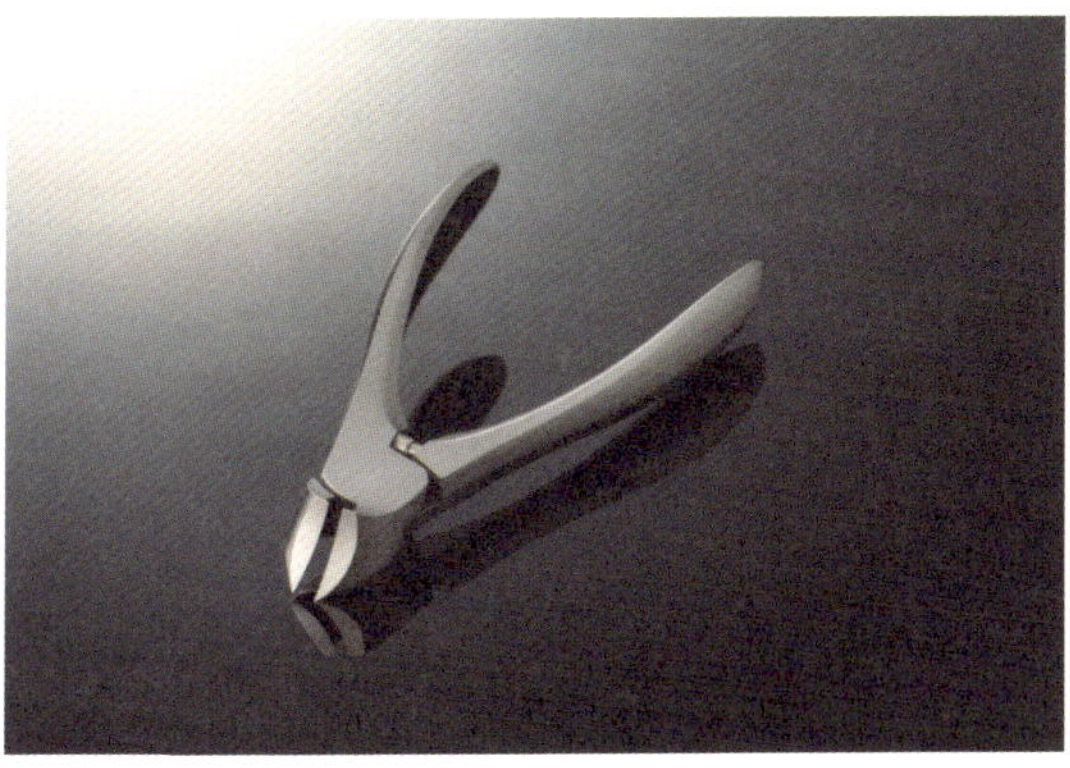

諏訪田製作所のフラッグシップ製品であるニッパー型つめ切り

諏訪田製作所のオープンファクトリー

諏訪田製作所のニッパー型つめ切りは、高級カスタムナイフにも使われるステンレス鋼でできています。この高品質のステンレス鋼を、さらに高圧で鍛造し強度を高めたものが諏訪田製作所の製品に使用されています。もとの材料からすれば3割程度しか製品に使用できないというこだわりです（残りの7割はリサイクル）。そして、部材から仕上げまでのすべての工程が、職人による手仕事であり、機械的な大量生産とは異なります。また、いったん顧客に販売した商品は、その刃が摩耗して使えなくなるまで、研磨や修理などのアフターサービスに対応するなど、製造からメンテナンスまで責任をもったものづくりをしています。これらが諏訪田製作所のブランド力の源泉です。

しかしその分、諏訪田製作所のつめ切りは、ドラッグストアで買える一般的なものに比べると大変高価です。それでも買ってもらうためには、ものづくりのこだわりや手仕事の価値といった姿勢を顧客に知ってもらい、品質に見合ったものとして、高い価格に納得してもらうことが重要となります。

この顧客への価値伝達の手段として始まったのがオープンファクトリーです。

２０１１年に本社工場を改装して「ＳＵＷＡＤＡ ＯＰＥＮ ＦＡＣＴＯＲＹ」としてリニューアル、常設のオープンファクトリーとしました。このような常設化は大手食品メーカーなどで始まっていましたが、地方の工芸メーカーとしては同社が初めてとも言える先駆的な取組みでした。また、２０２０年には新たに「ＮＥＷ ＳＵＷＡＤＡ ＯＰＥＮ

FACTORY」を整備、これまで分かれていた工場や直営ショップが一つの建物に集約されるとともにレストラン・カフェも設けられています。

「NEW SUWADA OPEN FACTORY」はスタイリッシュな黒の外観に統一された建物で、一般的な工場のイメージとは大きく異なるものです。黒という色は、祖業とする鍛冶にかかわりの深い炭・鉄であり、さらには鍛冶職人が直面する炎の温度を測るために、現場の背景色は黒である必要があったというシンボリックな意味があります。さらに社員のユニフォームもデザイナーに依頼して制作、黒を基調とした非常に格好の良いものです。

施設の内部は、職人の作業スペースと見学スペースの間はすべてガラス張りになっており、見学者は通路からすべての工程について職人たちの手仕事を見ることができる環境となっています。

ものづくりの現場において、すべての工程や職人の手仕事をオープンにすることは、技術力や品質、そして働く姿勢に自信がなければできません。もちろん真似をされてしまうリスクもあります。しかし諏訪田製作所の場合、ここまでオープンであるからこそ、ものづくりや製品に対する信頼感と評価を高め、それに見合った対価としての製品価格への納得感を得ることにつながっています。

また、レストラン・カフェは、職人をはじめ従業員に対して毎日おいしい食事を提供するという社員食堂としての位置づけもあり、一般の見学者も職人と同じメニューを食べることができます（一般向けには他のメニューも充実しています）。製品やものづくりを見るだけでなく、職人の人たちと同じ経験を共有できるというのは、ファンにとっては大変魅力的ではないでしょうか。

見どころは他にもあります。施設内の各所に、製品には使わない材料（リサイクルされる7割のステンレス鋼）を使ったアート作品やインテリアが置かれています。これらは職人の方々が自ら考え、制作したもので、実際に行ってみると分かりますが、作品として素晴らしいものばかりです。

2023年、「NEW SUWADA OPEN FACTORY」には、年間6万人が訪れています。これは経営面の数字にも結果として表れており、2023年の売上は約9億円、そのうち50%はオープンファクトリー内のショップと自社ECでの販売となっています。国内小売業への卸売は約35%ですので、オープンファクトリーによって利益率の良い直接販売のウェイトを高めることに成功していることは明らかです。

ちなみに小林氏が社長に就任した1997年時点の売上は約2億円でしたので、これまでに4倍以上に売上が伸びているということになります。「SUWADA」ブランドは小林氏による各種の取組みで構築・強化され、そのファンは着実に増加しているのです。

2020年に完成した新社屋
常設のオープンファクトリーには国内外から多くの人が訪れる

そして、ブランド戦略というのは顧客に対してだけでなく、従業員に対しても意味があります。同社がオープンファクトリーを始めようとしたとき、社内からは仕事に集中できない、邪魔になるという反対もかなり多かったそうです。しかし、多くの見学者が来て、職人の仕事を評価する声が直接聞こえるようになると、職人の仕事に対する意識はこれまで以上に高まり、同社のものづくりに誇りを持つようになりました。さらに、見学をきっかけに同社で働きたいという若者も出てきています。

このように顧客という外に向けたブランディングと、従業員という内向けのブランディングを両立しているところも、諏訪田製作所の優れたところと言えるでしょう。

諏訪田製作所の海外展開

2000年代における工芸の海外展開というテーマは次章で扱いますが、すこし先回りして諏訪田製作所の海外展開についても紹介します。

先ほど同社の売上の50%が直接販売、35%は国内小売業への卸売としましたが、その残り15%が海外での売上です。つまり輸出比率は15%となります。これは工芸メーカーでは非常に高い数字です。

諏訪田製作所が海外に製品を出すようになったのは1990年代からです。当時は盆栽用の鋏が主要な輸出製品であり、国内商社や海外のバイヤーから注文があれば、その都度送るというかたちでした。また、つめ切りについても、ドイツで開催される国際展示会であるアンビエンテへの出展など、工芸メーカーとしては早い段階から海外展開に取り組んできました。

国際展示会や販売イベント等に参加すれば、徐々にバイヤーとのネットワークはでき、買ってくれる顧客もいる。確かに評価は高まっていました。しかし、海外での売上はイベントに参加するコストに見合うものではありませんでした。ではどうするか。

同社の主力製品であるニッパー型のつめ切りは、欧州では珍しく、価格も比較的高価なので、年に数回の展示会・イベントだけでは価値を伝達しきれない。ならば、現地に自ら価値を伝えるための拠点を構えよう。当然リスクのあることですが、自社のものづくりへの自信から、小林氏は海外拠点の立ち上げを決意しました。

そうして2011年に英国・ロンドンと中国・香港に現地法人を設立、ロンドンをEU等欧州のリテイラーへの販路拡大拠点かつ米国からの注文窓口、香港は中国を中心としたアジア圏からの注文窓口として位置づけ、本格的に海外マーケット開拓に向けた体制を作りました。その後、2022年には英国のEU離脱を受け、ベルギーの首都ブリュッセルにもEU向けの販売拠点として現地法人を設立、同時に直営店舗もオープンしています。この店舗はブリュッセルにあるEU本部の目の前という好立地にあり、ベルギー国内だけでなく、欧州や世界各国の行政・ビジネス関係者が多数訪れ、ギフトとして同社の製品を購入する人も多いそうです。

このブリュッセルでの拠点の立ち上げにより、同社の海外展開はロンドンがイギリス・米国、ブリュッセルがEU、香港が中国等のアジアという3拠点体制になっています。そして、これら現地法人ではなく、国内の本社にも直接海外からの問い合わせや注文が来るケースも増えており、国内外の拠点には、職人の手作りにこだわったものづくりで対応できる量をはるかに超える注文が寄せられる状況にもなっています。

このように複数の海外拠点を置き海外でのマーケット開拓を行っている工芸事業者の例は諏訪田製作所以外にないと言っていいでしょう。もちろんこれはどの企業もできることではありません。しかし海外の各マーケットで、機能性（切れ味・使いやすさ等）とデザイン性、そしてものづくりのこだわり、これらの魅力を長い時間とコストをかけて伝え続けたことが、今の海外での評価と結果につながっているのです。このような覚悟を持って長期的に取り組むという点は、海外展開を志すどの工芸事業者にも求められる姿勢ではないでしょうか。

ベルギー・ブリュッセルにある諏訪田製作所の直営店舗

2021年、波佐見町内にオープンした複合施設〈HIROPPA〉
手前の砂場「YAKIMONO BEACH」は廃品の焼き物を細かく砕き、研磨した砂が敷き詰められている　©KentaHasegawa

Case 6

マルヒロ

（有）マルヒロは長崎県波佐見町にある陶磁器の企画・販売を行う商社（問屋）です。もともと波佐見は有田焼の産地の一つでしたが、2010年にリリースした「HASAMI」ブランドのマグカップが大ヒットしたことで、マルヒロの名前はもちろん、波佐見焼の名が広く知られるようになりました。ポップアーティストやファッションブランドとコラボレーションするなど、工芸に対するイメージを塗り替えるものづくりがマルヒロの魅力ですが、2021年には波佐見町内に公園をメインにショップ・コーヒースタンドからなる「HIROPPA（ヒロッパ）」をオープン、従来の工芸へのイメージを一新する場づくりとして、すでに全国から多くの人が訪れています。

波佐見焼とは?

17世紀に日本に磁器製造の技術が伝わると、原料である陶石が産出された地域で磁器製造が盛んに行われるようになりました。特に長崎県から佐賀県にかけての肥前地方には良質の陶石が豊富であったことから、我が国を代表する陶磁器産地として発展。現在もよく知られる伊万里焼・鍋島焼・有田焼・波佐見焼などはすべてこの地域から生まれたものです。

これらの違いを簡単に述べると、江戸時代に鍋島藩直轄で生産され将軍家や諸大名へ献上されたものが「鍋島焼」、同じ江戸時代に伊万里港から輸出されたものが「伊万里焼」です。そして、明治期になると鉄道が敷設され有田駅から全国に出荷されたので、「有田焼」という名前が生まれました。基本的には「伊万里焼」と「有田焼」は同じものと理解してかまいません。

このうち明治時代以降の日常用食器への需要増加に応えたのが「有田焼」です。この中には佐賀県有田市で作られたもの以外にも、長崎県波佐見町で作られた多くの焼物が含まれていました。ただ、当時「波佐見焼」という名称はほぼ知られていません。１９９０年ごろまではバブル景気の後押しもあり、有田焼は順調に生産額を伸ばしたので、波佐見町の陶磁器事業者はわざわざ「波佐見焼」を名乗る必要性がなかったからです。「有田焼」で十分に商売になった、「有田焼」のほうが有利だったということです。

しかし、バブル崩壊と海外製の安価な製品の流入等により、有田焼をはじめ国内の陶磁器産業は厳しい状況に立つことになりました。もちろん波佐見もこの影響を受けましたが、さらに逆風となったのが、２０００年代になって食品を中心に関心が高まった産地偽装問題です。この問題がきっかけで２００６年に地域団体商標制度が生まれるのですが、生産地表記の厳格化の流れの中、波佐見町で焼かれた陶磁器に「有田焼」という名称を使うことができなくなってしまったのです。

こうした背景から、波佐見町は陶磁器産地として４００年以上の歴史を持ちながら、２０００年代に新しい産地ブランドとして「波佐見焼」の確立が必要となったのです。

マルヒロの事業展開

「有田焼」から離れることを余儀なくされた「波佐見焼」ですが、再出発から約20年経った今では、店頭で「波佐見焼」という表記はよく見られるようになりました。おしゃれなセレクトショップでの取扱いも多く、若い人にとっては他産地より親しみのある存在かもしれません。

このような「波佐見焼」ブランドが確立する上で、大きな役割を果たしたのが、ここで紹介する（有）マルヒロです。

マルヒロは１９６１年に波佐見町で創業した産地問屋です。

創業当初は波佐見町でも後発に属していたことから、いわゆる良品（A級品）の取扱いはできず、数が揃っていない、絵柄がややずれているといったB級品を露店や小売店のイベントに供給することを主業としてきました。１９９０年代以降は国内陶磁器の需要が減り、先行する産地問屋が疲弊してきたことから、A級品の取扱いも可能となったものの、同社の売上も減少、2000年代に入ると危機的な経営状況に陥ってしまいました。

この状況に変化が訪れたのが2009年です。前章で紹介した（株）中川政七商店の中川氏（現・同社代表取締役会長）から受けた経営コンサルティングがきっかけとなります。

コンサルティングを受ける前年の2008年、当時20代だった馬場匡平氏（現・代表取締役社長）が後継者として入社、中川氏のもと新たなブランド開発を担当しました。

馬場氏はもともと音楽やファッションに興味があったものの、焼物についてはほとんど興味も知識も持っていませんでした。しかし、中川氏からのコンサルティングを受け、オリジナル製品の模索を続けていく中で、好きな音楽・ファッションの世界観を焼物で表現することにたどり着き、この着想から生まれたのが「HASAMI」ブランドの最初の商品であるブロックマグです。古いアメリカの雰囲気をまとったマグカップは、ファッション分野の人気セレクトショップでも取り扱われるなど大ヒット、当時の陶磁器業界で大変な驚きをもって受け止められました。陶磁器や食器は、材料・製法・デザイン、どこを取ってもはっきりした差別化が難しく、また、古くからある業界・製品であるからこそ、新機軸はほぼない、と考えられていたからです。

ブロックマグのヒット以降も、「HASAMI」ブランド（SEASON1～5sまでの6シリーズ）や「BARBAR」「ものはら」等のブランドを展開し、国内外に販路を拡大、現在の売上は約3億円と経営再生ば

「HASAMI」ブランド商品の数々

かりではなく、素晴らしい成長を成し遂げています。

マルヒロは産地問屋であるため製造部門を持っていませんが、企画・デザイン力、そして販売力を武器に産地内の工芸メーカーと連携し、多様な製品を生み出し続けており、今では波佐見焼を代表する企業の一つとなりました。産地問屋が経営スタイルを改革することで、工芸メーカーを含めて産地を復活する、その成功事例としても捉えることができるでしょう。

2021年HIROPPAオープン

さて、ここからはマルヒロによる工芸産地ツーリズムについてです。

2021年10月に同社は波佐見町内にHIROPPA（ヒロッパ）という場所を作り出しました。場所といったのは、それが公園であり、公園の中にショップやカフェがあるという場づくりがされているからです。

馬場氏によると「町内に子どもが遊べる芝生の公園がない」「自由にイベントができる場所が町内にない」ことから、誰もが自由に遊びにくることができる「公園」の発想に至ったということで、整備方針として「芝生があること」「スーパーバリアフリー」「空から見てかっこいいこと」を掲げました。陶磁器事業者が地元で集客施設を作ろうとすれば、普通は職人の技が見られる、製作体験ができる、歴史が学べる、といった方向にいくことが一般的かと思いますが、HIROPPAのコンセプトにそのようなものはありません。

「確かに産地・企業の歴史・文化、職人の技やデザインへのこだわりも素晴らしい。しかし、そればかり発信した場合、関心を持ってくれる、さらに来てくれるのは、もともと、工芸なり食器なりに興味がある人に限られる。つまり、発信する時点で、こちらが顧客を選んでしまっている」「波佐見は日常用食器（雑器とも言われる）を主とする産地であり、分業による大量生産を強みとしてきた。このような背景もあり、こちらが顧客を選ぶスタンスには違和感がある」（馬場氏）

このような考えから、HIROPPAの設計は外部に対してオープンであることが徹底されました。整備方針も、子ども（芝生）、お年寄りや障害のある人（スーパーバリアフリー）、世界（空から見て）というように、外部や異なる視点に対して開かれていること、これがHIROPPAのメッセージになっています。

HIROPPAの中身に目を移すと、そのコンテンツの多様さに驚かされます。

全体の設計や一つ一つの遊具や植栽に至るまで、国内外のアーティストやデザイナーが手掛けており、誰に対してもオープンであると同時に、誰もがどこかに「面白い」と思えるきっかけが、何気なく配置されています。公園としても、ただの公園とは違う魅力を持っているのです。

もちろんHIROPPAは一般の公園と同じ公益的施設ではなく、マルヒロと産地のブランディング拠点にもなっています。

「食器や焼き物に興味やこだわりがある人なんてほとんどいない。まして子どもは絶対に興味ない」（馬場氏）。マルヒロは販売戦略の大きな方向性として直販化を掲げていますが、特に食器に興味やこだわりのない人が大部分のマーケットで、どのように同社のファンを作り、波佐見町や波佐見焼への関心を高めていくか、この目線で設計されているのです。

園内全体の遊び心とアートに溢れる雰囲気は、マルヒロのオープンな世界観の表現であるとともに、あらゆる世代の人々が様々な関心・興味を持つ現代に、波佐見町や波佐見焼への関心を高め、「使い手」としてだけでなく、最終的に波佐見町で働く「作り手」としても人を地域に呼び込むという、経営的な目線からも合理的に考え抜かれた成果・打ち手と言えるでしょう。

HIROPPAには、子どもやその家族だけでなく、ファッションやアートに興味・関心のある10～20代も多く遊びにきています。今後の消費の中心となるZ世代へのアプローチを考える上でも、「ものづくりのこだわり」を表現することを目的化しない、このようなマルヒロの発想や取組みは、これから若者が活躍する場を作らなければならない、多くの地域・企業で参考になるでしょう。

マルヒロの意味

ここまで見た上で、重要なものとして挙げておきたいのが、マルヒロの「工芸」へのアプローチです。

近代の工芸の歴史を振り返ると、江

写真上／HIROPPA内にあるマルヒロストアの店内
©yusuke nakamura
写真下／HIROPPAの入り口にはアーティストが制作したカラフルな看板が置かれている
©KentaHasegawa

戸時代までの技術や意匠が参照されるだけでなく、モダンやアバンギャルドといった、その時々の先端性や現代性を幅広く受け入れてきたことは明らかです。しかし、現在の私たちが「伝統工芸」と言ったときには、先端性や現代性は「伝統的」ではないと退けられがちになってしまいます。しかし、それでは現在、そして将来の消費者に受け入れられることは困難でしょう。

このとき、マルヒロが打ち出す現代的なアートやポップなデザインを引き受けた製品や場づくりは、狭く、そして古くなりがちな工芸に対するイメージを刷新するもので、今後の工芸に対する考え方やアプローチを考える上で、重要な観点を多く含んでいるのではないでしょうか。むしろ「工芸」という言葉も必要ではないのかもしれません。

もともと工芸は自由な発想やアプローチを許すもので、だからこそこれまで生き残ってきました。もっと自由・オープンにというマルヒロのメッセージは、これからの工芸により広く深く意味を持っていくことでしょう。

工芸産地単位での取組み

次に紹介するのは、単独の企業の取組みではなく、産地内の複数の工芸事業者が連携して、オープンファクトリーやファクトリーショップをコンテンツとしたイベントを開催するなど、産地単位で「工芸産地ツーリズム」に取り組んでいる事例です。

オープンファクトリーを中心とするイベントは、「産地一体型オープンファクトリー」とも呼ばれます。近畿経済産業局では「ものづくりに関わる中小企業や工芸品産地など、一定の産業集積がみられる地域を中心に、企業単独ではなく、地域内の企業等が面として集まり、生産現場を外部に公開したり、来場者にものづくりを体験してもらう取組み」と定義しています。

このような産地単位での「工芸産地ツーリズム」の目的は、まず、地域の外部に向けて、産地をアピールし、人を呼び込むことで、最終的に産地ブランドを形成することです。また、地域内部の住民や参加企業に対して、外部の目線を入れることで地域の魅力の再発見を促し、新たな事業展開へのきっかけを与えることも、大事な目的となっています。

具体的な事例としては、2013年から始まった「燕三条 工場の祭典」(新潟県燕市・三条市)と2015年からの「RENEW」(福井県鯖江市・越前市・越前町)が代表であり、各地で開かれている同種イベントのモデル的な位置づけとなっています。以下ではこの2つのイベントについて紹介します。

Case 7

燕三条 工場《こうば》の祭典

新潟県の燕市と三条市からなる燕三条地域は、日本国内でも特に金属加工技術や金物製造で知られており、全国的にもその技術力と品質は高く評価されています。この燕三条地域で開催される産地一体型オープンファクトリーイベントが、２０１３年に始まった「燕三条工場の祭典」です。このイベントは主に地元の工場や職人たちがものづくりの現場を一般に公開するもので、２０１３年から２０２４年までの累計来場者数は30万を超え、国内最大規模であると同時に、全国各地の同種イベントのモデルともなっています。そして、今や単なる集客イベントの枠を超え、地域産業のあり方を変えるほどのうねりを生み出す運動と言えるような展開を見せています。

職人の現場作業を間近で見ることができる
©Ooki jingu

燕三条地域の産業と「燕三条 工場の祭典」のはじまり

新潟県のほぼ中央に位置する燕市と三条市を合わせた燕三条地域は、江戸時代に和釘の製造が奨励されたことや近隣の弥彦山で銅が産出されたことをきっかけに金属加工業が盛んな地域となりました。明治時代になってからも燕市では多様な銅器製品や金属洋食器・ハウスウェア、三条市では作業工具や工匠具というように、日本を代表する金属加工業の集積を誇っています。本書では玉川堂（燕市）、諏訪田製作所（三条市）を事例として取り上げていますが、その他にも刃物ではタダフサ、藤次郎などがよく知られていますし、有名アウトドアノブランドであるスノーピーク、キャプテンスタッグもこの地域の金属加工業を起源としています。

しかし、燕三条地域の金属加工業は、戦後の高度経済成長の中で生産額を伸ばしたものの、1985年のプラザ合意以降は円高の進展による輸出減少、ライバルとなるアジア新興国の工業力発展により、現在に至るまで長期的に生産規模を減少させています。

また、中小企業が多く、かつ事業者間取引（BtoB）を中心としてきたこの地域では、後継者不足や技術の伝承、そして市場の変化に対応した新たなビジネスモデルの構築が課題となってきました。前述のような企業は一般消費者に向けたビジネスモデルを構築した事業改革の成功例と言えるものですが、大部分の中小事業者にとって、自社のものづくりを外部に発信し、事業構造を変えていくことは簡単ではありません。

このような背景から2013年に「燕三条 工場の祭典」が始まるのですが、それには地域内で先行するいくつかの取組みがありました。何もないところから突然企画が生まれてきたわけではありません。

三条市では「燕三条 工場の祭典」が始まる前年の２０１２年まで、「越後三条鍛冶まつり」というメーカーや卸事業者による販売と簡単な製造体験・ワークショップを組み合わせたイベントが行われていました。しかし、一般消費者との接点は作れたものの、ものづくりのこだわりを伝えきれず、品質に見合った価格（輸入品等に比べて高価格）を納得しきれてもらえない、というジレンマを抱えていました。

同じころ三条市は地元の鍛冶関連業界団体と「経営力向上人材育成塾」を開催していました。三条の鍛冶技術を次世代に残し、経営感覚を身につけた人材を育成することで産業活性化につなげることを目的としたもので、２０１１年度にスタートしました。初年度は中川政七商店の中川政七氏（当時代表取締役社長）が講師を務め、刃物メーカーであるタダフサの新製品・ブランド開発を支援しました。ここで生み出されたタダフサの新製品は包丁業界では珍しい大ヒット商品となり、今でも高い人気を誇っています。

そして第3回目となる２０１２年度に講師を務めたのがメソッドの山田遊氏です。山田氏はデザイン・工芸・アート・ファッションなど多様な領域をまたぎ、国内外でショップづくりを支援する著名なクリエイター・バイヤーです。この山田氏が、単に企業のブランド・製品開発を支援するだけでなく、産地全体の意識変革を促すための仕組みとして、産地一体型のオープンファクトリーを提案しました。多数ある工場に一般の人々を呼ぶことで、ものづくりの魅力を伝えるとともに、メーカー自身の意識を変え、新たな行動を促すことが狙いです。そして、三条市はこの案を採用し、イベントの開催に向けた準備を始めます。

一方、燕市でも前章で紹介した玉川堂をはじめとしていくつかの金属加工メーカーが個別にオープンファクトリーを行っていました。しかし、個社個別の取組みには限界もあります。燕市でもメーカーを中心に新しい突破口を模索していたところ、三条市から検討中のオープンファクトリーについて相談が来ました。これをきっかけとして、三条市と燕市が連携し、燕三条地域が一体となった産地一体型オープンファクトリーを開催することになったのです。

燕三条地域には燕市と三条市、新潟県、経済・ものづくり関連団体が出資して設立した燕三条地場産業振興センター（以下、地場産センター）があります。このセンターは、1980年代に強化された政府の地場産業・中小企業の振興策を受けて設置された産業振興を目的とする中間支援機関です。

この地場産センターを軸に、以前から両市は連携して産業振興の取組みを行っていました。しかし、そうは言っても三条市で企画されたイベントに燕市が共同で取り組むというのは、両市ともに簡単なことではなかったでしょう。当時の両市長をはじめとした人々の判断は、燕三条地域の未来を見据えた素晴らしいものだったと言えます。

このように様々な関係者の思いや決断が結実し、2013年に「燕三条 工場の祭典」が産声を上げることになったのです。

以降ではイベントの概要や実績、運営体制について述べますが、その前に開催のコンセプトである「燕三条 工場の祭典」5カ条を紹介します。このような明確なコンセプトがあればこそ、多くの人々が共感し、熱意をもって企画・運営に当たることができる。これはとても大事なことなのです。

「燕三条 工場の祭典」5カ条

1. KOUBAでは、誇りを持って何事にも全力で取り組む事
2. KOUBAで、ものづくりの本質を人々に体感してもらう事
3. KOUBAが活性化することで、地元地域の雇用に貢献する事
4. KOUBAでの仕事が、子供達にとって憧れや夢となる事
5. 燕三条のKOUBAを、ものづくりの聖地にする事

「燕三条 工場の祭典」の概要と実績

「燕三条 工場の祭典」は、2013年の初開催から2024年まで12回が開催されています（コロナ禍により2020年はオンライン開催）。

初回の2013年には54社が参加しました。多くの製造事業者にとって、自社の工場を公開し、来場者に製造工程を見学してもらったり、体験型のワークショップを提供したりというのは初めての経験でしたが、来場者にとってもそれは新しく貴重な経験でした。普段は立ち入ることができない工場の内部に入り、職人たちが手掛ける高精度な加工技術や手仕事を間近で見ることができるということで、イベント開催前から評判を呼び、ふたを開けると来場者は約1万人を数える成功を収めます。来場者のうち4割は県外からで、地元製造事業者が想像する以上に人々の関心は高かったのです。

この成功を受け、地元での関心や意欲が高まり、参加事業者数は増加、２０１７年からコロナ禍前の２０１９年までは、１００社を超える企業が参加するようになりました。また、来場者数も伸び、２０１７〜２０１９年には5万人を超える人がイベントに参加しています（県外からの来場者は全体の約3割で推移）。

また、イベントの内容も多様化しています。初回は工場見学が中心でしたが、年々新たなプログラムが追加され、体験型のワークショップ以外にも、他地域のイベントとのコラボレーション、ものづくりに関連する講演や展示会、レセプションパーティーなど、来場者にとって燕三条を楽しみ、学びを得る機会が豊富に提供されています。

このコンテンツの多様化の中で重要なのが、２０１６年からの取組みです。それまでの「工場《こうば》」を拡張して、3つの「ＫＯＵＢＡ」――ものづくりの「工場」、農業を営む「耕場」、これらの物品を購入できる「購場」――として、参加事業者をメーカーだけでなく、農業や小売業を営む事業者にも広げ、燕三条地域全体の魅力を伝えるイベントとしてバージョンアップしたのです。

こうして開催されてきた「燕三条 工場の祭典」は、２０２３年の開催によって２０１３年からの来場者累計は30万人を超えたということです。地元の参加企業数と来場者数、そして開催実績、どれをとっても国内最大規模のオープンファクトリーイベントと言えるでしょう。

海外からの参加者も多い
©Ooki jingu

「燕三条 工場の祭典」の企画・運営体制

100社を超える参加企業数と5万人を超える来場者数。このようなイベントの企画・運営には、多くの人の協力が必要で、時間・コストがかかることも想像に難くありません。工場を一般開放する製造事業者だけでなく、行政機関と多様な民間事業者が協力し、チームとして一体となり作り上げる必要があります。燕三条地域では、このチーム作りが上手くいったことが、イベント成功とその後の展開において大きな要因となりました（このチームは正式名称としては開催主体である「燕三条 工場の祭典」実行委員会です）。

チーム構成は大きく以下の3つに分かれます。

まずは行政機関です。地場産センターを事務局として、地場産センター・燕市・三条市からそれぞれ2名の計6名がチームメンバーとなります。メンバー選定はベテランと若手を組み合わせ、人事異動があってもノウハウが受け継がれるよう工夫されています。

次に民間事業者です。これは玉川堂等をはじめとする地元メーカーから5名が参画します。ここも年によってメンバーを入れ替えることで、地域全体にノウハウや知見が蓄積される仕組みになっています。

そして最後がクリエイターチームです。このチームはイベントの発案者でもある山田遊氏を全体監修として、東京のデザイン会社SPREADがアートディレクション・デザインを手掛けるというチーム構成となっています。地域外からアート・デザインの視点を導入し、当地域の魅力を引き出しているのが特徴です。「燕三条 工場の祭典」を知っている人は、イベント期間内に地域内を彩るピンクとシルバーのストライプをイメージする人も多いのではないでしょうか。工場は普段基本的に立ち入り禁止なので、黄色と黒のストライプのテープ・ロープが張られています。それに対して、オープンであることを表現するために、炎から着想した親しみやすいピンクと金属のシルバーを組み合わせて、「立ち入り禁止」ではなく「オープン」であることが表現されました。このキービジュアルもクリエイターチームが作成しました。

2024年開催の様子　©工場の祭典実行委員会

なお、このような運営体制によって開催されたのは、２０１３年から２０２２年までの10年間です。ここでは他地域の参考となるよう、この期間の運営体制を紹介しましたが、２０２３年からは地元の若手人材を主体とした運営体制に移行しています。この移行と同時にキービジュアルも変更され、２０２３年以降はピンクとシルバーのストライプは使用されていません。ブランドの観点からは、キービジュアルは継続性があったほうが良いのですが、これも新たな成長を目指す一つの契機として、新体制でのさらなる発展が期待されます。

また、資金面についても触れておきます。「燕三条 工場の祭典」は基本的に燕市と三条市の事業として位置づけられているので、開催資金は各市が負担しています。これに民間の協賛金と一般参加費、そして年によっては国の補助金（地方創生推進交付金等）が活用されています。

「燕三条 工場の祭典」の拡張と地域産業にもたらしたもの

「燕三条 工場の祭典」は毎年10月中の4日間で行われています。当たり前ですが年間365日ですので、その他361日にイベントは開催されていません。

通常のイベントであれば、年に数日のお祭りで終わるかもしれませんが、「燕三条 工場の祭典」の運営チームは、その他の日々も燕三条のものづくりの魅力をPRするために奔走しました。初めにイベントの枠を超えた運動と表現したのはこれが理由です。

■「燕三条 工場の祭典」の拡張

初開催（2013年）の翌年2014年には、世界最大規模の家具やデザインの国際展示会「ミラノサローネ」（イタリア）に合わせイベントを出展、国内でも香川県高松市の「瀬戸内生活工芸祭2014」に参加しています。また、翌年以降も国内では東京や他の工芸産地、海外でも2017年に台湾、2018年にイギリス・ロンドン、2019年・2020年にはシンガポールと「燕三条 工場の祭典」はイベント以外の時期にも活動を広げていきました。

特に注目を集めたのは2018年にイギリス・ロンドンにあるジャパン・ハウス（外務省が設置する日本文化の発信拠点）で行った「燕三条─金属の進化と分化（BIOLOGY OF METAL：METAL CRAFTMANSHIP IN TSUBAME-SANJO）」です。ウィリアム王子が訪れたことでも話題となりましたが、この展示は開催中に高い評価を得ただけでなく、その後、世界的なデザインアワードであるGerman Design Award 2019の「卓越したコミュニケーションデザイン部門」の最優秀賞も受賞しています。

また、2021年のコロナ禍で通常開催ができない状況下では、燕三条地域で展覧会「Tsubame-Sanjo Factory Museum」を開催、世界三大デザイン賞の一つとされるRED DOT Design Award 2022においてブランド&コミュニケーションデザイン部門のグランプリを獲得するなど海外でも高い評価を受けています。

このように国内だけでなく世界に向けて「燕三条」ブランドを発信し、認知や評価を高めたことも「燕三条 工場の祭典」とそのチームが果たした大きな功績となっています。

■地域産業にもたらしたもの

オープンファクトリーイベントとそれを国内外に拡張した運動である「燕三条 工場の祭典」が地域産業にもたらしたもの。これは例えば、オープンファクトリーを常設化する事業者がイベント開始前の3社（玉川堂、諏訪田製作所、スノーピーク）から30社以上にまで増えたこと、自社のオリジナル製品を開発する事業者が多数出てきたこと、地域内の事業者間のつながりができ取引きも生まれたこと、国内外で新たな顧客の開拓や販路拡大につながったことなど、

挙げればきりがありません。また、「燕三条 工場の祭典」に訪れたことをきっかけに、職人になりたいと地域外の若者が移住してきて、地元企業に就職する例も多く見られるようになりました。もちろん地域内の若者も地元産業の価値を再認識して就職する例も増えています。

これらは「燕三条 工場の祭典」を開催するに当たって作られた5カ条のコンセプトを実現したものであり、素晴らしい結果と言えるでしょう。

しかし、これらの外形的な結果の素晴らしさはもちろんですが、より本質的な結果は、地域内の人々の意識を変えたということです。つまり内的な変化です。それまで一般消費者と接点がなかったメーカーの人々が、その目を意識するようになり、仕事のやり方やビジネスの組み立て方が変わる。これは外形的な変化や結果以上に、地域産業のあり方や構造の変化・革新を支える重要なことであり、今後も環境の変化に対して柔軟に対応できる力を地域産業にもたらし、その持続性を高めるものでしょう。これが「燕三条 工場の祭典」が生み出した最大の結果と言えるかもしれません。これからの燕三条地域から何が生まれてくるか、皆さんも楽しみに、ぜひ見に行ってください。

P220写真／イギリス・ロンドンのジャパン・ハウスで行われた「燕三条—金属の進化と分化」の展示
©Ooki jingu

Case 8

RENEW

ＲＥＮＥＷ（リニュー）は、福井県越前鯖江地域（鯖江市・越前市・越前町）で「持続可能な産地をつくる」をビジョンに、オープンファクトリーを中心として開催される産業観光イベントです。２０１５年の初開催から２０２４年で10回目。参加事業者数は１００社以上・来場者数は約３万人と産地一体型の工芸産地ツーリズムの代表例であり、多くの工芸産地を抱える当地域で事業者の新たなチャレンジを生み出す大きなきっかけとなるイベントとなっています。また、イベントとしてのＲＥＮＥＷは、コロナ禍を経て「地域の持続可能性を高める活動体・プロジェクトとしてのＲＥＮＥＷ」に進化し、越前鯖江地域だけでなく、全国の工芸産地のあり方をポジティブに大きく変えようとしています。

職人の説明を聞きながら、技術を体験できるワークショップ
2024年は過去最高となる48,000人の来場者数を記録した

鯖江のものづくりとRENEWのはじまり

福井県中央部に位置する越前鯖江地域は鯖江市・越前市・越前町の3市町からなり、越前漆器・越前和紙・越前打刃物・越前箪笥・越前焼という5つの工芸産地に加え眼鏡・繊維の2つの地場産業を抱える、まさに「ものづくりのまち」と言える地域です。そのうち鯖江市は越前漆器、眼鏡、繊維を3大地場産業としています。

越前漆器は業務用漆器で約8割のシェアを持つ国内最大の漆器産地ですし、眼鏡産業も国内の眼鏡フレームの約9割を生産しています。また、繊維産業は明治時代の輸出用羽二重の生産に始まり、今でも合成繊維、シルク、ベルベット等の多種多様な生地生産を得意とする国内トップレベルの産地として知られています。

しかし、1990年代以降、越前漆器は国内需要の減少と安価な輸入品の増加により生産量は減少してしまいます。眼鏡産業でも生産コストの安い海外で製造し、日本で直接顧客に販売するSPA業態の「スリープライスショップ」（5000円・7000円・9000円など3つの価格帯で販売する眼鏡ショップ）が急成長し、それまで産地を支えてきたOEMやライセンス生産が激減してしまいます。繊維産業も同じような状況に陥りました。

この難しい事業環境の中、越前漆器からHacoa、眼鏡からはボストンクラブ・金子眼鏡など自社オリジナルブランドの展開によって成長する企業が出てきましたが、地域全体では廃業する事業所が増え、生産額も減少が続く……これが2000年代の鯖江市、そして他の産業が立地する越前鯖江地域の状況でした。

このような中、「100年後もこの地域が続いていくために、地域経済の足腰を固めること」「持続可能な地域づくり」を目的として開催されているのがオープンファクトリーを核とした産業観光イベント「RENEW」です。2015年から始まりました。

このRENEWの立ち上げに大きな役割を果たしたのが、デザイン事務所(同)TSUGI(ツギ)代表の新山直広氏と(有)谷口眼鏡代表取締役の谷口康彦氏です。

大阪出身の新山氏が京都の大学で建築を学んでいたところ、2004年の福井豪雨が発生します。この災害からの復興プロジェクトとして鯖江市河和田地区(越前漆器の中心的な産地)で始まった「河和田アートキャンプ」への参加をきっかけに、2009年に鯖江市のデザイン会社に就職、単身移住してきました。つまり「よそ者」として産地に来たのです。

その後、新山氏は鯖江市役所に転職、嘱託職員のデザイナーとして働きますが、越前漆器の売上の減少が続く状況を見るにつけ、デザインの果たす役割・必要性を痛感し、2013年に「創造的な産地をつくる」をビジョンに掲げたデザイン事務所TSUGIを立ち上げ、独立します(2015年に(同)TSUGIとして法人化)。

新山氏が「よそ者」とすれば、谷口氏は「地元の人」です。谷口氏は眼鏡メーカーの経営者である一方、河和田地区の区長会長として地域課題に向き合い、2014年に地域の事業者とともに任意団体「かわだとびら」を立ち上げるなど、地域の持続性や発展を目指した活

キービジュアルの赤い水玉模様の法被を羽織ったスタッフが出迎えてくれる

動を続けていました。

この二人が2015年に出会い、新山氏が「産地に来てもらえれば、地域やモノの価値は必ず伝わる」と考えて作ったRENEW構想を谷口氏に話したところ、谷口氏は地域を挙げて支持し、実現に向けて動き出します。そして、その年には第1回目のRENEW開催に至ったのですから、驚くべきスピード感です。

オープンファクトリーイベントとしてのRENEW

最初（2015年）のRENEWは、鯖江市河和田地区のみをエリアとして2日間にわたって開催されました。参加企業は21社、来場者は1200人という小さな規模のイベントとしてのスタートです。その翌年（2016年）も同じく河和田地区で開催し、来場者は約2000人でした。

この小さなイベント規模が現在のように拡大したのが第3回目の2017年です。前章で紹介した（株）中川政七商店は、当時、工芸産地に人を呼び込むイベント「大日本市博覧会」を全国各地で行っていました。2017年はこのイベントと共同した「RENEW×大日本市博覧会」として開催、エリアは鯖江市・越前市・越前町全域に広がり、参加企業は漆器・和紙・眼鏡・刃物・陶芸など幅広い分野にわたりました（約80社）。来場者数も約4万2000人と最初の2回と比べ急増しました。

第4回目以降は、鯖江市・越前市・越前町全域を舞台に100社を超える企業が参加、来場者数は3万人を超えるイベントとなり、地域としても、工芸業界としても最大規模のものとして定着しています。また、コロナ禍の２０２０〜２０２２年においても行政と連携して極めて合理的で緻密な対策を講じて開催され、コロナによって不安が高まる産地において、多くの人々に勇気を与えたことは強調したいと思います。さらに北陸新幹線が福井（敦賀）まで延伸した２０２４年は、ＲＥＮＥＷ開始から10年目となり、参加企業（１１８社）、来場者数（４万８０００人）ともに過去最高を記録しています。

①イベントコンテンツ

ＲＥＮＥＷはオープンファクトリーイベントですから、漆器・和紙・眼鏡・刃物・陶芸をはじめとする事業者の工房を一般に開放する工場見学と、それに付随するワークショップや商品販売がメインコンテンツとなります。来場者は広い開催エリアをバスやレンタサイクル、徒歩で巡り、職人の手仕事の見事さやものづくりのこだわりを肌で直接感じることができる仕組みです。

また、ＲＥＮＥＷ実行委員会（２０２２年からは（一社）ＳＯＥ。後述します）が自身で提供するコンテンツとして「まち／ひと／しごと―Localism Expo Fukui―」があります。これは、全国各地で取り組まれている社会的意義の高い活動を紹介するショップ型の博覧会で、実際に各地から集まった活動団体・事業者が参加し、展示・販売・トークイベント・ワークショップを行っています。鯖江にいながら、全国各地の優れた取組みや商品に触れることができるのです。

各地から集まった活動団体や事業者が行うトークイベントも充実

また、イベント期間中に福井県や鯖江市等の行政機関が開催するトークイベントなどもあり、地元行政と地域内外の事業者が広く連携して豊富なコンテンツを作り上げているのが、RENEWの特徴となっています。

②運営体制

RENEWの運営は、2015年の初開催から2021年まで任意団体「RENEW実行委員会」によって行われてきました。この委員会は基本的に地域内の事業者・個人から構成されていますが、やはりRENEWならではの特徴があります。

まずRENEWは3市町からなる広いエリアが舞台で、参加事業者の産業分野も様々ですので、地域や産業分野がそれぞれ異なる事業者が実行委員長・副実行委員長（2名）を担っています。実行委員長は眼鏡産業から谷口氏、副実行委員長は越前漆器と越前和紙からといった具合です。

そして、イベント全体のデザインを統括するのが新山氏率いるクリエイティブチームで、RENEWのキービジュアルである赤の水玉模様から各回のウェブサイト・パンフレットをデザインしています。また、イベント全体の運営・ディレクションを担う事務局について、事務局長は県外から移住してきた若者が活躍、スタッフも移住してきた人やボランティアスタッフが多くかかわっています。

イベントを発案した新山氏ももともと「よそ者」ですが、イベントの運営に当たっても、もともと地域で事業を行ってきた「地元の人」と移住してきたやる気のある若者「よそ者」が協力し、それぞれ活躍していること、これがRENEW運営面の優れた特徴と言えるでしょう。また、イベント規模が大きくなると交通・警備なども必要になりますし、コロナ禍では感染防止に対する取組みも求められました。これについては鯖江市等の行政機関が協力し、強くバックアップしているという点も重要です。

そして、２０２２年からはＲＥＮＥＷ事務局を母体として設立された（一社）ＳＯＥによってイベントの企画・運営が行われています。

③運営資金

ＲＥＮＥＷは運営資金にも特徴があります。

もともと小さな規模で始まったＲＥＮＥＷの最初期は行政からの補助はなく、参加事業者の参加費・協賛金等で運営資金が賄われてきました。もちろんこの資金だけではとても運営費は賄えなかったので、（同）ＴＳＵＧＩ等の事業者がほぼ無償でボランティア的に運営に携わってきました。

２０１７年に規模が拡大してからは、行政からの補助金やＲＥＮＥＷ期間内に行政が実施するイベントの事業委託費、参加事業者の参加費、地元の各組合・商工会・民間企業からの協賛金等の合計約１０００万円の予算で運営されています。このうち約半分の予算は参加費・協賛金という民間資金です。この民間が自ら出す金額・割合の高さも本イベントの特徴と言えるでしょう。

ＲＥＮＥＷの影響ともう一つのＲＥＮＥＷ

２０１５年に始まったＲＥＮＥＷは２０２４年で10回目となりました。

この間に越前鯖江地域内では、新たに30を超えるファクトリーショップが開店しました。従来下請け的なものづくりが中心であった工芸メーカーが「自分たちが作ったものを自分たちで売る」というビジネスに一歩踏み込んだということです。これは前章で指摘したような従来の産業構造の問題を乗り越えようとする動きが、地域内で活発化するようになったということで、新たな産業構造がRENEWをきっかけに生まれつつあるのです。またメーカーだけでなく漆塗のレンタサイクル、古民家を再生した宿泊施設などの観光サービスも出てきており、工芸産地ツーリズムの基盤も整いつつあります。

さらには、RENEWをきっかけに鯖江市内だけでも累計67人の就職者が生まれています。RENEWは産地外から人を呼び込むイベントですから、「越前」や「鯖江」、そして地域の事業者の製品がブランドとして認知されるようになることが大きな目的です。そしてこれは途上とはいえ、十分な成果を出せているると言えるでしょう。しかし、それ以上に、産地内の事業者が自ら新事業を起こしたり、顧客と積極的に接点を持つようになったり、新たな雇用を確保できたりといった自信と結果を得ている、その重要な契機になっているということが、RENEWの大きな達成と言えるでしょう。

そして、ここまでは産業観光イベントとしてのRENEWについて述べてきましたが、RENEWにはもう一つの側面があります。

2020年からのコロナ禍は、RENEW実行委員会のメンバーに対して改めて「持続可能な産地をつくる」というテーマについて深く考える機会と危機感をもたらしました。

そこから年1回のイベントに留まらない様々な取組みが、新山氏をはじめとしたメンバーによって実行に移されてきました。具体的には、地元企業の採用活動を支援する産地の合同採用説明会「産地のくらしごと」、地域内外のデザイナーと地域事業者が連携して新商品を開発するプロジェクト「ＲＥＮＥＷ　ＬＡＢＯＲＡＴＯＲＹ」、比較的高齢の方が多い地域事業者に対してＺｏｏｍ利用などを促進する「ＤＸ推進プロジェクト」等が挙げられます。

このような取組みも「持続可能な産地をつくる」という観点ではＲＥＮＥＷと目的を同じくするものです。とすると、「持続可能な産地をつくる」取組みすべてをＲＥＮＥＷとして捉えてもよく、その推進体制も含めた全体を「産地の持続可能性を高める活動体・プロジェクト」として、イベントより広い領域を含むＲＥＮＥＷです。この観点からするとＲＥＮＥＷとして考えることができます。これがもう一つのＲＥＮＥＷです。この観点からすると「イベントとしてのＲＥＮＥＷ」は、「持続可能な産地をつくる」ための一つの手段・方法として位置づけられます。

そして、先ほどから何度か出てきた（一社）ＳＯＥです。

「産業観光をメインとした持続可能な地域を作る観光地域づくり法人」として位置づけられているＳＯＥは、通年型の産業観光の推進・スクールの運営、宿泊施設の経営、イベント事業（ＲＥＮＥＷや就職・移住イベント等の運営）、産業観光メディア（Ｃｒａｆｔ Ｉｎｖｉｔａｔｉｏｎ）の運用、鯖江市のふるさと納税業者受託を主な事業としています。また、２０２５年には第2種旅行業の免許を取得し、自ら国内で募集型の企画旅行を実現できる体制となっています。人員面では、地元企業の代表複数人が理事となり、スタッフは若手の県外移住者と地元出身者が半数ずつで約10名、そして、インバウンド観光対応を担う外国人スタッフも活躍しています。

つまり「イベントとしてのＲＥＮＥＷ」を一事業として、その他の産業観光事業を通年で展開する「産地の持続可能性を高める活動体・プロジェクトとしてのＲＥＮＥＷ」の組織化と言えるでしょう。

「イベントとしてのＲＥＮＥＷ」の立ち上げと成功、事業者の意識改革。期間限定のＲＥＮＥＷ事務局から、「産地の持続可能性を高める活動体・プロジェクトとしてのＲＥＮＥＷ」を推進する恒常的な組織（ＳＯＥ）への展開と新たな事業展開。

「工芸産地ツーリズム」の取組みが、ここまで総合的に発展し、産地の変革に結び付いている例は他にはありません。もちろん工芸産地によって歴史・文化的背景や産業分野、置かれている条件は異なりますので、ＲＥＮＥＷの方法論をそのまま他の産地に当てはめることはできません。しかし、大事なのはたった10年間で様々なしがらみの多い工芸産地がポジティブに大きく変わったことです。この変化を伝統的ではないとして否定することはできないでしょう。越前鯖江地域には、工芸産地の現在と将来のあり方を考えるヒントや示唆がたくさん詰まっています。ぜひＲＥＮＥＷを訪れてみてください。

RENEW開催会場の外観

工芸以外のプレイヤーによる取組み

前述の2つのパターンは、単独であるか複数（地域単位）であるかの違いはありますが、いずれにしても工芸事業者が中心となった取組みでした。

では、どの工芸事業者でも自社ブランドを作って販売まで行えるかといえば、それは難しく、どの工芸産地でも産地一体型のイベントを行えるか、といえばそうでもありません。やはり多くの工芸産地・事業者にとって、顧客との接点を直接持つような事業展開やプロジェクトを継続的に実施するのは簡単なことではありません。

そのとき、工芸産地・事業者と消費者の間に立って、消費者に対しては工芸の価値（情報）を伝え、工芸産地に対しては消費者のニーズをくみ取り、伝えながら、「工芸」と「ツーリズム」を組み合わせた新しいビジネスを生み出していく、このような機能を持つ存在にスポットライトが当たっています。それが地域自体やモノ・サービスの価値を高めることを目的とした「地域商社」と言われる存在です。

とはいえ、これだけではなかなかイメージが湧きにくいと思いますので、ここでは地域商社の代表的な事例として（株）うなぎの寝床と（株）UNAラボラトリーズを紹介します。

Case 9

うなぎの寝床／ＵＮＡラボラトリーズ

２０１２年に福岡県八女市で創業した（株）うなぎの寝床は、地域文化を現代的に解釈・編集した「ものづくり」やその製品の販売を手掛ける「地域文化商社」です。久留米《くるめ》絣《かすり》によって作られた作業着（もんぺ）を現代的にリメイクした「ＭＯＮＰＥ」は、２０１４年の発表以来、今も人気が続くロングセラー商品となり久留米絣の再生に大きく寄与しています。また、福岡県八女市と福岡市等に展開する直営店舗では、自社オリジナル製品の他にも、セレクトした全国各地の工芸品を取り扱っており、作り手の魅力を伝える情報発信拠点となっています。そして、２０１９年には同社を中心として、九州の文化ツーリズムに取り組む（株）

ロングセラー商品ともなった「MONPE」

ＵＮＡラボラトリーズを設立、「工芸」と「ツーリズム」を有機的に結び付けた地域づくりを進めています。この2社の活動は多岐にわたりますが、丁寧に見ていきましょう。

地域商社とは？

先ほどから「地域商社」という名称を用いてきました。まずはこれを説明しましょう。

２０１４年に政府では地方の人口減少や地域経済の衰退傾向に対処するため「地方創生」を掲げた一連の地方創生政策の展開を始めました。具体的には、内閣府に地方創生本部が設置され、「まち・ひと・しごと創生法」が成立、この法律に基づき「まち・ひと・しごと創生総合戦略」や「まち・ひと・しごと創生基本方針」を策定、そして政府が地方創生推進交付金などの制度によって全国各地の取組みを支援するというものです。

このような地方創生施策のうち、２０１６年に策定されたまち・ひと・しごと創生基本方針で、地域の観光振興をけん引する「日本版ＤＭＯ」と並び「地域資源の市場開拓の司令塔」である「地域商社」の設立・支援が重要な取組みとして挙げられました。「地域商社」はそれまでも一部で使われていた言葉でしたが、ここで初めて政策的に位置づけられたのです。

この背景には、全国各地に潜在力のある様々なコンテンツ（地域資源）があっても、それらがマーケットで評価されていないために、十分に流通していない、経済的な価値を生んでいないという課題認識がありました。この課題の解決策として挙げられたのが、地域でマーケティングを担う主体「地域商社」です。この課題認識や解決案は工芸産業にも通じるものと言えるでしょう。

そこで、「地域と地域産品のマーケティングを担う地域発の主体・プロジェクト」（DBJが2018年に公表したレポートでの定義です）としての地域商社に関心が高まり、2017年の地域未来投資促進法でも地域の成長分野の一つとして挙げられるようになりました。

このような経緯で全国の自治体が出資して設立された第三セクター的なものや、地域金融機関が主導するもの、民間が主体となったもの等、様々な地域商社がこれまで設立されています。

うなぎの寝床 〜地域文化商社としての活動〜

（株）うなぎの寝床は、2012年に福岡県八女市で創業者である白水高広氏が中心となって設立した「地域文化商社」です。「地域文化商社」は白水氏が生み出したコンセプトであり、「地域文化」を研究・解釈し現代活用の方法を探り、その結果を「商社」として現代社会へ変換し経済循環を生む、これにより地域文化をより豊かに、持続可能にする——という地域に文化・経済の理想的なサイクルを作る事業体を指します。先ほど「地域商社」について言及しましたが、このコンセプトが政策的に取り上げられる前から、先んじて地域に求められる商社機能について考え抜かれたものと言ってもいいでしょう。

うなぎの寝床の主な事業は、工芸をはじめとした製品の販売（小売店舗・EC・卸売）と地域資源を活用した製品の企画・開発（ファブレスメーカー）の2つです。

まず、地域資源を活用した製品の企画・開発についてです。

同社では地域の様々な分野の生産者やメーカーと連携したオリジナル製品を開発してきましたが、その代表的なものが２０１４年に発表した「ＭＯＮＰＥ」（もんぺ）です。

戦前に作業着として生まれた「もんぺ」の多くは、八女市を含む筑後地域で古くからある久留米絣を使って作られていました。しかし、時代の変遷とともに、作業着としての需要はなくなってしまい、久留米絣自体の生産量も激減してしまいました。

このような歴史や現状を踏まえ、「もんぺ」を同じく作業着をルーツにするジーンズになぞらえて「日本のジーンズ」として解釈し、デザイン（スリム化・カラフル等）を付与して商品化したのが、このＭＯＮＰＥです。

従来の「もんぺ」が持つ機能的価値をさらに高めるとともに、文化的・経済的価値を付与したＭＯＮＰＥは、アパレル不況の中でも大ヒットとなり、いまや久留米絣の産地を支えるほどの商品になっています。

また、ＭＯＮＰＥの型紙を活用して、例えば広島県福山市のジーンズなど地域外とのコラボレーションも進めています。久留米絣に始まりながら、型紙を起点に一つの産地に限定されず、他産地とも連携する。これは工芸における製品開発の新しい解法の一つではないでしょうか。

もう一つの製品販売については、うなぎの寝床の地元である八女市内に2つの旧家（旧寺崎邸と旧丸林本家）を改装した店舗が中心的な拠点となっています。前者は「地域文化を伝える・買える博物館のような店舗」、後者は「地域文化を体感するギャラリー」という位置づけです。

そして、近年はこの販売拠点を徐々に都市部へ広げるとともに、他地域にも同社のコンセプトを波及させるための店舗展開を進めています。

都市部への拡大としては、２０２２年と２０２３年は連続して福岡市内の商業施設に出店、そして２０２４年には下北沢、２０２５年1月には池袋千川と東京にも新店舗を開業しています。どうしても八女だけではマーケットが限定され、認知を高めることに限界があります。都市部への出店によって、自社はもちろんですが、地域の工芸メーカーの販路拡大や認知向上を実現する役割を果たすことが目的です。

また、２０２３年には愛媛県大洲市にも新店舗をオープンしています。大洲城での城泊や歴史ある街並みの保存・活用によって、大洲は世界的にも注目される観光地となっていますが、同社はこの大洲で四国や瀬戸内のものづくりを発信する拠点として店舗を位置づけ、地元の観光ＤＭＯとも連携した活動を行っています。

こうして現在は八女市内の2店舗に加え、福岡（2店舗）、東京（2店舗）、大洲（1店舗）の計6店舗を展開。もちろん同社のＥＣサイトも充実しており、全国的に多くのファンを獲得しています。

ＵＮＡラボラトリーズ ～工芸とツーリズムの接続～

うなぎの寝床は２０１２年の創業以来、小売店舗・ＥＣ等での地域

八女市内の店舗
（旧丸林本家）
Ⓒ藤本幸一郎

産品の販売、MONPEのような新たな視点からのものづくり等で成果を上げてきました。しかし、その中で白水氏は「このような事業だけでは、『作り手』の魅力が『使い手』に伝わりきらない、『使い手』にとって地域のことが自分ごとにならない」というジレンマを感じていたと言います。

そこで、2014年から東京・福岡を拠点にシンク・アンド・ドゥタンクを掲げて活動する（株）リ・パブリックと、その解決方法の議論をスタートします。そして最終的に、商品開発や販売において地域文化を生活者に発信するだけでなく、生活者の行動や意識を変えるため、消費者が実際に地域に訪れるようになる仕組みづくりが必要との結論に至りました。つまり「ものづくり」に加えて「ツーリズム」が必要ということです。

こうして2019年にうなぎの寝床とリ・パブリックは共同で（株）UNAラボラトリーズを設立。UNAラボラトリーズは、うなぎの寝床による『「もの」を通した地域文化の伝達』に対し、『「体験」を通した地域文化の伝達』をミッションとして、九州の文化ツーリズムを

UNA ラボラトリーズが描く九州・福岡を拠点にした文化ツーリズムマップ

推進しています。

日本では旅行業を営むには免許が必要です。その中でも広域でツアーを造成し販売するには、第2種旅行業の免許取得が不可欠となりますが、取得にはかなりの資金が必要になります。そのため、各地の観光DMOや地域商社で取得しているところは少ないのが現状です。UNAラボラトリーズはこの第2種旅行業免許を取得しています。これが同社の強みでもありますが、それ以上にミッションにかける熱意や強い意志を感じます。

では、どのような事業を行っているのでしょうか。以下では主な事業を3つ紹介します。

①九州の地域文化をより深く知ることができるメディア

九州の地域文化をリサーチし、深く掘り下げ、その成果として、トラベルデザインマガジン「TRAVEL UNA」を刊行しています。マガジンのテキストは日本語に加え英語でつづられるなど、インバウンドに対する情報発信も強く意識されています。

②九州の文化ツーリズム

九州における工芸や食をはじめとする「作り手」のもとを生活者が訪れ、製造現場の見学だけでなく、ワークショップなどの体験を通して、五感で地域を知り、楽しむ――このような九州のものづくり・風習・食文化・歴史等の地域文化について、独自の切り口でツアーを企画する文化ツーリズムのスタイルを提案しています。

この文化ツーリズム（ツアーの企画・造成）には2つの方向性があります。一つは「作り手」と共同して作る着地型ツアー（オプショナルツアー）、もう一つは顧客の依頼に応じて作るカスタムツアーです。

前者の着地型ツアーについては、例えば久留米絣の織元での工場見学や体験がありますが、そのツアーの作り込みは独特で、非常に高い水準のものとなっています。

工場見学をコンテンツとする着地型ツアーは全国的に行われていますが、多くの場合、工場・工房ごとに自分で内容を考え案内するので、事業者の能力や熱意によって、ツアーの質はまちまちになりがちです。素晴らしいものもあれば、今一つのものもあるのです。

一方、UNAラボラトリーズの場合は、ものづくりの工程を見せる順番・内容、その説明の仕方も作り手とUNAラボラトリーズの担当者が協働で作り上げます。

これによりツアーの質のばらつきを回避し、高水準のツアーを作り上げていることが、UNAラボラトリーズが提供する着地型ツアーの最大の特徴です。そして、この着地型ツアーは、UNAラボラトリーズのウェブサイトや、次に紹介する宿泊施設に泊まる人への提案などによって販売されています。いわゆるオプショナルツアーの販売方法です。

もう一つのカスタムツアーは、主に工芸やデザインに関心の高いインバウンド客のグループ旅行に対応するものです。うなぎの寝床もUNAラボラトリーズもスタッフには、英語・中国語ができ、さらに文化人類学を専門に学んできたといったように、高い知的水準を求めるインバウンド客に対応できる人材が豊富に揃っています。このようなスタッフが企画し実際に案内することで、高い知的欲求を持つインバウンド客が満足できるツアーを実現しています。これも他地域ではなかなか見られない、大きな強み・特徴と言えるでしょう。

そして実際のツアー実績としては、前述の2つとも、国内よりも海外からのインバウンド観光客のほうが多く、ツアーのコンテンツに対する関心も高いということです。ここに今後の「工芸産地ツーリズム」が向かうべき方向性が表れているのではないでしょうか。

③物も文化も含めて体感できる宿泊施設

マガジン・ツアーを「点」のツーリズムとすると「面」は滞在型のツーリズムとなります。この滞在型ツーリズムの拠点として、八女市内に古い町家をリノベーションした宿「Craft Inn 手[té]」を2021年10月にオープンしました。ここは九州の手仕事を現代の暮らしに合わせて再編集した宿で、「藍」「竹」の2つの工芸が各部屋に表現されています。

前述の着地型ツアーは、UNAラボラトリーズのウェブサイトからも販売されていますが、スタッフから宿泊客への提案というルートでも販売されています。ツアーについてインバウンド比率が高いと先ほど述べましたが、この宿泊施設も同じく海外からの旅行者のほうが多いという状況で、スタッフが提案することで着地型ツアーにも参加する宿泊客も増えてきており、狙い通りの効果が生まれています。

「Craft Inn 手[té]」の工芸が表現された宿泊施設。写真上が「藍」、写真下が「竹」
©藤本幸一郎

これからの「工芸産地ツーリズム」へのヒント

うなぎの寝床にもUNAラボラトリーズにも共通する強みは、工芸をはじめとする地域文化に対する深く広い調査・研究力、そしてその結果を現代的なコンテンツに変換する解釈・編集力と言えるでしょう。さらに、ツアー・宿泊ともにインバウンドが多いということは、英語等の海外言語でも表現できているということです。

これを可能にするのは、もちろん両社に所属する人材の能力です。海外での勤務経験がある、アカデミックな修練を積んでいる、デザインやクリエイティブ領域で豊富な経験を持つなど、多士済々の若いスタッフが仕事をしています。この人材が両社の強みを支える競争力の源泉です。

では、これはこのうなぎの寝床やUNAラボラトリーズだけの特殊なことでしょうか。地方だから、優秀なクリエイティブ人材がいないというのはよく聞く話ですが、地方にも多様な経験や能力を持ち、さらに「地域」「工芸」「ツーリズム」について強い関心を持つ若者はたくさんいらっしゃいます。が、両社のように自分の持つ能力を発揮できる場所が少ない。これが大きな問題です。そして、この問題は視点を変えれば、巨大な可能性とも見えてくるのはないでしょうか。

工芸事業者も能力を活かすことのできる事業や活躍の場を作ることができれば、新しい事業を担う優秀な人材を呼び込むことはできるのです。もちろんすべての工芸事業者や地域商社がこのような人材を雇用し確保できるかと言えば難しいところもあります。このような場合でも、例えば各地の大学には歴史・文化を研究する人はたくさんいますし、様々な海外言語に通じた人も当然いるでしょう。デザイン・クリエイティブ領域に知見・経験を持つ人も、特に県庁所在地のような都市には必ずいると言ってもいいでしょう。

これら組織・人々と連携することで、「ものづくり」における製品開発やブランディングがそうであるように、「工芸産地ツーリズム」についても、高い知的関心を持つ人やインバウンドに対応したツアーやコンテンツの作り込みを行っていくことが、これから重要になると思われます。

良質な地域文化の情報をリサーチ・発信し、その地域文化を体験できるツアーを提案、さらに地域文化を表現した宿を提供し、滞在型の文化ツーリズムを実現する。「工芸」と「ツーリズム」を有機的に連結したうなぎの寝床とUNAラボラトリーズによる取組みは、実践的にも理論的にも国内で最も充実した「工芸産地ツーリズム」の一つであることは間違いありません。全国の工芸産地は、今後、この事例から多くのヒントを学んでいくことになるでしょう。

Column

（一社）日本工芸産地協会と日本工芸産地博覧会

（一社）日本工芸産地協会（代表理事会長：（株）能作代表取締役会長能作克治氏）は、全国各地の工芸産地を代表する工芸事業者約20社が参画する団体です。2017年の設立以来、工芸産業の現状や将来についての研究・情報発信や勉強会、カンファレンスなどイベントの開催を行ってきました。

この日本工芸産地協会が主催する国内最大級の工芸体験イベントが「日本工芸産地博覧会」です。2021年に第1回、2023年に第2回、それぞれ大阪の万博記念公園を舞台に開催しました。コンセプトは「工芸と産地、この体験が今と未来をつなぐ」です。

全国各地の工芸産地では、人を呼び込むこと（ツーリズムとの連携）の重要性への理解が高まり、「工芸産地ツーリズム」を活発に展開されようとするトレンドができつつあります。そして各産地の訴求価値は、ものづくりの体験を通じ、同じ時間をすごす人とのかかわりを介してその土地の歴史や文化、感性を深く学べるところにあります。

一方で、多くの人々（一般消費者）にとって、仮に興味があったとしても全国の様々な地域に実際に訪れることは、なかなか難しいものです。そこで、もし多くの人が住む都市部に全国から工芸事業者が集まってものづくりの様子を見せ、来場者はその体験ができ、製品の購入もできたら、これは工芸産地にとっても、都市部の人々にとっても一つの理想的なイベントになりうる。またここでの認知は人々が実際に工芸産地へ足を運ぶきっかけになろ。このような考えから、「日本工芸産地博覧会」を実施しています。

このイベントの特徴は、万博記念公園内お祭り広場という1ヘクタールを超える広大な会場に、日本各地から集まる工芸産地コンテンツの本物感、すべての出展社が来場者へのものづくり体験を提供することで、一つの大きな工芸産地をかたちづくったことです。これまで開催した2回ともに、イベントの趣旨に賛同した50を超える工芸産地が集まり、開催期間中（3日間）の来場者は1万人を超えています。「工芸」というものの魅力と、それに対する一般的な関心の高まりを実感できる結果と言えるかと思います。

現在、工芸産地の魅力をさらに広く伝えるため「工芸を旅の目的地へ」を目指し、海外から工芸産地への誘客も視野に、2025年大阪・関西万博の会場内でのイベント開催に向けた準備を始めています。国内外に工芸のすばらしさを伝え、産業として発展できるよう今後も取組みを進めますので、ぜひ2025年万博会場においでください。皆さんとお会いできることを楽しみにしています。

【（一社）日本工芸産地協会　原岡知宏】

写真左右ともに／万博記念公園で開催された日本工芸産地博覧会の様子

3. まとめ：「工芸産地に人が訪れる」ことの効果

本章では「工芸」と「ツーリズム（観光）」の関係性において工芸産地・事業者が自らツーリズム「工芸産地ツーリズム」に取り組むようになったことをブランド論からアプローチして議論を進めてきました。では、実際に「工芸産地に人が訪れる」ことは、工芸産地・事業者のブランディングにどのような効果を及ぼしているのでしょうか。紹介した事例が生み出した影響を踏まえ、ブランド論から考えていきます。

このとき下敷きにするのは、「アウターブランディング」と「インナーブランディング」という考え方です。

「アウターブランディング」とは外部に向けたブランディングです。企業で言えば、社外の顧客向けに自らのブランド資産の価値を高め、経済的な利益を生み出すことを目的とする施策で、一般的な「ブランディング」のイメージと同じものです。一方、「インナーブランディング」は内部に向けたブランディングです。企業が社内の社員向けに自社のブランドについて誇りを持ち、自律的・自立的に行動することを促す施策のことです。社員が積極的に仕事をすれば、結果的に外向けのブランド価値の向上にもつながりますので、この2つはブランディング施策において車の両輪となります。

これらを「工芸産地ツーリズム」に当てはめて、「工芸産地に人が訪れる」ことによる工芸産地・事業者への効果を整理していきます。

ちなみに、このようなアウターブランディングとインナーブランディングによる整理は、RENEWの企画・運営に携わる（同）TSUGI新山氏とRENEW実行委員会で長く事務局長を務めた森一貴氏から示唆を得たものであることを明記しておきます。

アウターブランディング：工芸産地の資産価値の向上

本章でブランド論を整理した際に、ブランディングを「資産としてのブランドの価値（顧客からの評価・イメージ・愛着）をコンセプトやストーリーによって維持・向上させ、資産が生み出す価値（売上や利益）を最大化する」ものとしました。これはアウターブランディングそのものとも言える定義です。

これをもとにすると、事例で見たような例は、実際に多くの人が工芸産地に訪れる結果を生んでいるので、アウターブランディングに成功していると言ってよいかもしれません。特に継続的に人を呼び込むことができている、消費単価が高い旅行者を獲得できているということであれば、それは産地のブランド価値が高く認められていることの証として捉えてよいでしょう。

しかし、それでは話があまりにも簡単ですので、もう少し考えてみましょう。

ブランディングは「資産としてのブランドの価値をコンセプトやストーリーによって維持・

向上」することが重要でした。このときカギとなるのは「コンセプトやストーリー」の部分です。

事例として紹介した工芸事業者の取組み、工芸産地単位のイベントには、それぞれ従来の工場見学や産地イベント等のイメージを覆す新たなコンセプト・ストーリーが構築されていることが見て取れます。また、地域商社によるツーリズムの取組みでも歴史・文化的な文脈を現代的な視点から再構成・再編集し、マーケットに提供していることが大きな特徴となっていました。

これは商品開発にも通じることですが、「工芸産地ツーリズム」というコンテンツづくりにおいても、従来の物見遊山的な観光コンテンツづくりから抜け出し、より深く工芸の歴史・文化的な背景を学べたり、ものづくりの現場に近づくことや実際にものづくりができたりと、人々が地域を訪れたときにぜひ一度は体験してみたいものを、綿密に作り込むというコンテンツづくりが行われています。

また、集客施設やイベントデザインについても、現代的なデザインが導入されており、工芸だけでなくデザインに関心を持つ多くの人々に訴求するものとして設計されています。

つまり、新たな視点から現在のマーケットに合った形で編集し、従来の「産地ブランド」「企業ブランド」が持ってしまった負債（古臭い・疲弊している等のマイナスイメージ）を資産（デザイン性が高い、おしゃれ等のプラスイメージ）としてブランディングし直している（リブランディングしている）という点が非常に重要です。

「工芸産地ツーリズム」は単に工場に見学者を受け入れる、イベントを開催するというだけではなく、新たな視点から「産地ブランド」「企業ブランド」を再編集し、新たなコンセプト・

ストーリーによって資産価値を向上するための取組みなのです。

したがって、コンセプト・ストーリーを生み出す主体が何よりも重要となります。これは例えばＲＥＮＥＷでは新山氏が、燕三条 工場の祭典では山田遊氏が中心的な役割を果たしました。うなぎの寝床では創業者の白水氏が重要な役割を果たしてきました。

新山氏・白水氏は産地内（といってもお二人とも移住してきた方々です）、山田氏は産地外（東京）のクリエイティブディレクターですが、工芸や産地への理解が深く、新たなコンセプト・ストーリーを生み出す能力を持つ存在をいかに工芸産地・事業者が受け入れ、協力体制を作ることができるかが、「工芸産地ツーリズム」の成否を分ける分岐点になるでしょう。

インナーブランディング：工芸産地における産業構造の変化

新たな「工芸産地ツーリズム」の取組みによって、「産地に人が訪れる」ようになると、産地内にいる工芸事業者の意識も変わっていきます。

従来、工芸事業者の大部分は下請け的であったり、消費地から注文を受けるだけだったりするので、直接一般の消費者と接点を持つことはありませんでした。それは自社でブランド展開するような工芸メーカーも一緒で、消費者と接点を持つのは販売サイドの人であり、製造を担う職人にとっては、やはり一般消費者は遠い存在でした。

しかし、工芸メーカーの製造現場に人が訪れることで、職人の意識は変わります。見学を受け入れた当初は、製造現場に他人が立ち入ることを嫌っていた職人も、実際に見学者がその技術に驚き、賞賛する姿を目前にすると、自らの仕事への自信や誇りが生まれてきます。

誰でも自分の仕事を褒められて嬉しくないわけはありません。しかし、そのような機会は以前にはほぼなかったのです。そしていつの間にか見学者がいないと少し寂しいというところまで意識が変わってきます。これは実際にオープンファクトリーを実施している事業者からよく聞かれる声です。

これは経営者も同じです。自社の技術やものづくりに対する一般の人々からの評価を実感すると、経営のあり方も変わってきます。また、同じ産地内でブランド化に成功している事業者からも刺激を受けると、自社でもオープンファクトリーを常設化したり、ファクトリーショップを開設したり、新製品開発を始めたりと、一般消費者を意識した新しいチャレンジに踏み出していくのです。これらは燕三条地域や越前鯖江地域で現実となっています。

このように「工芸産地ツーリズム」によって、自らのものづくりを自分で再評価し自信を持ち、一般消費者にきちんと向き合った事業展開を行うようになる、そのような事業者が増えてきたことが「インナーブランディング」の成功と言えるでしょう。そしてそれは従来の産地構造から、新たな産地構造への変化を呼び起こすのです。

地域全体のブランディングへ ～工芸を中心とした観光地域づくりへの波及～

「工芸産地ツーリズム」は工芸をメインコンテンツとして工芸産地をディスティネーション（旅の目的地）とする取組みですが、訪れる人は工芸だけを楽しむわけではありません。地元ならではの美味しい食事を楽しみたいし、自然も満喫したい。工芸やデザインに関心のある人ですから、宿泊施設も古民家や旧家をリノベーションしたものがあれば、そちらに泊まりたいというニーズがたくさんあります。これを実現しているのが、うなぎの寝床の取組みと言えるのですが、そうなると単に工芸というより、工芸を中心とした観光地域づくりと位置づけられる地域活性化の方向性が見えてきます。

さらに歴史や文化的な背景を強く持つ工芸は、日本文化に関心の高い欧米からのインバウンド客や、何度も日本に来ているアジア圏からのリピーターに対しても十分に訴求力のあるコンテンツです。これもうなぎの寝床が証明しています。

「産地」や「企業」に関するブランディング施策としての「工芸産地ツーリズム」から、食・自然・宿泊などを含めた地域全体のブランディングへ。「工芸産地ツーリズム」の可能性はこれからさらに広がっていくのではないでしょうか。

第５章

改めて工芸の海外展開を考える

本章のタイトルの冒頭に「改めて」と付けたのはほかでもありません。第2章で述べたように明治以来の「産業としての工芸」は「輸出産業」としての歴史と言ってもよいもので、政府の産業政策の中でも工芸の海外展開は重要なテーマとなってきました。しかし、1985年のプラザ合意をきっかけに輸出は大きく減少し、最近まで「輸出産業」としての姿はほとんど見えなくなってしまいました。

ところが2000年代に入り、状況は少し変わってきました。2000年代から改めて海外マーケットで販売を伸ばす事業者が出てきたこともあり、輸出額は徐々に増えてきているのです。

そこで、本章では、この新しい輸出（海外展開）の動向について整理していきたいと思います。まず、日本の工芸の国際競争力について見たのち、新たなアプローチで海外展開を進める事例の紹介、そして海外展開のポイント・論点を考えていきます。

1．世界のクリエイティブ産業と日本の競争力

日本の工芸産業が海外展開するということは、他の製造業と同じようにグローバルな競争環境の中で戦っていくということに他なりません。では、世界的に日本の工芸はどのような立ち位置にあるのでしょうか。

ここではＵＮＣＴＡＤ（国連貿易開発会議）による「Creative Economy」（以下、クリエイティブ経済）に関する報告書や統計データから把握を試みます。

世界的に注目されるクリエイティブ経済、その中の工芸産業

まず、クリエイティブ経済とは何なのか、ということから始めましょう。

１９９０年代以降、世界全体で工業化及びＩＴ化が浸透し、様々な産業分野、そして消費はグローバルに展開するようになりました。いわゆる「グローバル経済」と言われるものです。

グローバル経済の中では、多くの工業的な生産技術やＩＴ技術は、より効率的な生産を目指し、国境をまたいでいきます。世界中どこでも、ある程度同じような品質のものが作れるようになったのです。そのため、生産力と価格競争力を両立するには、比較的人件費が安く、

かつ労働力の豊富な地域に生産拠点を移すのが合理的です。

一方で、単に価格や生産力だけでは説明できない経済や産業のあり方にも注目がされてきました。現在、スマートフォンがあれば世界中の音楽や文章・映像作品、ゲームを楽しむことができます。また、モノが溢れる社会の中で、アートやデザインが製品の差別化において重要性を増しています。

つまり、商品経済における価値の源泉は、単に価格競争力や生産力だけではなく、文化的コンテクストやデザインといった「Creativity（以下、クリエイティブ）」が非常に重要になっている。このような認識のもと、ＵＮＣＴＡＤでは、経済におけるクリエイティブの役割に着目し、２００８年に「The Creative Economy Report 2008」を発表しました。

最新のレポート（２０２４年版）では、「クリエイティブ経済」を「クリエイティブや知的資本を活用したモノ・サービスの生産・流通」としており、広告、建築、アート、デザイン、音楽・映画、出版、ビデオゲーム等の製品・産業分野が含まれる、としています。

また、ＵＮＣＴＡＤは、オンライン上の統計データ集であるＵＮＣＴＡＤｓｔａｔの中に、クリエイティブ経済の項目を設けており、「Creative Goods（クリエイティブ製品）」と「Creative Service（クリエイティブサービス）」について、２００２年から２０２２年にかけて各国の貿易統計を整理しており、ここから世界各国の輸出入状況の把握が可能となっています。そして、この「クリエイティブ製品」の分類の中には、「Manufacturing of crafts and design goods（工芸とデザイン製品）」という項目が設けられており、「Carpets（絨毯）」「Fashion accessories（ファッションアクセサリー）」「Interior（インテリア）」「Jewellery（ジュエリー）」

「Toys（玩具）」「Wickerware（枝編み製品）」「Yarn（糸製品・織物）」に分けられています。

すこし複雑ですが、下に分類と2022年の貿易額と構成比を示しました。

2022年時点の「工芸とデザイン製品」全体の貿易額は4589億ドルでした。その中で、「インテリア」が1394億ドル（構成比30・4%）と最も多く、「ジュエリー」「ファッションアクセサリー」が約20%、「玩具」が約15%と続きます。

このような項目について、私たちが本書で「工芸」とするものに近いのはどれでしょうか。おそらく食器・台所用品や家具、陶磁器・木製品・ガラス製品・金属製品等を幅広く含む「インテリア」ではないかと思います。そこで、次からはこの「インテリア」を中心に数字を確認することで、世界の中での日本の立ち位置を把握していきます。

世界の「インテリア」貿易の状況

最初に世界の貿易状況についてです。

UNCTADの「Manufacturing of crafts and design goods（工芸とデザイン製品）」の分類

分類	製品内容	2022年貿易額（十億$）	構成比
Carpets（絨毯）	絨毯、ラグ等	13.8	3.0%
Fashion accessories（ファッションアクセサリー）	バッグ、財布、手袋、ベルト、ショール、スカーフ、ネクタイ、帽子、サングラス等（衣類は含まず）	104.4	22.8%
Interior（インテリア）	食器・台所製品（陶磁器・木製品・ガラス製品・金属製品等）、壁紙、置物、家具等	139.4	30.4%
Jewellery（ジュエリー）	宝石、貴金属を用いた装身具（指輪等）	109.0	23.8%
Toys（玩具）	子供用乗り物、人形、テーブルゲーム、カードゲーム等	72.1	15.7%
Wickerware（枝編み製品）	竹・籐等で編まれたカゴ・マット等	2.9	0.6%
Yarn（糸製品・織物）	レース、刺繍、編み物	17.2	3.7%
	合計	458.9	

出所：UNCTADstatにより作成

「インテリア」の貿易額は、２００２年では６５８億ドルでした。その後、２００８年のリーマンショックや２０２０年の新型コロナウイルス感染拡大の影響により短期的に落ち込むことはありましたが、長い目で見ると増加が続いており、２０２２年は１３９４億ドルまで伸びました。この20年間で約２・１倍の増加です。

他の「ファッションアクセサリー」「ジュエリー」についても同じように成長しており、２００２年からの20年間で「ファッションアクセサリー」は約２・９倍、「ジュエリー」に至っては約５・２倍もの増加を見せています。

このように工芸やデザイン関連の製品は世界的に取引量が増加している、マーケットは活性化していると見てよいでしょう。

では、世界のどの地域の輸出入が伸びているのでしょうか。まず、輸入の状況からです。

２００２年時点でも北米（主にアメリカ）と欧州が輸入の中心地域でしたが、２０２２年ではその傾向はさらに強くなり、北米・欧州はそれぞれ20年間で輸入額を2倍以上に伸ばしています。その他、アジア・中国・オセアニアの各地も輸入量は増加し、特に中国は7倍も伸びています。しかし、量的には依然として北米・欧州が中

「工芸とデザイン製品」主要ジャンルの貿易額の推移

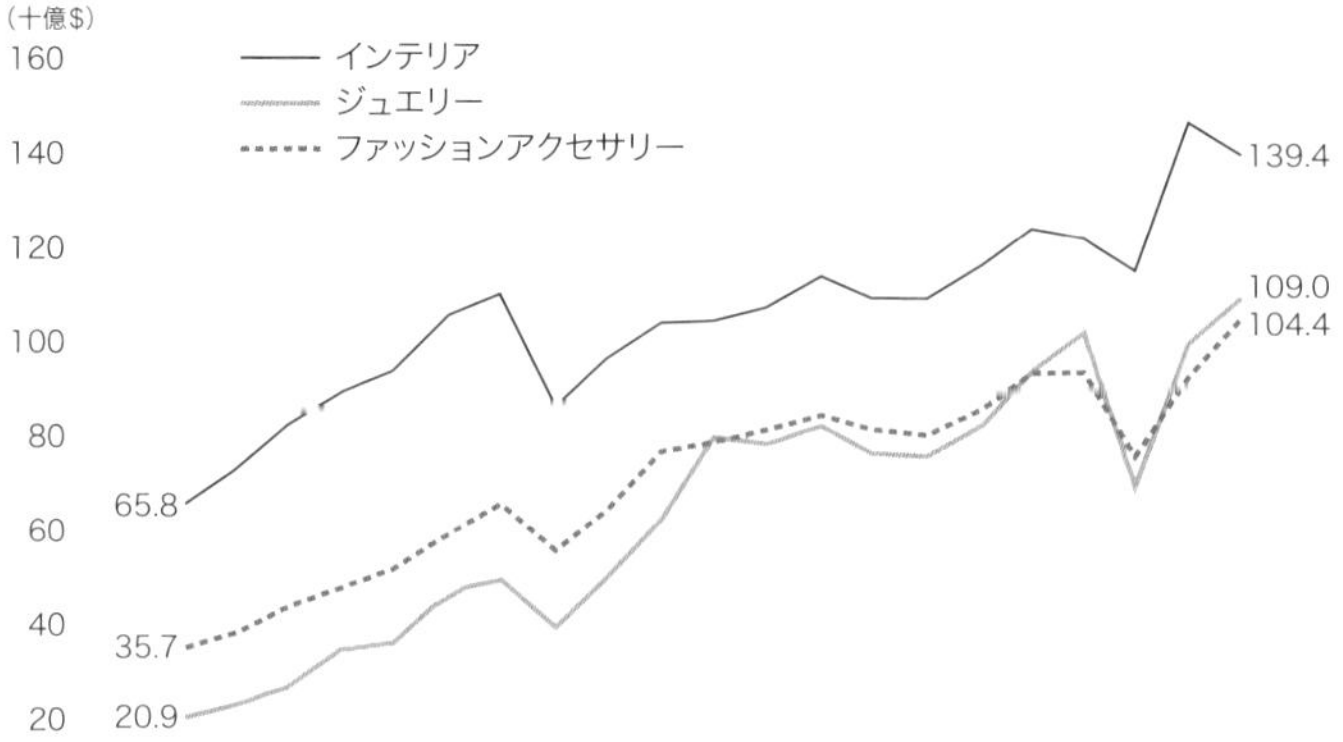

出所：UNCTADstatにより作成
※金額は各年時点でのドル換算価格（以下、同様）

心という構図は変わっていません。

　一方、輸出については、中国の成長が顕著です。

　中国の2002年時点の輸出額は98億ドルでしたが、2022年には818億ドル、8倍以上の増加です。2000年代に中国は世界の工場として生産力の強化が進み、世界中からOEM等の形で製造を受注してきました。例えば、北欧でデザインされ、中国で製造され、世界中に輸出されるということが、グローバル化する経済の中でビジネスモデルとして成立してきました。日本のSPA事業者についても同様で、中国で製造した商品が多く流通して

「インテリア」の地域別輸入額の推移

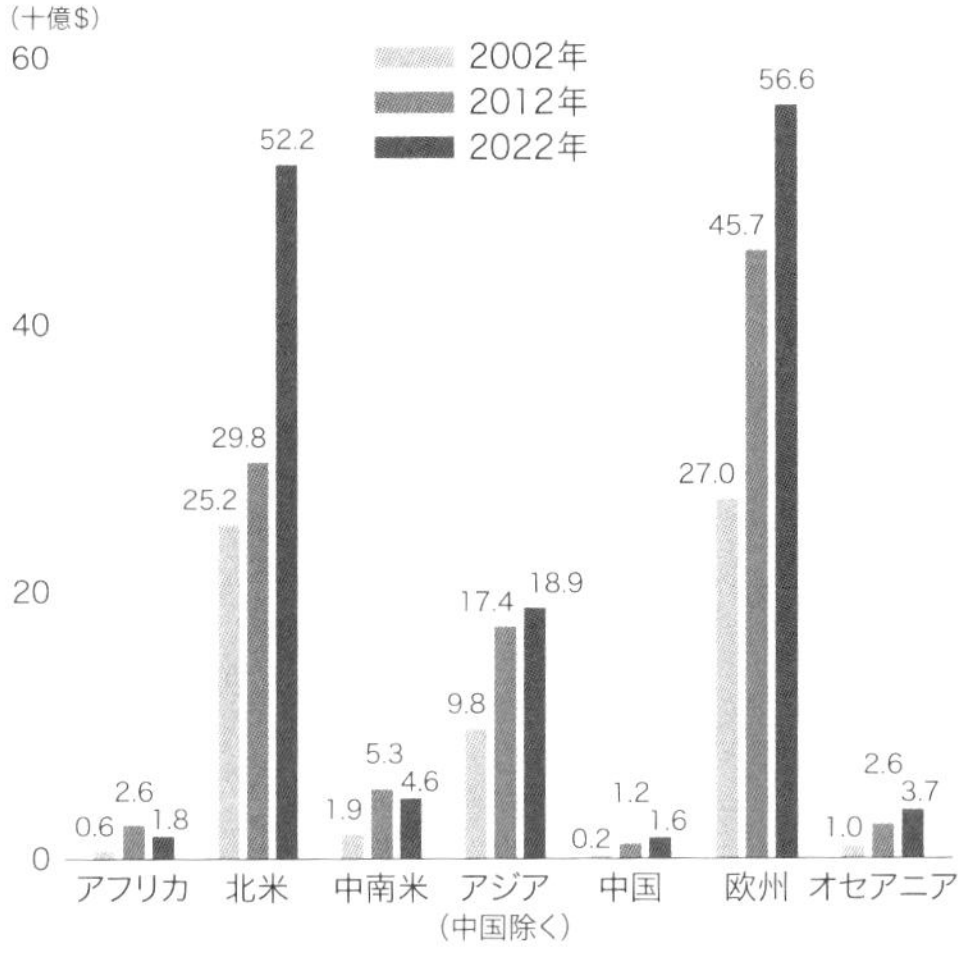

出所：UNCTADstatにより作成

「インテリア」の地域別輸出額の推移

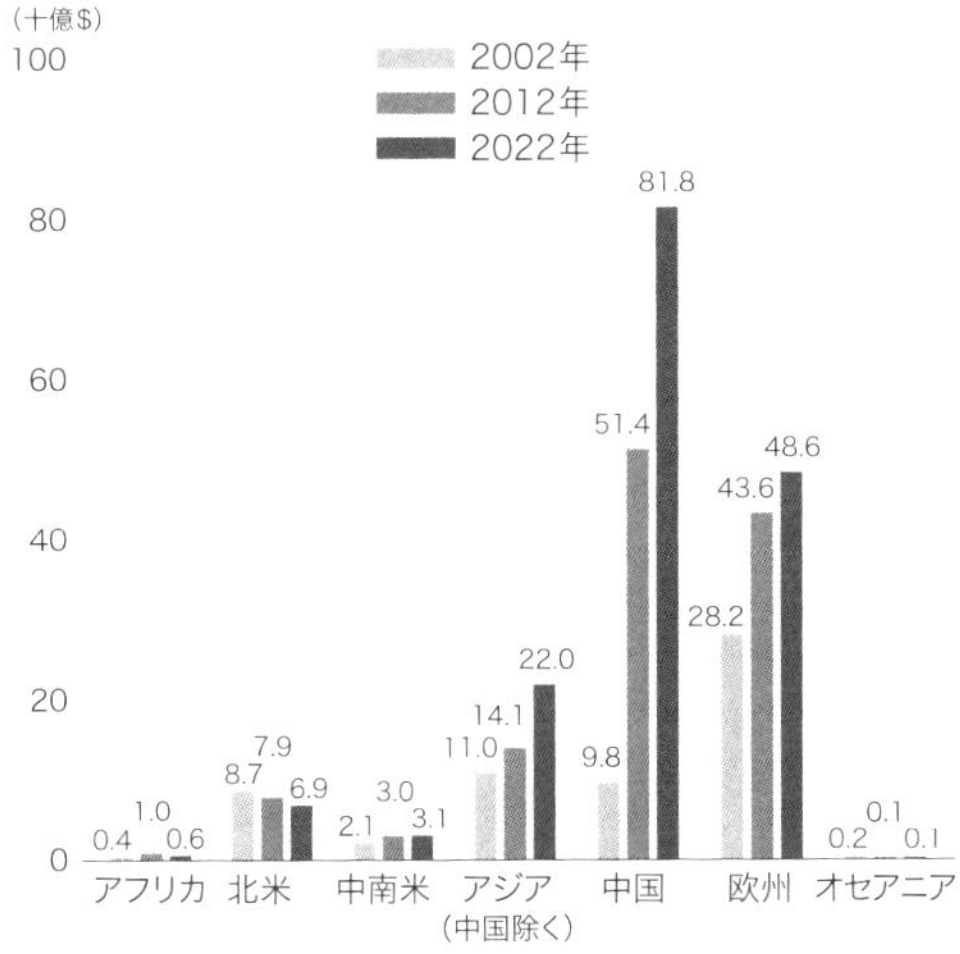

出所：UNCTADstatにより作成

います。この中国の成長が2000年代の「インテリア」の国際取引の活性化をけん引してきたと言ってもよいでしょう。

また、2002年時点では世界で最も多い輸出額（282億ドル）を示していた欧州も、2022年は486億ドルと約1・7倍に伸ばしています。2000年代は欧州の高級・ラグジュアリーブランドが成長した時期ですが、このようなブランドが海外展開を進めたことが輸出増加の背景にあるものと思われます。

日本のポジション

それではこのような国際的な「インテリア」の貿易状況の中で、日本はどのようなポジションにあるのでしょうか。

先ほど輸出の中で中国の存在感が非常に高まっていることを示しましたが、中国のようにある程度製造に特化した国との比較はあまり意味を持たないので、比較的経済成長を果たして先進国とみなされるOECD（経済協力開発機構）に加盟する38カ国の2022年データで比較していきます。

まず輸出ですが、OECD加盟38カ国のうちトップはドイツ（94億ドル）です。これにイタリア（69億ドル）、ポーランド（64億ドル）、カナダ（35億ドル）、オランダ（34億ドル）と続きます。高級ブランドといえばフランスのイメージがありますが、6位のアメリカ（34億ドル）に次いで7位（31億ドル）に位置しています。ポーランドはやや意外に思われるかと思いますが、同国は欧州における製造拠点、欧州の工場という位置づけがあり、中国のように製造を受注している割合が多いものと思われます。

日本はトップ10にも入っておらず、38カ国中20位、輸出額は5・7億ドルで、ドイツ・イタリアの1割にも及びません。輸出におけるポジションは決して高くないと言わざるを得ない状況です。

次に輸入では、アメリカが圧倒的な存在感を持ちます。アメリカの輸入額478億ドルは、OECD加盟国だけでなく、世界全体でも1位です。ちなみに世界全体の輸入額ランキングの上位14位まではOECD加盟国であり、15位に中国（16億ドル）が位置します。中国はいまや世界第2位の経済大国ですが、意外に輸入額は多くありません。

アメリカ以降は、欧米の国が続きますが、その中で、日本は7位（37億ドル）となっています。輸出と違い、輸入では日本は世界的に高いポジション、つまりは有力なマーケットであると言えます。

日本の状況

最後に日本の数字を確認しておきましょう。

本章の冒頭で輸出額が伸びていると書きましたが、「インテリ

OECD加盟38カ国の「インテリア」輸出入状況（2022年）

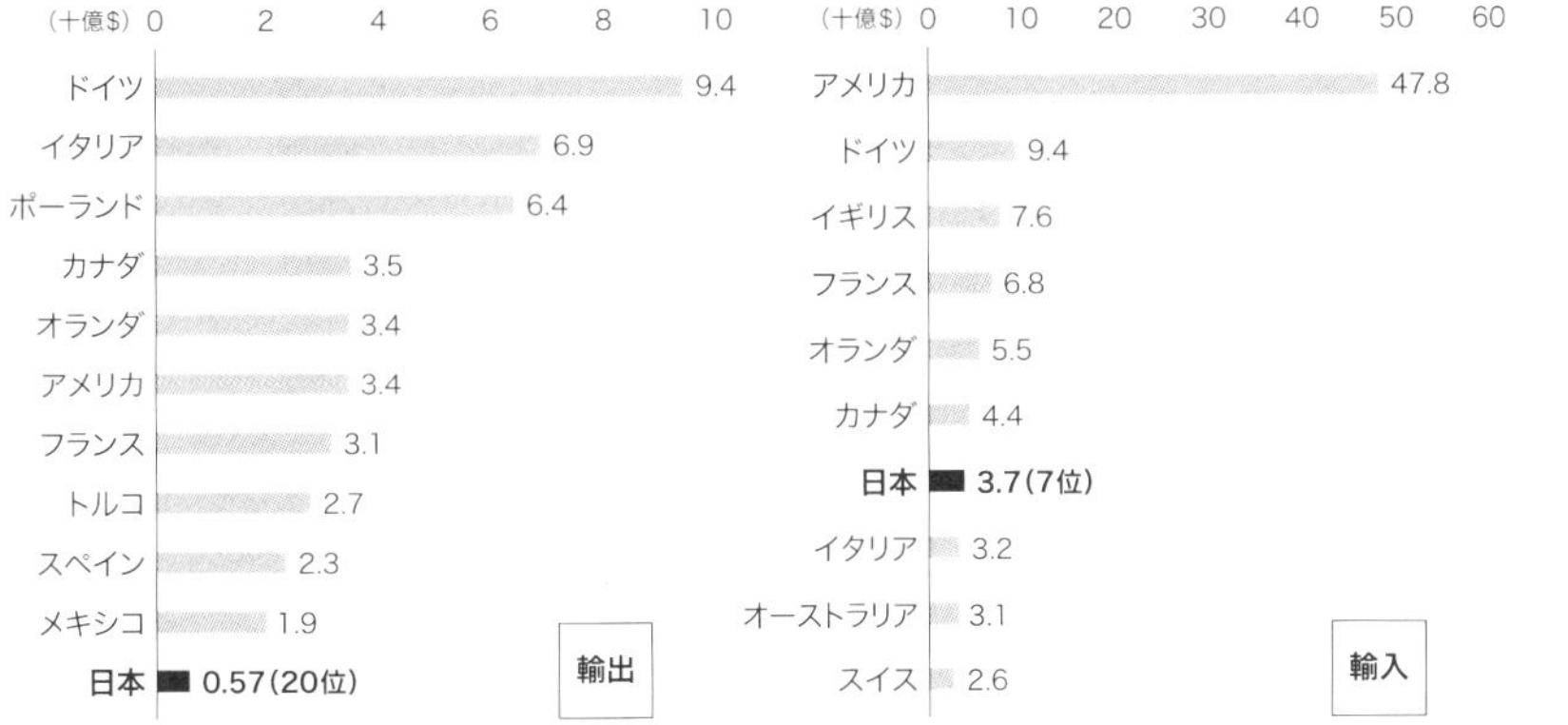

出所：UNCTADstatにより作成

ア」の輸出額は2002年の4・2億ドルから途中減少局面もありますが、2022年は5・7億ドルまで、この20年で約1・4倍に増えています。輸出は持ち直していると言っていいでしょう。

一方で輸入額は2002年の30億ドルから2012年は44億ドルまで増加しましたが、これをピークに減少に転じ、2022年は37億ドルとなっています。

いずれにしても大幅な輸入超過の状態であるのは変わりないのですが、輸出は増え、輸入は減ってきています。

では増加している輸出はどこに向かっているのでしょうか。

地域別の輸出額を見ると、中国への輸出が伸びていることが分かります。2002年時点では中国を除くアジアと北米（主にアメリカ）が主要な輸出先でしたが、両地域への輸出が徐々に減少する中、中国への輸出が急増しています。中国の経済成長に伴いマーケットとしても魅力が増してきているのです。また、量的には少ないものですが、世界的なインテリアマーケットである欧州に向けても徐々に輸出は伸びてきています。

輸入については、2000年代に世界の工場として成長した中国からの輸入額が急速に増えましたが、2012年の26億ドルをピークに減少に転じ、2022年は22億ドルとなって

日本の「インテリア」輸出入の推移

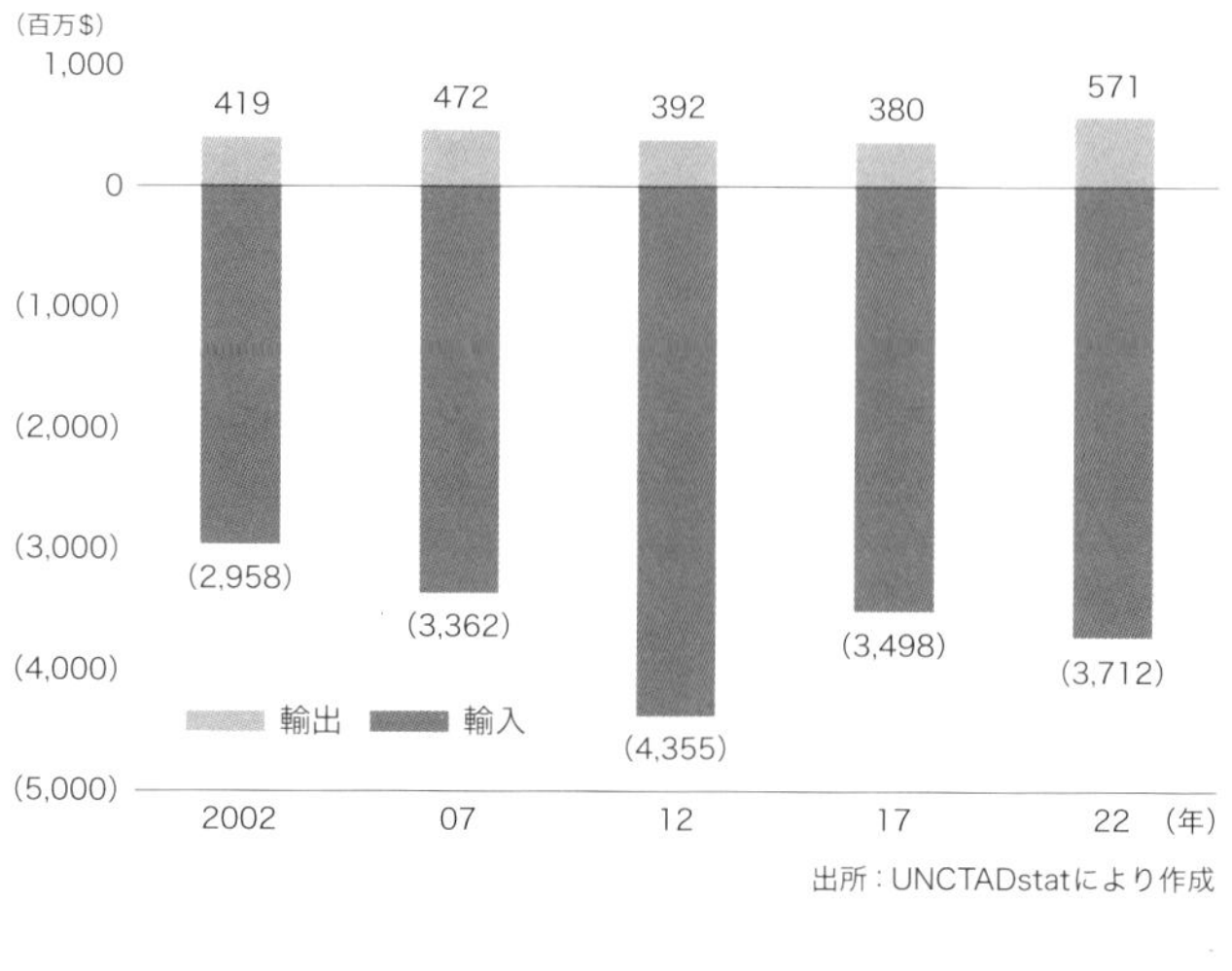

出所：UNCTADstatにより作成

います。ただ減ったとはいえ、依然として日本の最大の輸入先であることに変わりはありません。つまり、やはり中国製の製品と日本の工芸品は競争を避けられません。

その他、北米・欧州からの輸入量は減ってきています。これについては様々な要因が考えられますが、欧州の高級ブランド製品の主要な販路であった百貨店の売り場が減っていること、日本の購買力が落ちていることなどが背景にあるのでしょう。

日本の「インテリア」における地域別輸出の推移

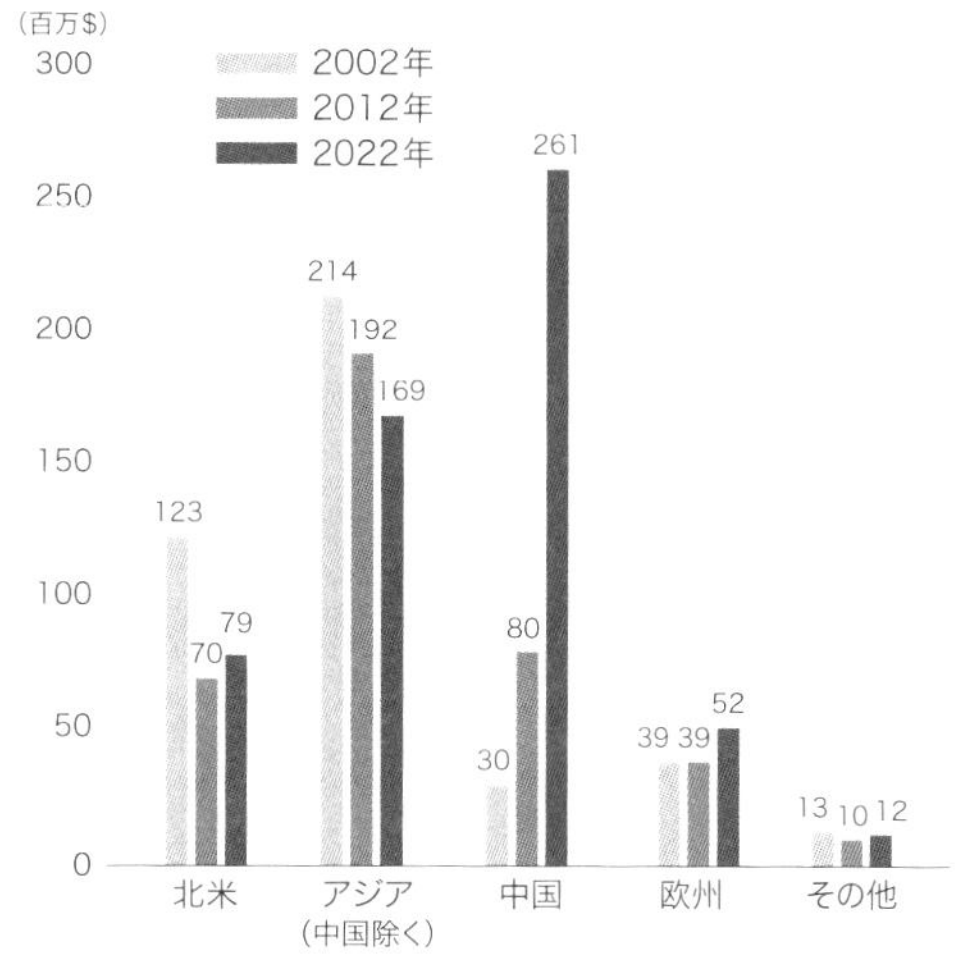

出所：UNCTADstatにより作成

日本の「インテリア」における地域別輸入の推移

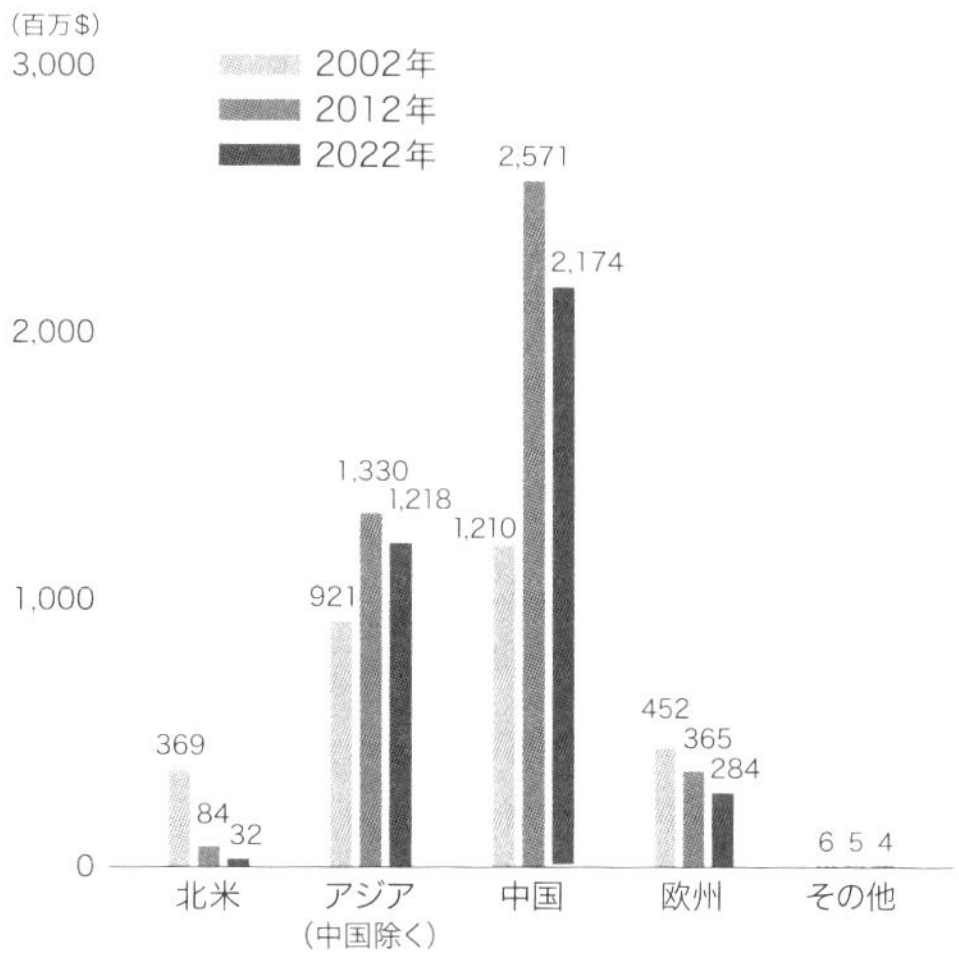

出所：UNCTADstatにより作成

「工芸」の国際競争力

さて、ここまで国際的に比較可能なものとしてUNCTADのクリエイティブ経済に関する統計データから、私たちが扱う「工芸」に近いものとして「インテリア」を取り出して、数字を整理してきました。ここから日本の工芸の国際競争力を考えてみましょう。

世界的な貿易状況からすると、日本の輸出額は近年増加傾向にあるとはいえ、欧米各国と比べるとわずかでしかない、ということが分かりました。一方で、中国からの輸入額は大きく、日本のマーケットで中国製品はやはり大きな存在感を持っています。

そうなると工芸には国際競争力がない、だから輸出はわずかで、輸入品にも押されていると判断せざるを得ないのでしょうか。ドイツ・イタリア・フランスのような競争力を持つことは難しいのでしょうか。

これは早々に判断できるものではありませんが、例えば国家ブランドランキングや旅行・観光ランキングのような国際比較調査において、日本は上位に位置づけられることが多いですし、実際に世界中から多くの外国人観光客が訪れています。映画・マンガ・アニメ・音楽等でも高い評価を得ているコンテンツはたくさんあります。ということは、文化的な事柄に対する国際的な評価は高く、日本のソフトパワーは決して弱くないと考えていいでしょう。

その中で、工芸ももちろん日本の文化的なアイコンとして評価はされていると思いますが、まだまだ国際的に見て経済的な利益を生み出すには至っていない。つまり、前章のブランドという考え方を当てはめると、日本の文化、そしてそれを表現したコンテンツである「工芸」

というブランド資産を上手く活用できていないために、「工芸」という資産が経済的な価値に結び付けられていない、と整理できるのではないでしょうか。そこで足りないのは経済的価値に結び付けるためのビジネスモデルである、というのが本章の仮説です。

それでは、どのようなビジネスモデルがあり得るのでしょうか。

次ページからは工芸の海外展開のビジネスモデルについて整理し、その後、2000年代に新たに海外展開を始め成功している工芸事業者の取組みを紹介します。

2．ビジネスモデルから考える工芸の海外展開

ここからは工芸の海外展開、そのビジネスモデルについて、特に海外のマーケットでどのように製品を流通させるのか、その流通戦略のあり方に焦点を当てて考えていきます。

輸出と海外展開

前提として、まず「輸出」と「海外展開」の違いについて確認しておきましょう。これまで「輸出」と「海外展開」という言葉を使ってきました。この2つはどう違うのでしょうか。単に日本国内から海外に製品を販売するということであれば「輸出」でよいのですが、例えば、海外に小売店舗を展開するのであれば、それは単なる製品の輸出ではなく、自ら小売事業者として海外に出ていく、つまり「海外展開」するということになります。本章ではこのような例も含んで考えるので、「海外展開」という言葉を主に使います。

この海外展開においては、実に多様な項目の検討が必要となります。

そもそも海外展開が必要なのか、どこの国・地域をマーケットとするのか、どのような製品を出していくのか、どのようにアピールするのが有効なのかなどです。これ以外にもたく

さんあるでしょう。そして事業者によって、その判断は異なり、どれが正解というわけではありません。

ただ、これら検討項目は多様で、判断は様々ですが、海外で流通をどう構築するのかという流通戦略については、一定程度の類型化が可能で、類型ごとのメリット・デメリットを整理することができます。そして、この流通戦略こそが、事業者が海外展開を進める上で最大の難関であり、成否を分けるもっとも重要なポイントとなります。

海外展開のビジネスモデル

今、日本からの食品輸出が伸びていますが、工芸品は食品と異なり鮮度や賞味期限が問題となることはなく、検疫で問題が発生することもほとんどありませんので、その点では海外展開はやりやすいほうかもしれません。

ただ、例えばドイツからフランスに輸出するのは鉄道やトラックで運べばよいですし、為替の問題はなく、商慣習の違いや言語的な障壁も少ないでしょう。それが日本からフランスとなれば、船舶や航空機で運ぶために物流コストはかかりますし、為替も大きく影響します。商慣習も違えば、もちろん言葉の問題もでてきます。これが日本国内でビジネスを完結させることとの大きな違いです。

しかし、このような違いがあるものの、工芸における海外展開のビジネスモデルは、国内でのそれと根本のところではほとんど違いはありません。

基本的には「一般消費者向け（ＢｔｏＣ）なのか、事業者向け（ＢｔｏＢ）なのか」「自社で販売チャネルを設けるのか、他の事業者に任せるのか」、この2つが流通戦略構築のポイントとなります。前者は「顧客の設定」、後者は「販売チャネルの検討」の問題です。

顧客の設定～B to CとB to B～

最初に顧客の設定についてです。

一般消費者向けのビジネスである「B to C (Business to Consumer)」は企業が個人（一般消費者）に対して行う販売形態のことです。第3章の事例で紹介したような工芸事業者は、直接一般消費者に向けて販売するD to C (Direct to Consumer) を志向しているので、B to Cが中心のビジネスモデルと言えるでしょう。また、百貨店や小売店を経由して販売する場合（いわゆるB to B to C）も、最終的には一般消費者に向けて製品を作っていくことになるので、これもB to Cに含みます。

一方で、「B to B (Business to Business)」は、企業が企業に対して商品・サービスを提供する企業間取引を指します。工芸の場合は、製品を実際に使用するのが企業である場合ですので、例えばレストラン・ホテルで食器や調度品として使われる場合や、建物の内装に使われる場合を指します。また、最終的には一般消費者向けの製品でも、製造のみを受注するようなOEMはB to

B to CとB to Bの一般的なメリット・デメリット

類型	メリット	デメリット
B to C	■潜在的な顧客数が多い(一般消費者のマーケットに訴求できる) ■短期間で売上を上げることができる ■一般消費者からのブランド認知を高めることができる	■顧客単価が低い ■中間流通を通す場合、利益率が低くなりがち ■競争が激化しやすい(他社製品への乗り換えが起こりやすい)
B to B	■顧客単価(契約単価)が高い ■顧客から直接受注することが多く、利益率が高い ■継続的な取引が生まれやすい	■一般消費者からのブランド認知が高めにくい ■製品へのカスタマイズの要求に対応する必要がある ■顧客の獲得・拡大には長期的な取組みが必要

出所：(株)日本経済研究所

Ｂに含みます。

海外展開の場合、ＢｔｏＣであれば店舗やＥＣサイトなど海外での販売チャネルをどのように構築するのかが課題となりますし、ＢｔｏＢの場合は、発注者であるレストラン・ホテルを運営する企業や建物の内装を決める建築事務所と、どのようにネットワークを築くかが課題となります。もちろんＢｔｏＣとＢｔｏＢの両方を組み合わせて海外展開することも可能ですし、実際には両方を組み合わせていることのほうが多いと思います。

販売チャネルの検討

次に流通形態のあり方についてです。これは特に海外マーケットでＢｔｏＣを志向する場合に問題となります。つまり、消費者向けの販売チャネルをどのように考えるのかという問題です。

国内であれば、「自社による直接販売」もしくは「卸売・小売事業者との取引」の2つが主要な選択肢となりますが、海外展開の場合も基本的に大きくは変わりません。ただし、海外ならではの課題もありますので、4つの類型で整理していきましょう。

①自社で小売店舗を設置

これは海外マーケットで一般消費者向けの小売店舗を自社で設

海外マーケットへの主要販売チャネル

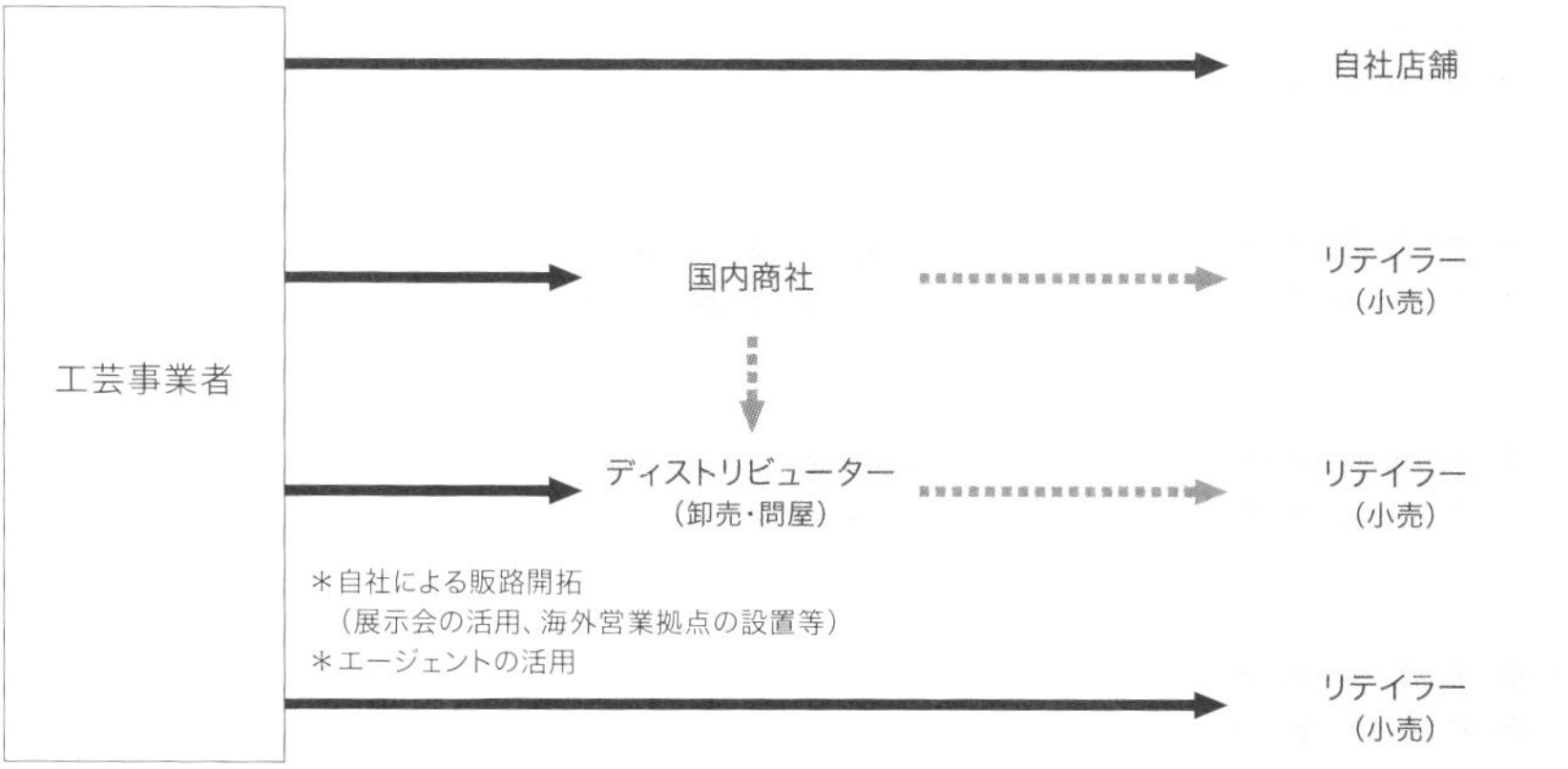

出所：（株）日本経済研究所

置する場合です。

第3章で紹介した能作は台湾に現地法人を設立し、台北市内に販売店舗を設けています。また、第4章で事例に挙げた諏訪田製作所はロンドン・香港・ブリュッセルに現地法人を置き、うちブリュッセルには店舗を置いています。このような例が代表的です。本章で後に紹介する（株）白鳳堂も米国に現地法人を設立し、ロサンゼルスに店舗を置き、ECも展開しています。

ただし、海外でのテナント料支払いや人材確保・教育など、国内以上に管理コストがかかります。国内で十分な販売実績があり、すでにある程度海外でも経験・実績がある、そして企業として体力があるという場合でなければ、リスクが高く、簡単に取り組めるものではありません。

②国内商社との取引

日本から食品を輸出する際には多くの場合、国内の食品専門商社が食品メーカーや生産者から商品を仕入れて輸出します。海外の販路を開拓するのは、この国内商社です。工芸の場合、専門の国内商社というのは少ないですが、一部の地域商社では工芸品の海外輸出を手掛けています。工芸メーカーから見ると、国内商社に販売することになりますので、通常の国内での卸売とほとんど変わらない手間で輸出することができます。ただ、商社がどこに販売しているのかは分かりにくく、工芸メーカーに海外展開の情報・ノウハウが溜まりにくいというデメリットもあります。

③海外現地ディストリビューター（問屋・卸売事業者）との取引

ディストリビューターは国内で言うところの問屋・卸売事業者です。展開先の海外マーケットで強い販売ネットワークを持っているディストリビューターと取引を結ぶことができれば、自社の製品を広く販売することが可能となります。そのため信頼でき、販売力もあるディストリビューターを見つけることが重要となります。

後ほど見る（株）百田陶園は、北欧諸国での販売を担うディストリビューターの選定に当たっては、ブランドに対する深い理解と熱意や信頼感を重視したということです。

一方で、あるディストリビューターを展開先の国で販売代理店とした場合、それ以外の販路開拓が難しくなったり、後に自社流通に切り替えることが難しくなったりということも考えられます。また、国内同様にディストリビューターへは卸値（下代）で販売することになるので、工芸メーカーの利益率はあまり高くならないというデメリットもあります。

④海外現地リテイラー（小売事業者）との取引

ディストリビューターが中間流通の立場にいるのに対して、リテイラーはその国で小売店舗を展開する事業者です。各国で有力なリテイラーと直接契約することができれば、多くの販売機会を得られるとともに、中間流通コストをかなり削減することができるので、工芸メーカーの利益率は高くなります。

ただし、1つのリテイラーと契約した場合、他のリテイラーとは契約できないのが一般的なので、取引先の選定は非常に重要です。また、そもそもリテイラーとのネットワークを得ることも非常に難しいという点も考えなければなりません。

本章の事例では、菅原工芸硝子（株）が米国においてリテイラーを中心に販路を開拓しています。

販売チャネルの開拓

自社で小売店舗を設ける、国内商社との取引で完結させるという方法以外では、海外でディストリビューターやリテイラー、ホテル・レストランと取引関係を結ばなければなりません。しかし、これが簡単にできれば問題はないのですが、実際にはこれら事業者とのネットワークを構築することがBtoB・BtoCを問わず海外展開を目指す際の最も大きな課題となります。

このときの選択肢は、「自社で開拓する」「エージェントを活用する」の2つとなります。

①自社で開拓する

工芸事業者が海外展開の取組みを始める際、最初に検討するのが国際展示会への参加です。

海外販売チャネル別の一般的なメリット・デメリット

類型	メリット	デメリット
自社小売店舗の設置	■自社ブランドの情報・魅力を直接顧客に伝えることができる ■小売価格の決定権を持つことができる ■販売が安定的に成長すれば利益率の高い事業となる	■店舗開設や運営に係るコストが高い ■販売が伸びない場合の損失が大きい
国内商社との取引	■通常の国内での卸売と同じ事業リスクで取引できる	■海外マーケットで販売力のある商社がほとんどない ■小売価格の決定権を持つことができない ■海外への販売状況等の情報が入ってきにくい
海外ディストリビューターとの取引	■力のあるディストリビューターであれは販路を広げることができる ■ディストリビューターへの販売時点で所有権が移転することが一般的であり、販売・在庫リスクの負担がない ■生産量が少ない場合でも取引することが可能	■小売価格の決定権を持つことができない ■一定圏内の独占販売契約の締結が一般的であり、その圏内では自社で販路開拓ができない ■一定量の生産・供給が必要となる
海外リテイラーとの取引	■中間流通マージンを一定程度抑えることができる(利益率が確保しやすい) ■リテイラー店舗での販売状況を把握しやすい	■小売価格の決定権を持つことができない ■小口の取引になりがちであり事務コストが比較的高い

出所:(株)日本経済研究所

工芸の場合、メゾン・エ・オブジェ（フランス）、アンビエンテ（ドイツ）、ミラノサローネ（イタリア）、ショップ・オブジェクト（アメリカ）、ニューヨーク・ナウ（アメリカ）などが主要な国際展示会となります。

このような国際展示会には、開催国内外から多くのディストリビューター・リテイラーのバイヤーやレストラン・ホテル関係者が訪れますので、多くの潜在的な顧客と接点を持つことができます。

ただし、一度どこかの国際展示会に参加したら、すぐに取引先が見つかったというようなことはほとんど起こり得ず、継続的に参加して知名度を高め、知り合ったバイヤーと粘り強くコミュニケーションを取っていく、ということが不可欠となります。また、実際に海外現地のディストリビューター・リテイラーを訪問してネットワークを強化することも必要となります。

ある程度、海外での販路開拓が進んだ場合、社運をかけて海外展開するという場合は、海外現地法人の設立や営業拠点の設置も考えられますが、ここに至るまでには一般的に非常に多くの時間と労力、そして実績・結果が必要となるでしょう。

②エージェントを活用した販路開拓

この「エージェント」は国内での販路開拓ではあまりなじみのない、海外ならではの存在とも言えます。ディストリビューターと混同されやすいのですが、こちらが日本の問屋・卸売事業者と同じであるのに対し、「エージェント」は自らのネットワークで販路を紹介・開拓することを仕事とします。海外における営業代行と考えてよいでしょう。有力なエージェントと連携できれば、ディストリビューターやリテイラーと取引を結びやすくなったり、レストラン・ホテル等からの注文が得やすくなったりします。

そのため海外展開に踏み出した当初は、エージェントと連携して販路開拓を行う例が多いのですが、能力は千差万別なので信頼できるエージェントを見つけることが重要となります。日本の方が海外を拠点にエージェント業務を行っていることもありますので、そのような場合は自社とのコミュニケーションは比較的円滑に進むことが期待できます。

3. 工芸の海外展開 〜その新たな取組み〜

前項で流通に焦点を当てて海外展開のあり方を整理してきましたが、ここでは実際に海外展開に成功してきた企業の事例を見ていきましょう。

事例を読む際には、どのような製品を誰（顧客）にどう届けているのか（流通）について留意して読んでいただければと思います。

世界から高い評価を受ける磁器ブランド「1616 / arita japan」
©Takumi Ota

Case 10

百田陶園

（株）百田陶園、その前身の百田家は、肥前（現在の佐賀県）を治める鍋島藩のもと江戸時代の１６４７年（正保４年）から明治時代初期まで、当時の最高級磁器である「鍋島焼」の窯元として活動してきました。この長い歴史を引き継いでいる百田陶園は２０１２年に「世界のスタンダードをつくる」をビジョンとした磁器ブランド「１６１６／ａｒｉｔａ ｊａｐａｎ」を発表、初めて出展したミラノサローネにおいて世界のデザイン関係者から高い評価を受け、欧州を中心に20カ国以上に販路を開いています。また、有田焼が生まれて４００年となる２０１６年に佐賀県や有田焼の窯元・商社と連携し開発した磁器ブランド

「2016／」でも中心的な役割を果たしており、有田焼の新しい歴史を切り開く活動を続けています。

有田焼の歴史

第2章で近代日本の工芸産業の歴史を振り返りました。その工芸産業の中で重要な存在だったのが陶磁器です。特に磁器は国内向けとしてはもちろんですが、海外に向けた輸出品として工芸品の中で主たる位置を占めてきました。

この国内における磁器製造の歴史は1616年に今の壱岐・対馬を除く長崎県と佐賀県に当たる肥前地域で始まります（第4章で波佐見焼の成立背景にも触れましたが、ここではもう少し詳しく見ていきます）。

1592年と1597年の2回にわたる豊臣秀吉による朝鮮出兵をきっかけに、朝鮮半島で磁器を作っていた陶工が日本に渡ってきました。その一人である李参平（初代金ケ江三兵衛）を中心とした陶工が有田の泉山で原料となる陶石を発見、有田を中心に肥前地域で磁器の製造が始まりました。

それから江戸時代にかけて染付から色絵、柿右衛門様式、金襴手《きんらんで》など技術や技法が発達し、国内では将軍家を筆頭とした武家、富裕商人などへの高級磁器（これは鍋島藩直轄で作られ「鍋島焼」と呼ばれます）から庶民の日用食器まで幅広い層に磁器を供給してきました。ちなみに日用食器は長崎県波佐見町を中心とした地域で作られ、現在は「波佐見焼」として知られています。

また、肥前で作られた高級磁器は、1650年代からはオランダの東インド会社により東南アジアやヨーロッパ諸国にも輸出されました。特に磁器生産が行われていなかった当時の欧州では王侯貴族の間で珍重されます。そして、これらは伊万里港から積み出されたので「伊万里焼」と呼ばれ、現在でも海外愛好家の間で「IMARI」はよく知られた名前となっています。

明治時代になると、欧州から工業的な磁器製造の技術がもたらされ、肥前地域の磁器産地は量産型に転換していきます。このとき新たに整備された鉄道網で国内に供給され、その発地となったのが有田駅です。この駅名から「有田焼」という名称で流通するようになります。

加えて、政府の殖産興業政策において欧米で開催される万国博覧会への美術工芸品の出品が進められる中、有田からも香蘭社《こうらんしゃ》や深川製磁など現在も活躍する窯元が高い評価を得て、江戸時代に続いて明治時代も海外への輸出が盛んに行われました。

こうして産地が活性化する中、1896年には国内外へ出品する製品を選ぶコンテストとして陶磁器品評会が始まりました。その協賛事業として行われた陶器市場が、今でも多くの人が訪れる国内最大の陶磁器販売イベント「有田陶器市」につながっています。

次の大正時代には、明治の終わりごろから始まる産業革命によって、碍子《がいし》などの磁器製工業用製品への需要が高まり、産地は工業製品の生産地としても発展を遂げていきます（今でも有田では食器などの日用品から工業用製品まで幅広く製造されています）。

そして第二次世界大戦を経て戦後を迎えると、高度経済成長と国内人口の増加を背景に陶磁器への需要は急速に高まり、有田焼は瀬戸焼・美濃焼と並んで国内最大産地の一つとして生産量を伸ばし、発展を遂げます。特に食器については一般消費者向けだけでなく、料亭や旅館・ホテルのような事業者向けの高級食器マーケットで、有田焼は他産地よりも高いブランド力を持って販売を伸ばしました。

しかし、それも1990年代のバブル崩壊を機に急転、企業による接待の場であった料亭・旅館からの需要は急速に減少し、さらにアジア等からの安価な陶磁器が大量に国内で流通するようになると、一般向けも事業者向けも、どちらの注文も減っていきます。有田では廃業する事業者も増えていき、生産量も減少が続くようになりました。そして、残念ながら現在もその傾向は続いています。

（株）百田陶園の歩み

江戸時代に肥前地域を治めた鍋島藩は、将軍家への献上品、諸大名への贈答品となる高級磁器について、有田皿山代官所のもと藩直轄の窯（藩窯）で製造を行いました。代官所は品質管理を担いますが、その技術が漏れないよう職人が外と交流を持つことも制限したように、鍋島藩にとって磁器製造は大変重要なものだったのです。

この藩窯における窯元の一つが（株）百田陶園の祖となる百田家です。百田家は1647年から1871年まで鍋島焼の製造に携わってきました。つまり同社は今に至るまで約380年の歴史を持つ大変な老舗企業と言えます。

戦後、百田陶園は窯元から流通を担う商社（有田では産地問屋のことを商社と言います）にポジションを変え、主に旅館や高級料亭を顧客に高級磁器を販売し成長してきました。

１９８０年代から１９９０年代初めのバブル景気まで売上は右肩上がりで、百田憲由氏（現・代表取締役）によると一度の商談で数十万円するような器がたくさん売れたという時代だったそうです。しかし、有田焼全体がそうであったように、バブル崩壊とともに百田陶園社の販売も振るわないようになり、２０００年代初頭には売上よりも負債のほうが多いという経営状況に陥ってしまいます。

こうした中、百田氏は窯元と連携して新たな製品開発に乗り出し、焼酎グラスやカレー皿などのヒット商品を生み出すのですが、このようなチャレンジをきっかけに転機が訪れました。皇居のほど近くに立地する高級ホテルであるパレスホテルのリニューアルに合わせて、百田氏にフラッグシップショップ出店の依頼が舞い込んだのです。２０１０年のことです。

百田氏は、この出店依頼に応じると同時に、このチャンスを活かして有田から新しい磁器ブランドを生み出し、発信していくことを決意します。

ブランドのビジョンとして「有田焼の再興」「世界のスタンダードをつくる」を掲げ、２０１０年からブランドコンセプトや製品デザインを検討。２年後の２０１２年に「１６１６／ａｒｉｔａ ｊａｐａｎ」のリリースに至ります。「１６１６」は有田で磁器が生まれた１６１６年から取ったもので、有田焼の新たなスタートを表すものとして象徴的な数字です。

窯付近の棚には、焼かれる前の状態の器が整然と並ぶ
©Magnus Ekstrom

ブランド構築のきっかけとなったパレスホテルへの出店も2012年に実現。2012年は同社にとって新たなスタートとなった年になりました。

「1616／arita japan」について

「世界のスタンダードをつくる」というビジョンのもと生み出した磁器ブランド「1616／arita japan」の発表の場には、世界最大規模の国際展示会であるミラノサローネ(2012年)を選びました。すると初めての参加にもかかわらず、世界中のデザイン関係者から高い評価を獲得、翌2013年の同展示会ではテーブルウェアとして最高の評価を得ます。通常は国際展示会に数年間連続で参加しないと、知名度は高まらないとされているので、これは大変珍しいことです。それだけこのブランドのコンセプトや製品が優れていたことの証でしょう。この評価をきっかけに国内外で販路を開き、現在では日本以外にもヨーロッパを中心に20カ国以上で展開、「1616／arita japan」は年間3億円を売り上げるブランドに成長しています。

以下ではこのブランド開発について見ていきます。

まず、ブランド開発にかかわるプレイヤーです。

「1616／arita japan」は百田陶園のオリジナルブランドですが、商社として製造部門は持ちませんし、デザイナーを抱えているわけではありません。したがって、デザイナーや製造を担う窯元を選定し、ブランド全体のプロデュースを行うのが同社の役割となります。

デザインについては、ブランド全体の方向性を決めるクリエイティブデザイナーに柳原照弘氏、製品デザインは柳原氏とオランダ人デザイナーのショルテン&バーイングスに依頼しました。有田焼に対して先入観なく、欧州の生活スタイルに合致したものを生み出すことができるという観点からの選定です。現在はピエール・シャルパン氏（フランス）とセシリエ・マンツ氏（デンマーク）も参画していますが、皆さん世界的に活躍するデザイナーです。窯元については、技術力があり、かつプロジェクトへの参画意欲が高い3つの事業者をチームに招きました（現在は5つの窯元に増えています）。

次に製造面です。デザインと製造、この2つの関係が重要になります。

「1616／arita japan」の製品を見れば一目瞭然ですが、直線的であったり、繊細な色彩であったり、そのデザインは欧州の生活にマッチするように考えられており、和食器に分類される従来の有田焼のイメージとは全く異なります。このようなデザインを提示された窯元は最初大変戸惑ったといいますが、百田氏の粘り強い説得と窯元の技術力の結果、デザイナーも驚くほどクオリティが高い製品が仕上がったといいます。

そして流通面です。

まず海外ですが、北欧5カ国と韓国については、ブランドへの深い理解と信頼感をもとに選んだディストリビューターと独占販売契約を結び、各地域での販路拡大を進めています。その他の欧米・アジア圏については、リテイラーからの注文に応じて国内から発送するという体制を取り、現在20カ国以上に販路を拡大しています。

また、「1616／arita japan」の流通面の特徴は、デザインを手掛けた海外デザイナーも積極的にPRを行い、販路開拓に協力しているという点です。これはデザイン料の支払いを売上に対して一定比率に設定するロイヤルティ型の契約としているためで、ブランドの売上向上に協力することが、デザイナーにとっても利益になるからです。百田陶園から見れば、ロイヤルティの支払いが継続的に発生するため、利益率が上がりにくいというデメリットはありますが、有力デザイナーとの息の長い関係づくりと販路開拓への協力というメリットがデメリットを大きく上回るという判断で、このような契約としています。そして、この判断は「1616／arita japan」にとっては正解だったと言えます。現在、日本の工芸事業者が海外デザイナーにデザインを依頼するケースは増えていますが、このような戦略的判断は非常に参考になるのではないでしょうか。

2023年発行のブランドコンセプトブック

一方、国内販売については、従来の商社のあり方と同様に小売事業者に卸売をしています。一般消費者に直接販売するD to Cは、基本的にはメーカーが手掛けることによって利益率の向上が期待できる打ち手ですが、商社である同社にとっては、コスト以上の利益が期待できないと判断し、積極的には行っていません（ただし、東京のパレスホテルと有田の同社直営店舗では一般の人へも販売を行っています)。

最後にブランディングについて、「1616／arita japan」の取組みを1つ紹介します。

百田陶園は、2023年に「1616／arita japan」のブランドコンセプトブック「A Brief Moment ( ) A Long Tradition」を発行しました。海外の有名カメラマンが撮影した写真がふんだんに盛り込まれた豪華な書籍ですが、これが2024年にドイツで開催されたブックデザインの国際コンクール(これは1963年から続く世界的に影響力のあるコンクールです)で、銀賞を獲得しました。世界約30カ国から約600冊がエントリーされ、金賞・銀賞がそれぞれ2冊選ばれるのですが、その銀賞ですから大変価値のある受賞と言えるでしょう。

このように情報発信面でも海外向けのブランディングに力を入れているのが、「1616／arita japan」の優れたところです。

「2016／」への展開とこれからの産地

「1616／arita japan」は、百田陶園のオリジナルブランドなので、ブランド構築から実際の製造・流通にかかるすべてのコストは、同社の負担になります。2010年から2012年までのブランド開発については、1年分の売上に相当する額を投資したということですから、これは企業として命運をかけたチャレンジでした。今は当初の投資も回収し、ブランド単体で黒字化しているとのことですが、取組みを始めた当初は、周りの経営者から

「やめたほうがいい」という声も多かったそうです。経営者の判断というのは難しいものです。

そして、「1616／arita japan」の活動や成功は、新たなブランド「2016／」につながっています。これは佐賀県が、有田焼400周年となる2016年に発表することを目指したブランド開発プロジェクト「2016／プロジェクト」によって生まれました。

2012年に「1616／arita japan」の国際的な高評価を目にした佐賀県は、海外デザイナーと窯元の協働によるブランド構築という「1616／arita japan」の事業スキームを産地全体で行いたい、そのために協力してほしいと百田氏に持ち掛けます。競争力の源泉である事業スキームを他の事業者にオープンにすることは、なかなかできません。どれだけ事業スキーム構築に時間とコストがかかり、リスクを負ってきたかを考えると、これはかなり無理なお願いです。しかし、百田氏は「有田焼に変革を起こし、産業として復活させたい」という考えから、この事業に全面的に協力します。

そして、百田氏を中心に産地から16社、世界各国から16組のデザイナーが参加した「2016／プロジェクト」が始まり、2016年のミラノサローネで「2016／」ブラ

海外での展開を意識したビジュアルの商品たち
©Elizabeth Heltoft Arnby

ンドとしてリリースされました。また、この「２０１６／」ブランドの企画・流通を担う組織として２０１６（株）を設立、百田氏は代表取締役社長として、有田焼の変革による再興を目指し活動を続けています。

工芸産地は歴史があるがゆえに時代に合わせた変革が難しい。これが「産業としての工芸」が抱える問題です。しかし、変革を産地のみんなで手を取り合って行うことは、各々の事業内容や経営スタイルの相違等からこれもまた難しいのです。そのため、産地が変わるには、まずは誰かがリスクを取って新たなチャレンジに挑み、産地に風穴を開ける必要があります。有田焼については、その一人が百田氏だったのです。ブランド開発当初より海外マーケットでの展開を目標として、海外デザイナーと連携してものづくり・ブランドづくりに取り組んだ「１６１６／ａｒｉｔａ ｊａｐａｎ」、これは「２０１６／」に広がり、産地全体の変革を導くものとなっています。これから両ブランドがどのように展開していくか、さらに関心を持って注目したいと思います。

Case 11

菅原工芸硝子

菅原工芸硝子（株）は手仕事にこだわりデザイン性の高い食器・インテリアアイテム等を手掛けるガラスメーカーです。もともと１９３２年に東京で創業した同社は、１９６１年に今の千葉県九十九里町に移転、１９７０年代からオリジナル製品の開発・製造を続けており、１９９０年代からは「ＳＧＨＲ（スガハラ）」ブランドとして国内主要都市に直営店舗を展開する他、高級レストランでも採用されるなど、一般消費者からホテル・レストランまで幅広い顧客の支持を得ています。また、近年は欧米マーケットにも販路を広げており、海外でも高い評価を獲得しています。以下では、菅原工芸硝子のブランド開発の歴史と海外展開の取組みについて紹介します。

独自の技術と感性でものづくりに励む伝統工芸士の職人
菅原工芸硝子では新製品の開発・デザインも職人が中心
となって行う

近代ガラス製造のはじまり

日本のガラス製造の歴史は古くは弥生時代まで遡ります。また、江戸時代には長崎から京都・大阪・江戸に西洋由来の製造技術が伝わり、大名から富裕商人、庶民に至るまでビードロをはじめ様々な製品が愛好されていました。が、それは量的にはわずかであり、ガラス製造が発展し、一般の生活に広く普及していくのは、明治時代に入ってからとなります。

約1400℃の高炉を囲んでの作業現場

　明治時代初期、ガラス製品の多くは輸入品でした。当時の日本は貿易赤字の解消が課題となっていましたので、殖産興業政策の中で近代的なガラス製造技術の導入が進められます。その代表例が１８７６年（明治９年）に設立された日本初の官営ガラス工場である品川硝子製造所です。ここでは板ガラスや食器・ランプなどの製造が試みられ、その後の日本のガラス製造の発展の基礎を築きました。

　大正時代になると、日本の産業革命や近代的都市の発展、生活の西洋化が進んだことでガラスへの需要は急拡大します。そして、大正から昭和初期には、板ガラス・ガラス瓶等の工業用途からコップ・花瓶などの生活用途まで様々な民間企業がガラス製造を手掛けるようになりました。

菅原工芸硝子の事業展開

1932年に創業した菅原工芸硝子（株）もその一つです。同社はガラス製造事業者が集積していた東京の江東区で、ガラス食器の下請けメーカーとして事業を始め、第二次大戦を経て高度経済成長とともに成長してきました。1961年には東京の工場が手狭となったことから、千葉県九十九里町に本社・工房を移転し、現在に至っています。

しかし、1973年のオイルショックを契機に国内需要が減少、さらに海外からの輸入品が増えてくると、菅原工芸硝子をはじめ下請けガラスメーカーへの注文は減少し、多くが廃業に追い込まれていきました。

この中で、菅原工芸硝子は下請け構造から脱却するため、自社でオリジナル製品を開発し販売する製造卸メーカーへの転身を図ります。この自社開発を支えたのが、同社の職人です。

菅原工芸硝子は、1974年に職人を中心とした「開発研究会」を発足、職人の技術や発想をもとにした商品開発を進めました。当初は開発した製品も売れず苦労したそうですが、昔の喫茶店でよく見られたコーヒーゼリー用の器やタンブラーなどが評判を呼び、オリジナル製品を持つガラスメーカーとしての地位を築いていきました。ちなみに、現在も菅原工芸硝子はデザイナーを置いておらず、職人が自主的に新作の開発に取り組んでいます。これは同社のものづくりの大きな特徴と言えるでしょう。

また、自社開発のスタートと並んで販路開拓を担う販売会社を設立、メーカーと販売会社の2社体制で事業を推進していきました。販売会社では、百貨店への卸売や喫茶店などの事業者向け販売を担うとともに、1984年には東京の六本木に直営店舗をオープン、従来の販路に加えて、メーカー直販の取組みも始めました。このような直販チャネルの構築が工芸業界で活発となったのは2000年代に入ってからですので、菅原工芸硝子の取組みは大変早いものです。

そして1990年代に入ると、現在代表取締役社長を務める菅原裕輔氏のもと事業構造の変革を行います。具体的には以下の3つの変革です。

一つ目は、1970年代から続いてきたメーカーと販売の2社体制を一つに統合したことです。これにより、ものづくりのこだわりや製品の魅力を知る製造現場と、顧客と接点を持つ販売現場を一体的に動かすことができるようになり、ブランド価値を高めるための経営基盤が整いました。

二つ目は、ブランド戦略の変革です。2008年に「SGHR（スガハラ）」として自社ブランドを再構築し、SGHRブランドを冠した直営店舗の出店を進めていきました。現在は千葉県九十九里町のファクトリーショップと東京・大阪・福岡に5店舗の計6店舗を展開しています。これら店舗のうち、九十九里町にはカフェ、都内（青山）にはイベントスペースFeel Sghrも併設するなど、顧客に対してSGHRの魅力を伝えるためのコミュニケーションが構築されています。

P295写真／700以上あるグラス製品の中でも、人気シリーズの「デュオ」

また、九十九里町の工房ではガラスの製作体験も実施しています。これは前章で見たオープンファクトリーによるブランド価値の伝達という文脈にも位置づけられる取組みです。

そして三つ目が海外展開です。菅原工芸硝子では1980年代から欧米、香港、シンガポール、オーストラリア等に製品を輸出してきましたが、菅原氏は2003年から本格的に海外展開への取組みを始めています。これは項を改めて紹介しましょう。

海外展開

菅原工芸硝子の売上約9億円のうち輸出額は約1億円（輸出比率は約10%超）と、工芸メーカーの中では比率・額ともに高い水準となっています。しかし、ここに至るまでには大変な苦労がありました。やはり海外展開は簡単なことではないのです。

2001年に菅原氏はフランスで開催される国際展示会「メゾン・エ・オブジェ」を視察し、これをきっかけに、2003年に菅原工芸硝子として初めて国際

展示会（メゾン・エ・オブジェ）に出展しました。それから2008年まで同展示会に計10回（年間2回）にわたって参加しましたが、結果としては、フランス国内の三ツ星レストラン等での採用が決まったものの、販売額は小さく、出展コストに見合うものには至りませんでした。現地の物流事情やパートナー選定に苦労したこともあり、いったん欧州での展開をストップします。

一方、米国では1980年代から販売代理店契約を結んでいた現地ディストリビューターによって販路は徐々に広がっていましたが、そのディストリビューターが2016年に廃業、米国への足掛かりも失ってしまいました。

そこで、菅原氏は改めて海外展開の戦略を練り直します。

まず、最大の輸出先である米国です。

ここでは従来のディストリビューター経由の流通ではなく、現地のリテイラーに直接販売することを目指して、ニューヨークに住む日本人エージェントと営業代行契約を結び、販路開拓を行うこととしました。それと同時にロサンゼルスの物流企業と倉庫管理とリテイラーとの決済業務を代行する契約を結び、現地での商流・物流の基盤を整えました。

これらの取組みにより、ニューヨーク、ロサンゼルス、サンフランシスコを中心にリテイラーとの取引は増加、2021年にはオンラインショップも開設しています。現在、菅原工芸硝子の輸出額全体に占める米国の割合は6割となっています。

次にいったんストップした欧州での展開です。

2008年以降もレストランやホテルへの販売はわずかながら続いていたものの、販売は縮小傾向にありました。そのような中、2016年にフランスのイベント事業者から現地での展示会開催の誘いを受け、現地で1か月の展示会を開催しました。すると新規顧客に加え、10年ほど前から途絶えていた顧客からも再取引の依頼が寄せられました。これを機に改めて欧州マーケットを開拓すべく、現地の日本人エージェントと営業代行契約を締結し、レストラン・ホテル等を中心にアプローチを進めています。

そして、欧米以外の国・地域については、中国・台湾・シンガポールでディストリビューターと販売代理店契約を締結するなど、マーケットに応じたビジネスモデルの構築を進めています。

世界のガラス製品におけるSGHR

ガラス製品を作ってきた歴史や文化的な厚みは、どうしても欧州に一日の長があり、バカラをはじめ世界的な一流ブランドも多く存在しています。その中でどのようにSGHRの違いを生み出していくか、それが菅原工芸硝子における海外展開のポイントです。

日本の工芸が海外展開するとき、日常に近いものであればあるほど、海外の生活スタイルに沿ったものにする必要があるので、日本とは異なる海外向けの商品開発＝ローカライズ（現地化）が課題となります。そこで現地のマーケティング調査や海外デザイナーの活用などが有効な打ち手として挙がってきます。

しかし、先ほど述べたように、菅原工芸硝子の製品開発は職人が担っていることもあり、特にアメリカ向け、欧州向けといったようなデザインは行われていません。日本でも海外で

ガラスの柔らかさを活かした製品も多い

も同じ製品を販売し、それが受け入れられているのです。これは海外向けに製品開発するコストや、日本では売れない製品の在庫リスクを負わなくてよいという強みにもつながっています。

菅原氏によると「ガラス製品の本場である欧州の一流メーカーの製品は、力強さや硬質的な点に魅力がある。それと比べたとき、当社の製品は、より薄く繊細で、ガラスのもつ柔らかさを表現できていると思う。欧米の顧客は、当社の製品に日本的なものを感じるというが、ガラス製品に対する感度が高い人が見ると、すぐに当社の製品であると分かる」ということです。決して日本的な表現を狙っているわけではありませんが、海外の人から見るとどこか日本的な雰囲気や魅力が出ていて、それが評価されているということでしょう。

もちろん製品分野にもよりますし、海外ブランドとの違いがあることが前提となりますが、ローカライズせずに国内と同じ製品で勝負するというのも、今後、海外展開を始める工芸メーカーにとって十分に検討すべき選択肢ではないでしょうか。

Case 12

白鳳堂

（株）白鳳堂は、世界の化粧品業界において化粧筆のトップブランド「ＨＡＫＵＨＯＤＯ」として知られる筆メーカーです。１９７４年に熊野筆の産地である広島県熊野町で創業した同社は１９８０年代に「化粧筆」を開発、筆業界にも化粧品業界にもなかった「化粧筆」という新たなジャンルを切り開きました。白鳳堂の高品質な化粧筆は、オリジナルブランドとして国内外で販売され多くのファン・リピーターを獲得、また世界中の高級化粧品ブランドからも化粧筆の製造を依頼されるなど、国内外で一般消費者・事業者問わず広く知られ、愛好されています。以下では熊野筆の歴史を振り返り、白鳳堂の海外展開についてＢｔｏＢとＢｔｏＣの２つの側面から紹介します。

原材料の毛は、職人の手で丁寧に選別される

熊野筆の歴史と白鳳堂

熊野筆とは、広島県安芸郡熊野町で作られる筆の総称です。１９７５年には広島県で初となる伝統的工芸品に指定されました。

熊野筆の歴史は今から１８０年ほど前の江戸時代末期に始まります。

中国山地に抱かれた盆地で農地が少ない熊野町では、江戸時代から農閑期の出稼ぎが多く、その帰途に筆や墨を仕入れて各地で行商を営む人が一定程度いたようです。このような人の流れの中で、熊野町に筆づくりの技術が伝わると、広島藩が農家の副業として奨励するようになりました。これが熊野筆の始まりです。

毛先を切らずに整えた穂先は、最も大事に細心の注意をはらって作られる

明治時代になると近代的な学校教育がスタートし、教育現場で使う学童用書道筆の需要が高まります。さらに戦後は学制改革とベビーブームによってさらにその需要は伸びていきました。そこで、熊野町では高級志向の絵筆や書道筆に加えて、安価な書道筆の大量生産に舵をきり、都市部の問屋を経由して全国に販路を拡大しました。あくまで下請け的な立場ではありましたが、高度経済成

長期まで学童用書道筆の約8割は熊野で作られていたのです。

ただ、高級志向の絵筆・書道筆はそもそも使用する人が限られ、あまり大きなマーケットではありません。また、安価な書道筆は子どもの人口が減り始める1980年代から需要が減っています。さらに円高が進んだことで、海外からの輸入品も増え、下請け的な立場で筆づくりを行っていた熊野の筆メーカーは苦境に立つことになりました。

こうした中で1974年に髙本和男氏（現・会長）が（株）白鳳堂を創業します。

いま「熊野筆」と言えば、多くの人が「高級な化粧筆」を連想するほど強力な産地ブランドですが、この転換をもたらしたのが白鳳堂です。

もともと家業であった洋画筆を作っていた髙本氏は、創業後、高い技術力を活かして、陶磁器や人形の絵付けに使う高品質な筆を作っていました。しかし、マーケットは小さく、かつ下請け的に作るので利益率は低い、これだけでは経営が成り立ちません。そのため、創業当初から化粧品に付属されているメイクブラシの製造を手掛けることで、なんとか会社を運営してきました。

この状況から脱却するため、髙本氏は白鳳堂を下請け企業ではなく、「自分で作って、自分で売る」企業にしようと、1982年から新たに自社ブランドの筆づくりに取り組みます。

そこで目を付けたのが、以前から手掛けていたメイクブラシです。当時のメイクブラシは、あくまで化粧品の付属品でしたから、非常に簡単なつくりでした。また、機能性が高いメイクブラシが店頭に並び、それを一般の人が化粧品とは別に単体で買う、ということもほとんどありませんでした。

ならば、普段作っている高級な筆と同じ技術で、立体的な人の顔に適した、機能性に優れた美しい「化粧筆」を作ってみようと髙本氏は開発に取り組み、数年かけて納得できる製品を完成させました。

しかし、せっかく開発した化粧筆は、国内の化粧品業界に売り込みをかけても、なかなか思うように売れません。そこで窮余の一策として海外に売り込みをかけていったのです。

さて、以降では項を改めて、白鳳堂の海外展開について見ていきますが、同社の場合、まず事業者向けのＢ ｔｏ Ｂで販路を開き、知名度を高め、その後、自社ブランドの直接販売である一般消費者向けのＢ ｔｏ Ｃを発展させていきました。そのため以下では、まずＢ ｔｏ Ｂ、次にＢ ｔｏ Ｃという順番で見ていきます。

白鳳堂の海外展開 〜Ｂ ｔｏ Ｂ〜

白鳳堂が作る高級化粧筆の国内販路に広がりが欠ける中、１９９０年代になると、一部のプロの間では徐々に愛好者が増えていました。そして１９９５年、愛好者の一人でニューヨークを拠点に活躍していた日本人メイクアップアーティストから、カナダにある新興化粧品ブランドの存在を教えられました。そのブランドは化粧品業界では珍しく、化粧品だけでなくメイク道具にも力を入れており、売上の６割がメイクブラシだと言うのです。

高度な技術で作られた「化粧筆」には、海外のファンも多い

早速営業に出向くと、メイクアップアーティストでもあるブランドの経営者は、白鳳堂の化粧筆の品質の高さをすぐに理解し、その場でOEM契約を結ぶ決断をします。

このカナダのブランドは、今や化粧品に関心がある人なら誰しもが知るグローバルブランドに成長していますが、当時はまだ小規模な新興ブランドで、徐々にいわゆるセレブの間で知名度が高まっていた時期でした。そして、この化粧筆もハリウッド女優たちの間でその使い心地や機能性が話題となり、化粧品ブランドへの認知が高まるとともに、化粧筆を作った白鳳堂の名も米国を中心に化粧品業界で広く知られるようになりました。

これを機に、白鳳堂では化粧品業界での販路開拓を推し進め、海外の数多くのトップブランドと化粧筆のOEM契約を獲得、現在は国内も含め約150社・ブランドが同社の化粧筆を採用しています。

白鳳堂の海外展開 ～B to C～

高級化粧品ブランドの化粧筆を、日本の会社が作っている。これが日本でも話題になると、逆輸入のかたちで、国内でも白鳳堂の化粧筆を使いたいという人が増えてきました。

そこで白鳳堂は、自社オリジナルブランド製品を直接顧客に販売するためのチャネル構築に取り組みます。現在でもオリジナルブランド製品は、飛行機内や一部の空港内での販売を除き、すべて自社の販売チャネルのみで売られていますが、これは利益率の確保はもちろんですが、顧客に直接自社のこだわりや魅力を伝えブランド価値を高めるための施策です。

国内では1996年に自社ECによるインターネット販売を開始、2003年には東京青山に自社ブランド初の路面店（東京青山店）をオープンしました。その後、全国に出店を進め、現在では東京・京都・広島のフラッグシップ店舗（3店舗）と全国の百貨店・商業施設でのテナント店舗（9店舗）の計12店舗を展開しています。

このようなオリジナルブランドの販売チャネルのうち、売上の大部分は店舗が占めています。直営店舗では直接顧客と向き合って、機能性や魅力を伝え販売し、その後はECでリピーターとなる。店舗のない地域では、百貨店などで行う自社販売イベントでファンを作り、ECにつなげる。このように顧客と直接触れ合う接点とECをうまく組み合わせた販売が進められています。

化粧筆は消耗品ですので、必ず買い替えが発生します。そのためリピーターが生まれやすい商品と言えるでしょう。一度、白鳳堂の化粧筆の使い心地を知れば、また同じもの、もしくはよりハイグレードのものを使いたくなる、このような品質への自信が販売戦略に反映されていると言えるでしょう。

このような販売姿勢は海外でも同じです。

１９９６年、白鳳堂は米国ロサンゼルスのビバリーヒルズに直営店をオープンしました。ビバリーヒルズは多くの富裕層が居を構える高級住宅街です。まずはそこでブランドイメージを高め、定着させるための戦略的な出店でした（ブランド認知を高めるという当初の目標を達成したので１９９８年に閉店）。

その後、２００３年に以前と同じロサンゼルスに直営店舗をオープンしました。前回の立地とは違い、この店舗は比較的賃料が低いロス郊外のトーランス地区にあります。すでに米国内で一定のブランド認知がある状況であれば、車社会の米国では郊外でも十分な集客を望むことができるという判断です。

この出店と同時に海外マーケット向けのECを開設しています。米国に倉庫機能を置き、米国をはじめ世界各国を対象にオンライン販売を行っています。

また、アジア圏では2025年1月にタイ（バンコク）に直営店舗を出店しています。これまではシンガポールを拠点にアジア展開を進めていましたが、よりメイクに対する感度が高く、市場も大きいと判断し、シンガポール店を閉め、バンコクからアジアのマーケット開拓を進めるという戦略です。

京都本店の内観

白鳳堂と工芸産地

白鳳堂の売上約16億円（2024年）のうち、自社ブランド販売が占める割合は6割、OEMが4割ということです。また、自社ブランドについては、国内が3割、海外（インバウンドを含む）が7割という構成となっています。OEMの多くは海外化粧品ブランドからの注文ですので、海外売上比率は5割以上に上っているということになります。この規模の工芸メーカーで5割を超える海外売上比率を達成している企業は、おそらく同社だけだと思われます。「HAKUHODO」はすでに世界的なブランドなのです。

これを可能としているのは、白鳳堂の持つ技術や品質の高さは当然として、やはり「化粧筆」というジャンルを世界で先んじて作り上げたこと、これが大きな理由です。先行者がいない、そのため競争相手がいない領域を開拓することを、マーケティング論ではブルーオーシャン戦略と言いますが、白鳳堂はまさに「化粧筆」というブルーオーシャンを開拓した先行者なのです。これは単に伝統を守る、伝承するという姿勢だけでは成し得ません。変転するマーケットの中で、歴史的に育まれた技術を活かして、どのように誇りあるビジネスを作り上げていくことができるか。白鳳堂の取組みはその答えとなっているのではないでしょうか。

今、熊野町では多くの筆メーカーが化粧筆を作り、オリジナルブランドとして展開しています。その結果、「熊野筆」は伝統的工芸品としての絵筆・書道筆というよりも、化粧筆のブランドとして認知されるようになりました。白鳳堂が起こした筆における革新が産地全体に波及し、産地の活性化につながっているのです。

2023年に白鳳堂は子会社である（株）NUMBER EIGHTから「熊永堂」という化粧筆ブランドをリリースしています。より手に取りやすい価格で、高品質な熊野筆を多くの人に届けたい、そして熊野筆のブランドイメージをより強固にしたいというのが、この新ブランドの目的です。

白鳳堂の海外展開はもちろん、国内での新たな事業展開にもこれから目が離せません。

4．まとめ：工芸における海外展開の論点

本章では世界のクリエイティブ産業の動向とその中での日本のポジションを把握した上で、工芸産業の海外展開のビジネスモデルを流通の観点から整理し、主に2000年代に海外マーケットの獲得に成功した事例を紹介してきました。明治時代から1980年代まで工芸産業は「輸出産業」として展開してきたものの、プラザ合意後の1985年以降はその姿を失ってきましたが、近年、縮小する国内マーケットやその中での工芸のポジション変化、海外における日本のコンテンツ人気を背景に、改めて海外展開が大きなテーマとなっているのです。

そこで本章のまとめとして、今後の工芸産業における海外展開の論点を以下5点にわたって整理したいと思います。

①海外展開するべきなのか？ ～経営戦略上の位置づけ～

「海外へ輸出できた」「海外で取引先ができた」という話は工芸に限らず農林水産品や地域産品の界隈でよく聞く話ですが、実際に十分な売上や利益が上がっている例は大変少ないも

のです。海外売上比率が数%にも満たないことが往々にしてある、というよりもそれが一般的なのが現状です。

海外展開に本格的に取り組もうとすれば、海外の展示会への出展費用に始まり、幾度にもわたる海外への出張費、海外向けの紹介資料の作成、サンプルの作成・送付、海外取引先とのコミュニケーション費用など、国内での販路開拓とは比べ物にならないコストがかかります。そして、そのコストを回収できるほどの売上が立てられるかどうかは、国内以上に不確定な要素が多いので、リスクは大変高くなります。さらにもしディストリビューターやリテイラーとの取引ができても、国内取引以上に契約条件がシビアになり、売上が立っても、国内より低い利益率になることも珍しくありません。

また、海外の展示会に参加してから、取引先が見つかり、売上が立って、損益分岐点を超え、当初かかった海外展開のコスト（累積損失）を回収できるようになるまでは、早くても5年はかかることを見込んでおかなくてはなりません。もちろん、上手くいかずにコストを回収できない可能性も十分にあります。

少し悲観的過ぎるかもしれませんが、わずかな成功事例を除くとこのような失敗例のほうが多いのです。

それならば、まずは工芸という文脈への理解がある国内マーケットに注力するほうが、コストも安く、リスクも低い。国内で十分な基盤を築いてから、海外展開を検討するというのが経営戦略的には常道と言えるでしょう。

国際展示会への参加、海外向けの製品開発というのは行政からの補助金も得やすいものですが、それが本当に自社の経営戦略に照らして必要なのかどうか、「海外展開」や「輸出」という一見素晴らしい取組みとされる風潮に惑わされない冷静な判断が必要です。

②マーケットをどう選ぶか？ ～ターゲットと流通～

冷静な経営戦略のもと海外展開を行うことが必要と判断されれば、次はどのマーケットで勝負し、ターゲットにどこを選ぶか、そしてターゲットに対してどのような流通で届けるのかを考える必要があります。これが2つ目の論点です。

どの国・地域をマーケットとするかには、もちろん正解はありません。それぞれの国・地域によって置かれている国際的なポジションは違い、政治・経済・社会的なリスクも異なります。

また、商業環境・商慣習もそれぞれ特徴を異にします。例えば、欧州と米国を比べると、ディストリビューターやリテイラーが求める流通マージンは欧州が圧倒的に高く、日本からの輸送コストも含めると、日本での販売価格の2～3倍になってしまうこともあります。ならば米国で展開しようと思うと、米国で販路を拡大するには、欧州で高い評価を得ていることがポイントとなることが多いというように、やはりまずは欧州で評価を得ることを優先するという判断もあり得ます。

また、アジア各国・地域は成長が著しく、日本への関心は高いものの、商業・流通環境は複雑で、それぞれの国・地域で商慣習も異なるため、本当に信頼に足るディストリビューターの選定が重要になるといった事情もあります。

これらを踏まえた上で、ターゲットとなる顧客層にどのように製品を安定的に届けるのか、それにはどのような流通戦略が必要なのかを考える必要があります。

もちろん最終的に一般消費者をターゲットとするＢ ｔｏ Ｃと、レストラン・ホテルや内装などを手掛けるデザイン事務所をターゲットとするＢ ｔｏ Ｂでは、戦略も異なります。

非常に複雑ですが、この複雑な状況に挑むことが海外展開そのものと言えるでしょう。

③製品をどうするか？～ローカライズの問題～

海外展開するに当たって、どのような製品を出していくのかというのは、特に一般消費者をターゲットとするＢ ｔｏ Ｃで大きな課題となります。一般消費者は、基本的に各国・地域の生活スタイルに合ったものしか購入しないので、日本で売れている製品が海外でも受け入れられるわけでは必ずしもありません。

そこで展開先のマーケット、そこでの生活スタイルに合った製品を開発する「ローカライズ」が論点となります。

マーケットインの考え方からすれば、現地の生活スタイルに合わせるローカライズは必要という答えになりますので、ディストリビューターやリテイラーのバイヤーの協力を得たり、現地調査をすることで、海外向けの製品開発を行うことが有効となります。また、そもそも海外のデザイナーを起用することで、海外向けのブランド・製品を生み出すことも有力な選択肢となるでしょう。先に紹介した百田陶園の「１６１６／ａｒｉｔａ ｊａｐａｎ」はその代表例です。

一方、菅原工芸硝子のように日本国内で売っている製品をそのまま海外に持っていくのも、間違いではありません。同社の場合、ガラス製品という欧米で確固たるマーケットが確立されている分野での展開なので、その中であえてローカライズしないというのが海外他製品との差別化ポイントになっています。また、国内と同じ製品で展開することは、追加的な生産コストがなく、在庫・販売リスクの低下にもなりますので、製品販売戦略として「ローカライズしない」ことにも十分な理由があります。白鳳堂や諏訪田製作所もローカライズしていません。

また、能作では海外向けにローカライズしない製品（KAGO等）とローカライズした製品（例えば、韓国では箸と匙を使うので日本よりも大きなサイズの箸置きを展開）を展開していますが、2つを使い分けてもよいのです。

ローカライズの論点は、最終的には答えがなく、結局売れればすべて良しという結果論になりますが、やはり製品分野や狙うターゲットに即してあらゆる選択肢を検討することが必要というのが結論です。

④知的財産をどうするか？〜「守り」のための「攻め」〜

商標や製品デザインというのは日本国内においては知的財産として保護の対象になっていますし、それが侵害されれば法的な救済を受けることが可能です。そしてこれは国際的にもマドリッド協定において加盟国のどこかで商標やデザイン・技術が知的財産として登録されていれば、加盟国の中では保護されるというのが建前です。加盟国には日本や欧米各国、中国などのアジア各国も含まれますが、国によっては別途当該国で知的財産として登録することが求められます。中国はその例です。

とはいえ、実態的には商標の侵害や模倣品・類似品は世界に溢れています。それに対して法的な救済を求めようとすると、大変なコストがかかります。中国では日本で少し知られたブランド・名称はたいてい商標としてすでに登録されており、これを覆すことは事実上困難な状況にあります（工芸事業者が中国への展開に足踏みする大きな要因です）。

そこで自社のブランドを守っていくためには、法的な要件を満たすというアプローチは当然として、やはり「この会社でなければならない」「このブランドだから意味がある」というような「攻め」のブランディングを地道に行っていくしかありません。

それには自社はもちろんですが、展開先の地元ディストリビューターやリテイラーとの信頼関係やブランドへの理解を深めることが最大の防御策となります。販路開拓だけでなく、自社ブランドを守り、模倣品に対して「攻め」に転じるためにも信頼のおけるパートナーを見つけること、顧客の信頼を勝ち得ることが重要です。

近年、「文化盗用」として他国・地域の歴史・文化を尊重しないで製品・サービスを生み出すことに対して批判的に捉えることが多くなっています。日本も政府としてそのような文化盗用について、知的財産の保護を含めて実効性のある解決を見出していくべきでしょう。

⑤社内体制をどうするか？ ～海外での持続的な成長に向けて～

工芸事業者が海外展開を始める際には、経営者自ら海外に赴き、展示会の場に立ち、バイヤーと交渉して販路を広げていくのが通常のパターンです。これは決断へのスピード感が求められる海外において、企業として決定権を持つ経営者が直接参画することが必要なので、当然と言えば当然です。

しかし、ある程度海外展開の目途が立ってきた際には、社内で海外に対応できる人材を配置した部門を立ち上げることが必要となってきます。海外での事務所・店舗の立ち上げ、現地法人の設立まで至れば、経営者の他に海外事業を担う人材は不可欠です。

このような社内体制の整備は、海外で持続的にビジネスを展開するためには欠かせないものですが、適任な人材はすぐに見つかるわけではありません。海外展開を本格化する際には、経営者自らが動くと同時に、新規採用も含め社内で人材を育成することが重要となります。

そして、この点は工芸産業には多様な人材が必要であり、特に海外を舞台とした活躍の場があるということです。地方部では海外事業を担当する仕事は都市部に比べて多くありません。工芸産業は地域の中で貴重な活躍の場を提供するものとして、地域産業の中で重要かつ魅力的な位置を占めていると言えるでしょう。

Column

ubushinaとAMUAMI～立川裕大氏の取組み～

世界（主に欧州）には高級ファッション・ジュエリー・時計・食器など多くのハイブランドを手掛ける企業があり、富裕層を顧客とした「ラグジュアリー産業」を形成しています。そして富裕層の増加を受けてラグジュアリー産業の成長も続いています。では日本の工芸はラグジュアリー産業となり得るのか、もしくは世界の富裕層を振り向かせるだけの製品を作ることができるのか。この課題に向き合い活動しているのが、伝統技術ディレクターの立川裕大氏です。ここでは立川氏による2つの工芸プロジェクト、「ubushina（産品）」と「AMUAMI（編阿弥）」を紹介します。ファッションブランドの言葉を借りれば前者の「ubushina」がオートクチュール（特注品）、「AMUAMI」がプレタポルテ（既製品）ということになります。

「ubushina」は、高級ホテル・ラグジュアリーブランド等の内装や照明などのインテリアに日本各地の優れた工芸技術を活用することで、伝統技術と最先端のデザインを融合するプロジェクトです。建築家やインテリアデザイナーが空間をデザインし、その実現に「ubushina」が応えるというスタイルなので、そのプロダクトの一つ一つが特注品となります。

そのデビューであり代表作の一つが、2003年にオープンした「Hotel CLASKA」です。この内装・インテリアには第3章で紹介した能作をはじめ多くの工芸メーカーの技術・製品が盛り込まれ、その斬新かつ高いデザイン性が世界の建築・デザイン業界で大きな話題を呼びました。今では建築に工芸のテイストを取り入れる例は増えていますが、「ｕｂｕｓｈｉｎａ」がその本格的な嚆矢《こうし》であり、先導的な役割を果たしてきました。

そして「ＡＭＵＡＭＩ」です。

「日本の伝統技術・工芸には欧州のラグジュアリーブランドに負けないデザインと技術があるが、これをブランドとして発信する力がない」（立川氏）という弱点を踏まえて、現代のラグジュアリーマーケットで勝負できる製品ブランドとして工芸を編集し発信するのが、このプロジェクトです。２０２３年のスタートからこれまでに、ジュエリーボックス・敷台・

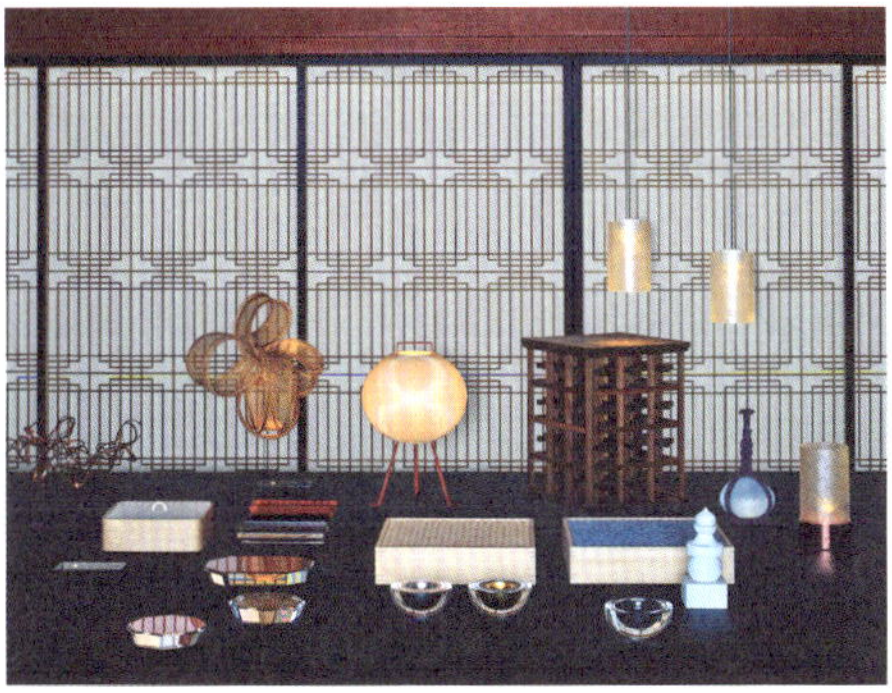

写真上／「AMUAMI」プロジェクトで生み出された商品の数々
写真中／「Hotel CLASKA」では漆カウンターや鋳物の照明器具など多くのオブジェを「ubushina」で製作した
写真下／東京スカイツリーに展示された12種類のアートワーク「TOKYO SKYTREE SUPER CRAFT TREE」

スツール・照明器具・オブジェなどが、立川氏のデザインとプロデュースのもと高い技術を持つ工芸メーカー・作家の手によって生み出されています。どれも日本の古くからの編集的な方法である「アワセ」「カサネ」「キソイ」などが意識されており、これまでにない、しかし日本の歴史や文化の面影を感じさせるものになっています。この日本的編集こそ製品ブランドとしての「ＡＭＵＡＭＩ」の最大の特徴です。

「ＡＭＵＡＭＩ」の立ち上げからまだ数年しか経っていません。それでも「ＡＭＵＡＭＩ」の製品が日本だけでなく、米国の最高級レストランで使われていたり、誰もが知る欧州ラグジュアリーブランドの店舗を飾っていたりと、ラグジュアリーマーケットで「日本の工芸」が認知され、価値が認められる、その一歩はすでに踏み出されています。

第６章

これからの工芸

いよいよ最終章です。

ここまでの議論について振り返っておきましょう。

第1章では「工芸とは何か?」という問いから始めて、「工芸」の概念が明治時代に美術や工業との関係の中で生まれ、「美術としての工芸」と「産業としての工芸」の2つの流れを持つに至ったことを示し、第2章で明治時代から2000年まで「産業としての工芸」に力点を置いて、輸出産業と国内産業としての展開を整理してきました。

そして第3章から第5章は、輸出産業としても国内産業としても苦境に陥っていた「産業としての工芸」が2000年代に入ってから復活(リバイバル)しようとする姿を、国内におけるブランド展開、ツーリズムへの展開、海外への展開の3つの切り口で見てきました。

さて、それでは、これから「産業としての工芸」はどうなるのでしょうか。

本章では、工芸産業の外部環境であるマーケット環境、そして内部環境である工芸産地の危機について整理した後、工芸産地のあるべき姿、それに対する政策的・金融的サポートのあり方という順序で考えていきます。

1．マーケット環境の変化

はじめに工芸産業を取り巻く環境の変化、その中でも特に国内と海外、2つのマーケット環境について考えます。

国内マーケットはどうなるのか？

第2章でも触れましたが、すでに日本国内の総人口は減少を始めています。また、多くの消費財については、総人口の減少に先駆けて、生産年齢人口（15～64歳）のピークである1995年以降、国内における販売額は減少しています。今後も総人口や生産年齢人口の減少が続くことは避けられません。したがって国内マーケットは全体として右肩下がりとなることは避けられません。食器や家具などは、一人が使う数が大幅に増えることは考えにくいので、使用量・販売量の総量は減っていくことが見込まれます。

では、国内マーケットで工芸産業が成長することは難しいのでしょうか。「工芸リバイバル」と呼んだように、2000年代には新たな事業展開で成長を遂げた工芸事業者が多く登場しています。もし国内市場の縮小がそのまま工芸産業の縮小を意味するのであれば、この状況を上手く説明することはできません。また、確かに２０００年代の日本は経済成長が鈍化し、所得水準も向上していません。そのため低価格な輸入品に工芸産業は押されてしまったのですが、その中でも成長する企業はたくさん出てきています。つまり、マクロ的な経済環境が、すべての企業の盛衰を決定するわけではない。これは工芸産業にも当てはまります。

国内マーケット全体の縮小が売上の減少に直結するのは、基本的には国内で高いシェアを持ちマス・マーケティングを展開する企業です。このような企業は今以上のシェアを獲得することができなければ、マーケットの縮小傾向に強く影響を受けてしまいます。また、シェア獲得に当たっては、どうしても価格競争を主戦場にせざるを得ません。

一方、現在の工芸産業がそうですが、企業規模としては中小規模であり、マーケットで大きなシェアを持っているわけではない、そして価格競争でシェアを伸ばすことが戦略的に正解ではない場合、マーケット全体が縮小傾向にあったとしても、成長の余地は十分にあります。これはニッチ戦略と整理されるものですが、日用品という既存の大きなマーケットにおいて、その中で比較的小さなマーケットである「工芸」に関心や共感を持つ顧客層に集中する。そして価格競争を避けて、比較的高単価な商品を販売する。その結果、企業規模に対して十分な売上・収益を上げていくというものです。

これを実現してきたのが、２０００年代以降の工芸リバイバルであったと言ってよいでしょう。これからも消費者の関心や興味はどんどん多様化していきますので、仮に日用品マーケット全体が縮小していても、工芸事業者がファンを獲得し、マーケットを開拓・拡大していく余地はまだ十分にあります。

そして、これから10~20年を考えると、国内マーケットで主たる消費層を形成するのは1990年代後半から2000年代以降に産まれた世代「Z世代」です。この世代は、スマートフォン経由で情報を得て買い物をするのが当たり前であり、工芸事業者からアプローチのしやすい顧客層となります。また、「デザイン」や「地域」「持続可能性(SDGs)」等に対する関心も比較的高い世代のように思います。これらのキーワードは工芸にとって親和性が高いので、これまで以上に工芸への共感を得ていくことは可能でしょう。

もちろん次に見る海外市場も重要です。それでもやはり工芸産業の主要なマーケットは国内であり続けるでしょう。現在、海外展開に成功している工芸事業者でも、一部を除いて海外売上比率は高くても2割程度です。残りの8割である国内マーケットのほうが高い重要性を持つことは明らかです。また、海外展開を本格化するにしても、国内マーケットでしっかりした販売基盤がないと、リスクを取った積極的な海外展開は難しいのです。

国内、特に比較的高単価なマーケットは引き続き重要であり、まだまだ成長の余地は残されていると考えてよいのではないでしょうか。

海外マーケットはどうか?

海外マーケットについては2つの切り口があります。アウトバウンドとインバウンドです。前者のアウトバウンドは、輸出のイメージで、海外の顧客に海外で買ってもらうということです。後者のインバウンドは、海外からの観光客です。海外から日本に来たインバウンド客に日本国内で買ってもらうというものです。

①インバウンド

まず、インバウンドから考えてみましょう。

２００３年に日本として国を挙げて観光の振興に取り組み、観光立国を目指す方針を示し、ビジット・ジャパン・キャンペーンが始まりました。本キャンペーンで、アジア諸国に対する観光ビザの免除が進んだこと、そして２０１２年からの円安の進行もあり、２０１９年には３１９０万人までインバウンド客数は増加しました。２０２０年からの新型コロナウイルス感染症拡大の影響で世界的に旅行需要は落ち込みましたが、２０２３年には２５１０万人まで回復、２０２４年は過去最高の３６８０万人（速報値）まで達しました。

政府では２０３０年までに６０００万人という目標を示していますが、いずれにしても今後は日本の総人口の４分の１から２分の１に至る規模のインバウンド観光客が日本で消費を行うことになります（もちろん急速に円高が進行する可能性や、国際情勢の変化、感染症のパンデミックなどの可能性・不確定要素は残っています）。

２０２３年のデータで世界各国と比較すると、日本へのインバウンド客数は15位（２５０７万人）です。これが仮に６０００万人まで増えると、現在のイタリアと並ぶ水準の観光客が訪れるというこ

訪日客数の推移

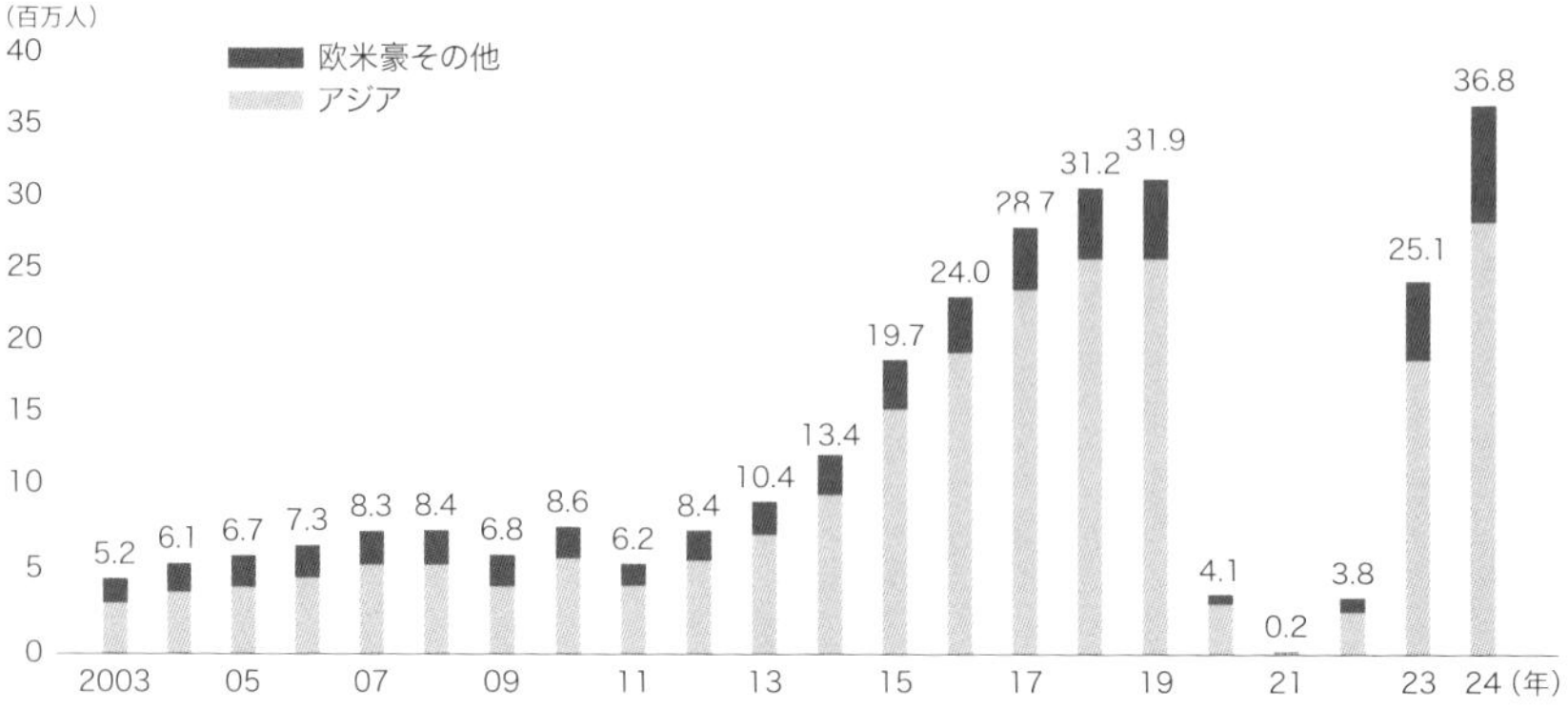

出所：日本政府観光局

とになります。1人当たり観光消費額では、日本は1539ドルであり、米国が抜きんでているものの、欧州各国と比較すると遜色ない水準です。

この日本へのインバウンド客は、6～7割が首都圏・関西・名古屋の3大都市圏、いわゆるゴールデンルートに集中しているのが現状ですが、徐々にゴールデンルート以外の全国各地にも増えてきています。特に日本の歴史・文化的な側面への関心が比較的高いとされる欧米からのインバウンド客の姿を各地で見ることが増えてきました。

このような歴史・文化的な物事に対する興味・関心、ひいては消費の受け皿として、工芸はまさにうってつけです。すでに工芸産地ツーリズムの取組みが各地で進められていますが、まだインバウンドへの対応は十分とは言えない状況にあります。そのため今後、大きな伸び代があるマーケットとして、工芸産地は積極的に取り組んでいくべきでしょう。また、多くのインバウンド客を受け入れている大都市部においても、日本の工芸をアピールし販売機会を増やすことも重要ではないでしょうか。

2023年のインバウンド観光に関する指標
(観光入国者数順、世界トップ15カ国)

順位	国名	観光入国者数(百万人)	観光消費額(十億ドル)	1人当たり消費額(ドル/人)
1	フランス	100.0	71.2	712
2	スペイン	85.2	92.0	1,080
3	米国	66.5	189.1	2,845
4	イタリア	57.3	55.9	976
5	トルコ	55.2	49.5	897
6	メキシコ	42.0	30.7	732
7	英国	37.2	73.4	1,971
8	ドイツ	34.8	37.4	1,074
9	ギリシア	32.7	22.3	680
10	オーストリア	30.9	24.7	799
11	タイ	28.2	29.7	1,055
11	UAE	28.2	51.9	1,845
13	サウジアラビア	27.4	36.0	1,312
14	ポルトガル	26.5	27.4	1,034
15	日本	25.1	38.6	1,539

出所：UNWTO

日本におけるインバウンド観光消費額を伸ばしていくという観点からも工芸の重要性は高く、観光事業者や観光政策サイドからの連携を進めていくことも必要です。

②アウトバウンド

次にアウトバウンド、海外への輸出です。

前章でも述べた通り日本の工芸輸出は近年伸びてきてはいるものの、その輸出額は欧米諸国と比べてわずかなものに留まっています。つまり、アウトバウンドについては、悪く捉えれば国際競争力が弱い、良く捉えれば成長の余地がたくさんある、伸び代だらけということになります。

国連人口基金（ＵＮＦＰＡ）の「世界人口白書２０２３」によると、２０２３年の世界人口は80億４５００万人と初めて80億人を超えました。日本の人口は１億２５００万人ですから、およそ79億人のマーケットにまだ工芸はほとんど知られていません。成長の余地は大いにあると言えるでしょう。

もちろんその中でも有力なマーケットは限られてきます。日本からの主要な輸出先は、中国をはじめとしたアジア、最大のマーケットである米国、そして世界の主要ブランドが軒並み揃う欧州の３つとしていいでしょう。

それぞれ今後のマーケット動向は異なりますが、世界各国の経済成長・消費水準の上昇、日本への認知度向上や他の食品・酒類等の輸出増加、インバウンド客の増加等を踏まえると、工芸についてもマーケット開拓の余地は十分あると考えられます。

当然、日本から世界に輸出するには海を渡る必要があります。そのため物流コストはかかりますし、それぞれのマーケットに合致した製品や売り方を考える必要も出てきます。しかし、優れた海外展開の事例も、工芸産業全体ではまだ少数ではありますが全国各地から出てきており、これから成功事例が増えていくことを期待してもよいのではないでしょうか。

そして、国際競争力を高めるための政策的なサポートについては、明治以来、工芸を輸出産業として振興したように、改めてそのあり方を国として検討することが求められます。

2. 工芸産地の危機

ここまで今後の国内外のマーケットについて考えてきましたが、工芸産業にとってこれからのマーケット環境は決して悪いものばかりではないと言っていいでしょう。しかし、マーケット環境が追い風だから、もしくは逆風が弱いからと言っても、それだけで産業が活性化するわけではありません。

これからも安価な輸入品は海外から入ってきますし、欧米のデザイン性の高いブランド製品も人気を集めるでしょう。競争環境はこれからも決して楽になるわけではなく、厳しい状況は続きます。

このようなマーケット・競争環境において、今後の工芸産業や全国の工芸産地は諸問題に対処し、再度活気を取り戻していくことはできるのでしょうか。

第3章で工芸産地の産業構造における問題点を指摘しましたが、この問題は今後さらに深刻さを増していき、工芸産地が危機的状況になることも考えておかなければなりません。

その危機的状況とは「ものが作れなくなる」ということです。

どういうことか、具体的に懸念すべき点を挙げておきましょう。

分業制の危機

工芸産地の産業構造は一般的に「製造段階での分業」と「製造と流通の分業（産地問屋の存在）」によって成り立っていますが、特に製造段階において事業者の廃業が進んでいることが問題です。小規模な事業者は家族的な経営を行っているところが大部分であり、廃業の背景には、経営者の高齢化や後継者の不在があります。１９８０年代から１９９０年代初めのバブルの好調時に30〜50代だった経営者は、いま60〜80代です。バブル崩壊以降、工芸産地は長く低迷しているケースが大部分で、後継者が育っている地域が少ないので、今後、10〜20年を考えると廃業の増加は避けられないでしょう。

分業によって成り立っている工芸のものづくりにおいて、製造事業者の廃業が続けば、産地内で完成品を作ることは不可能となってしまいます。そして、一度技術が失われてしまうと、その再生は大変難しいものとなります。

また、これは製造事業者が使用する生産設備や道具についても当てはまります。道具が無ければものづくりはできませんが、その道具を作る事業者の廃業も増えているのです。

このように工芸メーカーや設備・道具などの製造事業者の廃業が続くと、産地内の分業制は崩壊し、工芸産地で「ものが作れなくなる」ことに直結します。

人手不足

日本の総人口が減少する中、地方部の人口減少は急速に進んでいます。これは少子化の影響もありますが、若年層の大都市部への人口移動が止まっていないことが大きな原因です。そのため労働人口が減っていくことは、現時点では避けがたく、求人をしても人が集まらない人手不足の状況は、あらゆる産業で問題となり続けるでしょう。

工芸産業は主要な製造工程においてどうしても人手が求められます。人手が不足する以上、製造工程の機械化やデジタル化は必要ですが、「手仕事」や「職人の技術」が競争力の源泉である工芸では、これらを進めることでかえって競争力が落ちてしまうことも考えあわせなければなりません。さらには職人として働き始めた人が、製造技術を獲得するにも一定の時間がかかるので、離職を防ぐための取組みも求められます。

また、これから工芸産地が生産特化型から、企画・流通までも産地で担っていく体制に変わるためには、その企画・流通面を支える人材も確保する必要があります。

当たり前のことですが、事業体としての企業が残っても、そこで働く人がいなければものづくりは継続できません。この人手不足も「ものが作れなくなる」ことの大きな要因となるでしょう。

原材料確保とコスト上昇

最後に原材料の問題を取り上げます。

工芸に関するものづくりにおいて、原材料と言えば、陶土・釉薬・木材・金属・漆など多様なものがあります。これらは国内で生産できているものもあれば、海外から輸入しているものもあります。

このうち例えば、国内で生産している陶土については、瀬戸焼の産地である愛知県瀬戸市ではあと10年ほどで枯渇することが懸念されており、価格も上昇しています。

また、例えば木製家具等で使用する木材、土鍋製造で必要となるペタライト（鉱物）、磁器製造に必須のカオリン（鉱物）、銅・錫などの金属、そして漆など、これらは大部分を海外からの輸入に頼っています。そして、これらの価格は、国際的な価格上昇や円安の進行により高騰しています。

そもそも原材料が確保できるか、そして確保できたとしてもコストは上昇するということです。

この原材料コストとともにエネルギーコスト、人件費も上がっています。ゼロ金利の時代は終わったので、これから金利も上がっていくでしょう。こうした中で、利益を確保するには、製品に価格転嫁するか、もしくは利益率の高いビジネスモデル（例えば直販化）を構築する他ありません。そして、これが可能ならばよいのですが、ブランドとして認知・支持されていなければ、そもそも売れない、価格競争で負ける。その結果、事業が継続できず、「ものが作れなく」なってしまう恐れもあります。

つまり、これからは、様々なコスト上昇に合わせて、十分な価格転嫁ができ、かつビジネスモデルを革新し続けられる産地や事業者しか生き残ることができないのです。

ここで示したような問題の根本的な原因は、そもそも地方の人口が減っている、若者が流出している、国際的な原料価格が上がっている等、工芸産業や産地が単独で解決できる問題ではありません。しかし、これから10～20年で対処しなければ、確実に工芸産業や産地に負の影響を与えるものです。

すでに影響が出てしまっている産地もありますが、対処するために残された時間はあまり多くはありません。

3. 工芸産業・産地、これからのあり方

これからの工芸産業や工芸産地のあり方を考える上で、「エコシステム」という言葉を取り上げます。

「エコシステム」とはもともとは生態系を指す言葉です。生態系の中で、あらゆる生物とそれを取り巻く環境をある程度閉じたものとして把握するための考え方です。各生物が有機的なつながりをもって全体の維持・成長を実現する仕組みとも言えます。

この「エコシステム」のイメージを、産業や特定地域を対象として「(地域) 産業エコシステム」として把握する取組みが、近年行われてきています。

このときの「エコシステム」は、様々な企業・事業者であるステークホルダー（利害関係者）が、自身の持つ技術・製品・サービス・リソースをもとに相互に連携・協力しながら、産業全体の競争力を高める仕組みを指します。ステークホルダーには、顧客、行政、教育機関等の幅広いプレイヤーを含みます。

そして、エコシステム全体の目的は、個々の企業・組織が単独では達成するのが困難な改革・革新やスケールメリットを全体として達成し、競争力や持続可能性が向上することと捉

えます。

工芸産地のエコシステム

第3章で工芸産業の構造、産地構造を取り上げましたが、先ほども述べたように、従来型の構造は多くの点で疲弊してきています。消費地からの注文を産地問屋が受注し、それを産地内の製造事業者が分業で作るといった、工芸産地が製造に特化した構造では、これから生き残っていくことは難しいでしょう。流通環境の変化によって、従来のエコシステムでは工芸産業の競争力や持続可能性は向上しがたくなっています。

では、どのようなエコシステムであれば工芸産業・産地の競争力が向上し、持続可能となり得るのでしょうか。

2000年代以降の工芸リバイバル、工芸産地ツーリズム、海外展開を踏まえて考えると、「自ら企画・製造した製品を、自ら販売する」「産地に国内外から人を呼び込む」「海外にも展開する」、

これからの工芸産地のエコシステム

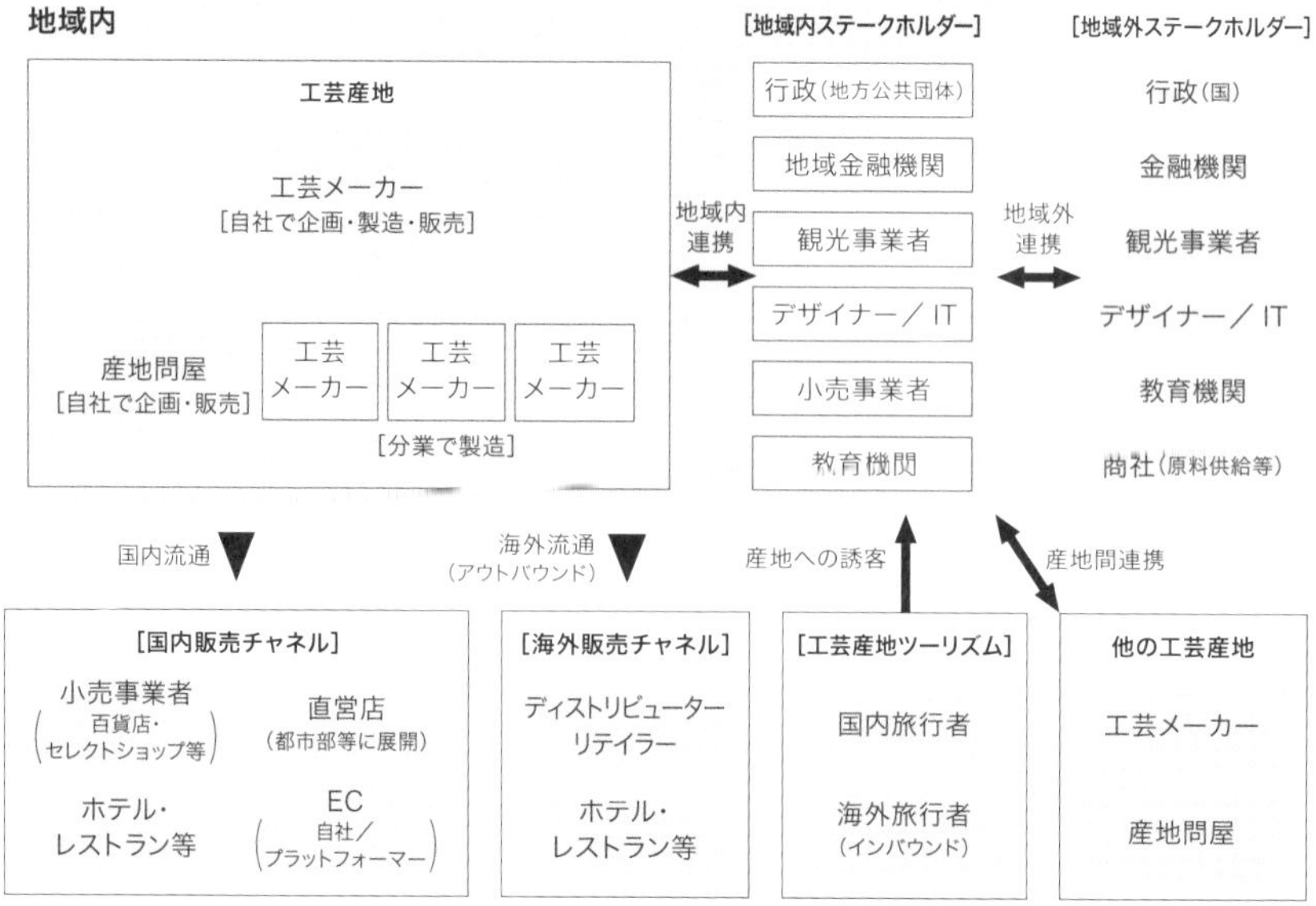

出所：(株)日本経済研究所

これらを産地内で各プレイヤーが目指し、地域内外のステークホルダーと連携しながら進めていく、ということが基本的な考えとなるでしょう。

特に低価格競争を回避し、比較的高単価で消費者に直接販売することが重要です。その結果、産地全体のブランド力の向上に加え、流通マージン分も産地の利益（正確には人件費を含んだ粗利益）として残ることになりますので、産地全体の付加価値を高めることにつながります。そして付加価値の向上により、より良い条件の雇用を生み、原料高への耐性も高めることができるようになります。

もちろん全国各地の工芸産地で作っている製品は様々ですし、地理的条件や歴史的・文化的背景は異なっています。そのため、何か一つの絶対的な答えがあるわけではありません。しかし、工芸産地を取り巻く環境の変化によってエコシステムは変わらざるを得ず、そして実際に変わってきています。工芸産地は今後自らの最適解を模索し、実現しなければならないことは間違いないでしょう。

これからの工芸産地エコシステムの検討ポイント

工芸産地のこれからのエコシステムの最適解は、産地によって異なりますが、検討のための基本的なポイントを示しておきます。

①産地の現状を再認識する

多くの工芸産地では、１９８０年代から１９９０年代初めのバブル景気の時代をピークに生産額は減少を続けています。この減少の要因は、商業・流通環境の変化という工芸産地にとっての外部環境の変化が大きかったことは間違いありません。

しかし、すでにその変化から30年以上が経っています。

では、現在に至るまで、その変化にどのように対応してきたのでしょうか。もしくはなぜ対応できなかったのでしょうか。何が成功して、何が失敗したのでしょうか。その理由は何でしょうか。

これらは工芸産地にとって非常に厳しい問いかけになりますが、産業としての成立条件は、第一に顧客からの支持、つまりは売上です。これが獲得できなければ産業としての衰退は避けられません。売上が長期的に下がっている以上、再生に向けて冷静にこれまでの経緯と現状を見つめなければならないでしょう。

その上で、産地が活用できる資産やネットワーク、産地内の事業者の状況などを踏まえて、将来像を考えていく必要があります。

②顧客との接点を増やす

「自ら企画・製造した製品を、自ら販売する」ということは、今後、工芸メーカーでも産地問屋でも同様に求められる姿勢です。

その中で製品の企画自体は、デザイナーへの委託など外部のリソースを活用することも十分に考えられますが、一方で顧客と接点を持ち販売するということは、産地のプレイヤーが自ら行うことが必要です。企画を外部に依頼し、販売も外部となると、従来の産業構造とほとんど変わりなく、産地は単に作るだけ、となってしまいます。

顧客に直接販売することは、利益率を上げるということもありますが、自分が作ったものがどのように受け入れられているのか、もしくは受け入れられないのかを知ることがより重要な目的です。商品企画をデザイナーに発注するにしても、顧客に提供したい価値を自らはっきり持っておくことが大前提となるので、そのためにも顧客と直接しっかりと接点を持つ場が必要なのです。

そして産地全体としても、「産地内に人を呼び込む」という工芸産地ツーリズムの取組みによって顧客接点を増やし、産地のブランド価値を向上させることも検討すべきでしょう。

③多様な人材を受け入れる

これからの工芸産地エコシステムの中でも、作り手である職人の存在は引き続き重要であることは当然ですが、それと同じくらい、製品の企画・デザイン・販売にはじまり、経営管理、ブランディングなどを担う人材が重要となります。海外展開となれば、海外で仕事をした経験があるような人材も必要となるでしょう。自社でECを運用するならば、ITスキルを持つ人も欠かせません。

もちろんすべてを工芸事業者が抱えることは難しい場合も多いので、外部に依頼することもあるでしょう。それでも地域内に依頼できる人材がいれば、より機動的に事業を展開できるようになります。

現在、若者が地方から大都市部に流出している原因の一つに、能力を活かせる魅力的な仕事が少ないというものがありますが、ここで挙げたような工芸産地に求められる多様な人材は、職人も含めて大変魅力的な働き甲斐のある職種ではないでしょうか。

このような人材を獲得するには、やはり工芸産地の付加価値を高めていくことが必要ですが、将来の工芸産地エコシステムには、地域産業が抱える若年層や高度人材の受け皿の不足を解決するきっかけが多く含まれているのです。

④産地・地域内の連携を深める

産業として工芸を成立させるためには、どうしても一定の生産量が必要となります。本書で事例として挙げたような工芸メーカーは、単独である程度のロットに対応できる体制を持っており、このような事業者が産地内に複数いれば、産地としてかなり活性化してくるのですが、そう簡単にいきません。

そこで、産地が一定の需要を獲得するために、産地内の小規模な事業者が連携して生産量を確保していく取組みが、今後重要になってくるでしょう。非常に小規模な生産量では小売流通に乗せることが難しく、ブランド化もままなりません。ホテルやレストランからの注文に対応することも困難です。

この連携の延長線上で、産地に不可欠な技術・生産能力を持つものの、どうしても廃業を検討せざるを得ない事業者がいる場合、スケールメリット・シナジー効果を望める事業者間が合意した場合など、産地内で事業売却・買収、経営統合を進めることも、今後増えてくると考えられます。これは産地内で成長性や持続性を高めるために大変重要な流れです。

また、工芸をコンテンツとして活用しやすい観光事業者など、他業種との連携もより重要になってくるでしょう。

このような多様な連携を視野に今後の工芸産地エコシステムを検討していくことが必要です。

⑤海外マーケットへの対応

最後は、これからの工芸産地は海外マーケットを意識し、徐々にでも取組みを始めていくべきである、ということです。

マーケット環境でも述べた通り、インバウンド観光客は今後も増加が見込まれ、日本の文化・歴史に関心の高い層は地方への関心を高めていくでしょう。そのとき工芸も一つの重要なコンテンツになり得ます。そのインバウンド観光客が訪れたときに、その産地の歴史を伝え、工芸の体験や購入機会を設けることは、国内からの旅行者に対するものと同じく重要な取組みとなるでしょう。

また、海外展開・輸出に向けたアウトバウンドの取組みは、基本的には個別の事業者単位で行うことが主だと思われますが、海外からの発注ロットが大きい場合に備え、産地内で連携体制を整えておくことも重要となります。もちろん、産地単位で海外展示会に出展するというのも、海外マーケットの動向を把握するのに有効な手段となり得るでしょう。

4．工芸産業への政策的サポート

第2章で近代の「産業としての工芸」の展開を整理してきました。その中で、政府の産業政策において、工芸産業は「輸出産業」として位置づけられ、国際競争力を高めるような施策が展開されてきたという点を確認しました。しかし、国内外の経済状況の変化によって「輸出産業」としての位置づけはほとんどなくなり、現在は1974年に成立した「伝統的工芸品産業の振興に関する法律」が工芸産業の基本的な振興の枠組みとなっています。

では、これからは、工芸産業を日本の産業の中でどのように位置づけるか、そして「伝統的工芸品産業の振興に関する法律」の振興のあり方について考えていきます。

「地域産業としての工芸」の位置づけ

現在、日本の産業政策の中で、残念ながら工芸産業の位置づけは高いものとは言えません。地方ならではの資産を活かしている、地方固有の産業（地域産業）という意味で、同じく重要な産業と言える農林水産業・食品産業・観光産業と比較すると、工芸産業が産業政策の中で言及される機会は大変少ないものです。

例えば政府の経済財政政策の基本方針である「経済財政運営と改革の基本方針」(いわゆる「骨太の方針」)、地方創生を掲げた「まち・ひと・しごと創生基本方針」において、工芸産業の記載はない、もしくはごくごくわずかです。一方で農林水産業や観光産業については、多くの言及がなされています。

しかし、これから地方の経済・産業が活性化していく上で、日本の歴史や文化のように他の国に移転ができないような価値の源泉を持つ工芸産業は、地方、ひいては日本の国際競争力の向上に資する重要なものではないでしょうか。国の競争力は、軍事的・経済的なハードパワーと、文化・価値観等の魅力によるソフトパワーに分けられますが、映画・音楽・アニメと並んで工芸産業はソフトパワーとしても大変有力なものでしょう。

国内向けに工芸産業が発展・成長することに加え、海外からのインバウンドに対応することや工芸産業の海外展開を進めることは、日本全体の利益にもつながるのです。

また、先ほども述べましたが、これからの工芸産業は地域において、職人等の作り手だけでなく、デザイナー、IT技術者、ブランディング担当者、海外担当者など、従来地域に不足していた職種を生み出すという点でも、地域にとって多くの可能性を秘めたものです。

このような観点から、ぜひ国の産業政策・地方創生政策の中で、重要な地域産業として工芸産業を位置づけていくべきだと考えます。

現在の工芸産業振興の枠組み

現在の国の工芸産業に関する基本的な振興の枠組みは1974年に成立した「伝統的工芸

品産業の振興に関する法律」（伝産法）に基づく各種の施策となります。この伝産法以外にも各種の中小企業・小規模事業者向けの補助制度があり、もちろん工芸事業者は活用することができますが、ここでは伝産法に焦点をしぼって考えていきます。

伝産法による振興の枠組みは大きく2つのフェーズに分かれます。

まず、「伝統的工芸品」の指定です。

はじめに工芸産地の事業協同組合等（一般的には「産地組合」と言いますので、以下「産地組合」とします）は、「伝統的工芸品」として指定を受けるための申請を行います。この指定を受けるための要件は、①主として日常生活の用に供されるものであること、②その製造過程の主要部分が手工業的であること、③伝統的な技術又は技法により製造されるものであること、④伝統的に使用されてきた原材料が主たる原材料として用いられ、製造されるものであること、⑤一定の地域において少なくない数の者がその製造を行い、又は

伝統的工芸品産業の振興に関する法律による振興の全体像

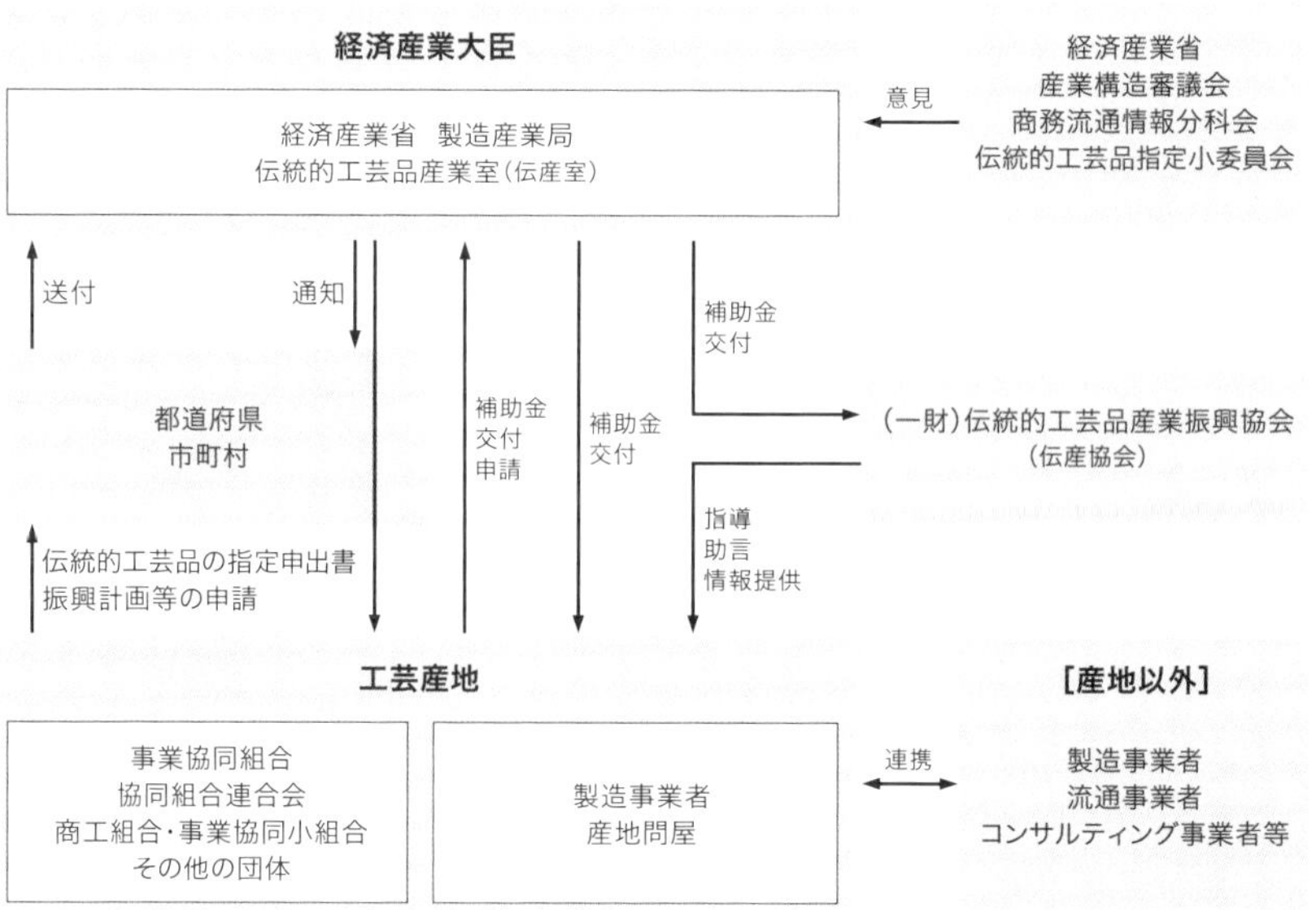

出所：各種資料により作成

その製造に従事しているものであること、この5つです。

この指定申請を都道府県・市町村を通じて受けた経済産業大臣は、有識者からなる伝統的工芸品指定小委員会の意見を踏まえ、指定を行います。この申請から指定までは約2年程度の期間がかかります。

次に、工芸産地の産地組合や製造事業者は、振興計画等の各種計画を作成し、指定申請と同様のフローで経済産業大臣から認定を受けます（ただし、伝統的工芸品指定小委員会は関与しません）。この認定を踏まえ、補助金の交付申請から補助金交付に進みます。計画の種類によって違いはありますが、比較的長期（3〜5年）で補助率も事業総額の2分の1から3分の2とかなり有利な補助制度となっています。

新たな工芸産地エコシステムのサポートに向けた提言

さて、こうした伝産法の枠組みはこれからも有効なのでしょうか。

残念ながら現実としては、伝統的工芸品に指定された工芸産地の生産額は減少が止まっていません。一方、第3章から第5章で見たような工芸産業からの新たな取組みに関して、伝産法の補助制度はほぼ活用されていません。

つまり、現在の工芸産業で起こっているリバイバルの動き、そしてこれからの工芸産地の新しいエコシステムのあり方と、現在の振興の枠組みにはギャップがあるのではないでしょうか。

以下では、これからの工芸産業の振興に関する基本的な方向性について提言します。

①意欲ある事業者への集中的な支援

現在の中小企業・小規模事業者政策は、１９９９年に改正された中小企業基本法をもとに進められています。この改正では、それまでの「大企業との格差是正」を目指す支援から、「自助努力による成長や独自の価値の創出」を支援する方針に転換しました。また、小規模事業者に向けては２０１４年に小規模企業振興基本法が定められ、その持続と成長を両立することが目指されています。いずれにしても基本的には経営の持続性はもちろんですが、成長する意欲がある企業・事業者を後押しすることで、地域経済の活性化を図ろうとするものと言っていいでしょう。

一方で、伝産法の枠組みは、「伝統的工芸品」に指定された工芸産地（指定産地）における組合・企業・事業者を対象とした制度設計になっています。

この場合、いかに成長意欲があり、優れた取組みを行っていたとしても、そもそも指定産地にいなければ、補助が受けられません。事例で取り上げた企業でも、必要とするか否かは別として、対象とならない例も多くあります。

また、もし新しく工芸関連の事業を立ち上げようと若い人が創業しても、指定産地にいなければ、そして指定された「伝統的工芸品」に一定程度合致しなければ補助は受けられません（制度運用の実態としては産地組合に属している必要があります）。

さらに、現在の工芸産業では、ものづくりの現場の重要性は変わりませんが、企画や流通面の重要性が増しています。このような企画・流通事業を主とする事業者も補助を受けにくい枠組みとなっています。複数の工芸産地の事業者と連携しようとすると、申請書類は極めて膨大となり、実質的にあきらめざるを得ないということも起こっています。

そのため、今後は一般的な中小企業・小規模事業者への支援と同じく、企業や事業者単位でその事業の内容に即して補助を行うことが必要ではないでしょうか。工芸産地であるか否かを条件とせず、工芸産業の発展や工芸にかかわる企業・事業者の成長に資する取組みにこそ、政策的なサポートが必要です。

この産地指定を前提とせずに企業・事業者に対して支援を行うということは、決して産地のあり方を否定するものではありません。むしろ成長意欲のある企業・事業者が育つことが、産地の競争力につながっていくのです。

②産地単位の取組みへの支援

次に工芸産地単位での取組みに対する支援です。

新たな工芸産地エコシステムのところでも書いた通り、これからの工芸産地は従来型の産業構造のままで持続していくことは大変困難だと思われます。

そのため、工芸産地の主要なステークホルダーが自らの力で、これから自身の産地がどうあるべきかを徹底的に考え抜いて、将来像・グランドデザインを描いていく必要があります。

このような将来像・グランドデザインを踏まえて、人材育成・経営技術の向上等の人的資本に関する取組み、小規模事業者が連携した製品開発・販路開拓、工芸産地ツーリズムの取組み等を進めていくことが求められます。

このような徹底的な検討や取組みに対しては、従来の産地指定を軸に人的・金銭的な補助を出していくことでよいでしょう。ただ「伝統的」という言葉は難しいもので、ものづくりにおけるイノベーションを阻害する方向に働いたり、従来型の産地構造をより硬直的にし、新しい取組みが生まれにくくするよう作用したりすることも、多くの工芸事業者から聞かれます。

補助に当たっては、今後の産地の将来像が描かれており、持続可能なグランドデザインが検討されているかどうかを、しっかりと確認した上で、実行することが求められるでしょう。もう工芸産地に残された時間は多くはないのです。

③伝産協会の役割の見直し

最後に(一財)伝統的工芸品産業振興協会(伝産協会)について簡単に述べておきます。

伝産協会は伝産法に基づき組織された団体であり、伝統的工芸品の普及・促進等を担っています。具体的な事業としては①人材確保及び技術・技法継承事業(伝統工芸士の認定等)、②産地指導事業(伝統マークの発行、コンサルタント派遣等)、③普及推進事業(展示・情報発信施設「青山スクエア」事業等)、④需要開拓事業(国内外での展覧会開催・参加等)があります。

このような事業は、経済産業省からの補助金を主な財源としており、2024年度の額は7億円です。先ほどの工芸産地の振興計画等に基づく補助金は総額3・6億円ですので、伝産法関連の予算約10億円のほぼ7割が伝産協会に振り向けられています。

工芸産地の事業者が実際に受けることができる補助金に対しておよそ2倍であり、より実際の事業者に手厚く配分すべきだ、というのは予算の増額も合わせて検討すべきだと思いますが、伝産協会が工芸振興予算の7割を受けているということから、工芸産業の成長に資する事業ができているのかどうか、十分に検証した上で、より効果的な事業展開に期待したいと思います。

一例を挙げると、「伝統的工芸品」の基準に沿って作られた製品に対して、それを示す「伝統マーク」がありますが、現在は活用されることは少なくなっています。今のマーケットにおいてはブランド化への効果は薄いと考えざるを得ないのではないでしょうか。むしろ、この制度が、工芸のイノベーションを難しくしている可能性もあるかもしれません。

その他にも展示・情報発信施設である「青山スクエア」が、工芸産地にとって有効なマーケティング拠点として、顧客の反応や販売実績が工芸産地・事業者にフィードバックされ、顧客に支持される商品開発に結び付けるという観点もこれからより求められるようになると思われます。

多くの政府の資金（税金）を活用して事業を展開している以上、それがより多くの効果に結び付くよう、これからのマーケット環境や工芸産地の将来像に即した事業展開が行われることを期待します。

海外展開のサポート

これからの工芸産業にとって海外マーケットの重要性は高まっていくものと考えていますが、海外の需要を獲得していくことは、決して簡単なことではありません。

工芸という日本の歴史的・文化的な資産をいかに海外マーケットに向けて発信し、有効なビジネスモデルを確立していくか、これに向けて政策的に取り得るのは、その機会を提供することではないでしょうか。

以下では、海外マーケットの開拓や海外展開のサポートに向けて、インバウンド・アウトバウンドの2つから提言します。

①都市部における工芸発信・販売拠点の設置

まず、インバウンドです。

海外からのインバウンド観光客は増加しており、国内での消費主体として無視できない規模になっています。しかし、地方への波及は徐々に増えているとはいえ、まだまだ東京・大阪を中心とした大都市部に集中しているのが現状です。

そこで、この大都市部において日本の工芸を発信・販売し、さらには海外展開に向けて事業者が商談を行えるような施設を作ることは、販売機会の増加や海外展開の機会を提供するという点で有効な手段ではないでしょうか。

現在、外務省が日本の魅力を戦略的に発信する拠点として、ロンドン（英国）、ロサンゼルス（米国）、サンパウロ（ブラジル）に「ジャパン・ハウス」を展開しています。この国内版として、どの省庁が設置主体になるかは別として、工芸をテーマにインバウンドの需要を獲得する機会・場を設けることを提言したいと思います。

運営主体としては、「青山スクエア」の運営実績がある伝産協会も考えられますし、十分な能力がある民間事業者に委託することも考えられるでしょう。

また、展示する商品については、デザイナー・バイヤーや海外事業に精通した有識者等が選定し、販売実績を工芸産地・事業者にフィードバックし、よりよい製品開発につなげるといったシステムを構築することが重要となるでしょう。

②日本発の国際展示会の開催

次にアウトバウンドです。

現在、工芸事業者が海外展開への取組みを始める際に、多くの場合に最初にやることとして、海外、特に欧米で開催される国際展示会への出展があります。

例えば欧州をマーケットとして狙うのであれば、メゾン・エ・オブジェ（フランス）、アンビエンテ（ドイツ）、ミラノサローネ（イタリア）となるのですが、出展にかかる人的・資金的な負担は、公的な補助を受けられたとしても、大変なものとなります。

しかし、このような国際展示会が日本で開催できたとしたらどうでしょうか。

国内で海外のバイヤーにＰＲ・商談することができる機会があれば、工芸事業者にとって海外展開のハードルはかなり下がるのではないでしょうか。

また、欧米諸国のように国際展示会が盛んに行われる国は文化的な発信力が高い、ということになりますが、アジアには残念ながら、日用雑貨の分野で発信力のある国際展示会はありません。

そこで、十分な発信力のある国際展示会が開催できれば、日本の観光や文化的な発信力の強化にもつながります。また、近隣のアジア各国・地域からも参加しやすいとなれば、アジアにおける日本のソフトパワーの向上にもなります。

開催場所としては、すでにある大都市部のＭＩＣＥ（マイス）施設（コンベンションセンター）や大阪で整備が進むＩＲ（統合型リゾート）内に整備が予定されている施設も考えられるでしょう。

日本は一般的な個人観光はもちろんですが、ビジネス目的の出張先としても近年人気が高まってきています。この機会を活かして、国際展示会の開催を検討してもよいのではないでしょうか。

5．金融的サポートのあり方

最後に工芸産地エコシステムにおける金融機関の役割について考えます。

金融機関の基本的な役割として、企業や事業者に対して運転資金や設備投資資金を主に融資というかたちで調達する手段を提供することがありますが、工芸事業者に対しても同様です。これは従来行われてきたことでしょう。

一方、今後の工芸産地を考えると、より深いかかわりが求められるようになります。

工芸事業者の多くは家族的な経営を行っているファミリー企業ですが、経営者の高齢化、後継者の不在によって廃業するところが増えています。何度も触れましたが、分業を主とする工芸産地にとって、主要な工程を担っていたり、重要な技術を保有したりする事業者の廃業は「ものが作れない」状況を生んでしまいます。このとき前後の工程を担う事業者・産地問屋等がM&Aによって事業を承継することが考えられます。金融機関はこのようなM&Aについて、アドバイザリーや資金供給をするという重要な役割が、今後一層求められるようになるでしょう。

このような資金面でのサービスに加え、近年は地域金融機関を中心に企業に対してコンサルティング・アドバイス等を行うことで、その成長を支えていく「リレーショナルバンキング」が重要となっています。この取組みを進める中で、地域の重要な産業である工芸に関しても知見を蓄えていくことが求められます。

このような取組みは、個別の企業に対する金融的なサービスとして、広い意味でのコーポレート・ファイナンスとされるものですが、もう一つ「プロジェクト・ファイナンス」についても考えます。

プロジェクト・ファイナンスとは、特定のプロジェクト（事業）を対象に、そのプロジェクトを独立的に行う事業体（特定目的会社。以下、SPC）を立ち上げ、プロジェクトから生み出された収益等を返済原資とするファイナンススキームです。

新しい工芸産地エコシステムについて触れた中で、中小企業・小規模事業者が国内外のマーケットを獲得するには、相互に連携して一定量を生産し、国内外のマーケットに販売できる体制を作るべきだ、と述べましたが、まさにこのような体制づくり・事業展開に活用できるものです。

従来は産地問屋のような存在が産地の製造事業者を取りまとめてきましたが、おそらく多くの場合、中小規模の産地問屋が自社で多額の資金調達を行い、リスクを取って新たな商品を一定量作る体制を構築することは困難でしょう。また、製造事業者が連携しても、やはり個々の事業者が調達できる資金には限界があります。仮に一つの製造事業者が取りまとめようとした場合、その1社にリスクが集中してしまいます。

プロジェクト・ファイナンスのスキームでは、広いステークホルダーから資金を調達することが可能であり、また産地の工芸事業者はSPCとの業務委託契約に基づき製造するので、過度なリスクを負担する必要はありません。

その他にもSPCが事業の取りまとめ、企画・販売を行いますが、このSPCに産地内のプレイヤーが参画することで、産地内にネットワークと知見が蓄積される、外部の人材やリソースを活用しやすい等のメリットもあります。

また、プロジェクト・ファイナンスは、一般的にはインフラ・公共施設整備等で活用されるため資金調達額は多いものでは数百億円ともなります。しかし、工芸産地からの商品開発・販売を主眼とするプロジェクトであれば、大規模な設備投資は基本的に不要なので、事業規模はおそらく多くても数億円という規模になるでしょう。場合によっては、数千万円という単位でも十分かもしれません。このような資金調達であれば、産地の工芸事業者も出資の可能性は高まりますし、クラウド・ファンディングによって一般の人々から投資を募

工芸産地におけるプロジェクト・ファイナンスのイメージ

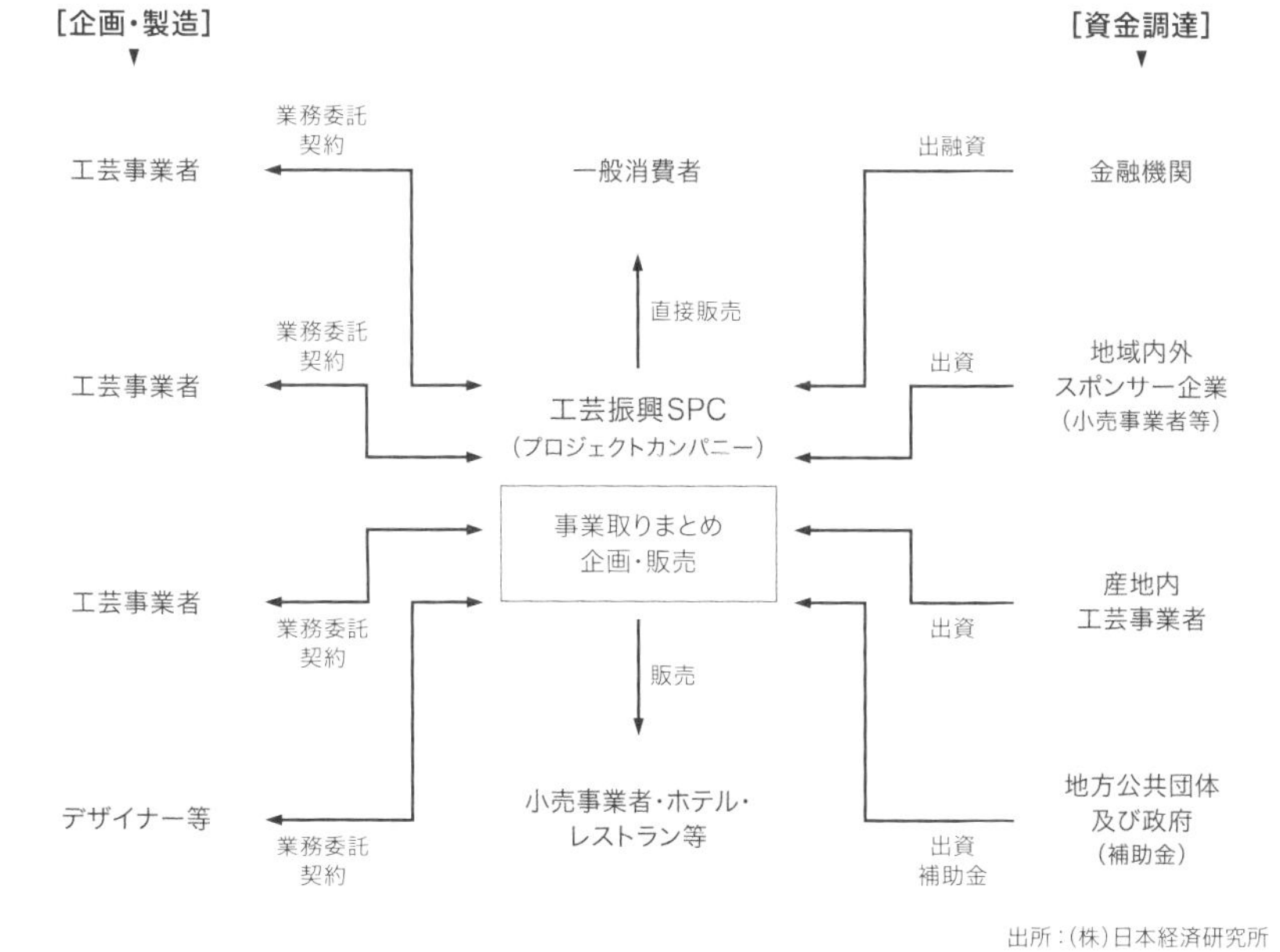

出所：(株)日本経済研究所

ることも有効なものとなります。金融機関にとっても地域経済への効果が望める一方で、投資へのハードルは低いものになるのではないでしょうか。

ただし当然ながら、プロジェクトそのものが事業として成立するか否かの冷静な判断は求められますし、工芸産地サイドの事業者は受け身ではなく、積極的なコミットメントが必須となります。産地のグランドデザインや将来像が、関係者の中でしっかりと検討され合意されていることが必要です。

２０２４年１月の能登半島地震、９月の豪雨災害によって能登地方の工芸産地は大変な被害を受けました。この復興に向けて、外部の資金を産地に受け入れながら、製品開発・販路拡大を目指すことを企図するのであれば、このプロジェクト・ファイナンスは検討されてもよいものでしょう。

Column

地域金融機関による市場拡大支援

近年、工芸産業の発展を導く陰の立役者として、個々の事業者の成長を支援する地域金融機関への期待が高まっています。この中で地域産業振興をはじめとした地域課題への対処と営業基盤強化の観点から、地域金融機関が地域商社や地域活性化のための事業会社を設立し、投融資とあわせて事業者の事業拡大・ブランド確立等に向けたハンズオン支援を行う動きが出始めています。

京都中央信用金庫は、2019年度から京都の優れた工芸産業を「伝統と文化の産業」から「グローバル市場で勝負できる産業」へ転換・創出することを目標に、建築・インテリア商材開発事業を実施しています。そして、その出口支援強化のため、2022年7月に開発・販売機能を持つ地域商社として、京都中央信用金庫全額出資で「地域の新しい資源を世界へ届ける」というビジョンのもと、京都アンプリチュード（株）を設立しました。

2022年12月には同金庫の西御池支店跡地にショールームを開設し、新たに開発したプロダクトを展示・販売するギャラリーと、長い歴史を持つ京都の工芸産業が培ってきた素材・技術・意匠を用いたマテリアルを展示するライブラリーを設置しています。

特にホテル・店舗・住宅の設計・デザインというBtoBの新たなマーケットに着目し、製品ブランドを工芸事業者ごとではなく、「WAZAI」ブランドで統一、竹・陶・漆・和紙など素材でカテゴリーを分け、新たなデザイン性の高いインテリア素材・製品を提案していま

写真上下ともに／京都アンプリチュードのショールーム

す。

　また、フランスのラグジュアリーブランドを代表するエルメス本社で副社長を務めた齋藤峰明氏をブランドアドバイザーに迎え、現代のライフスタイルに合うよう工芸のリデザインを推進しています。従来は和傘として使われていた素材をランプシェードに、西陣織をソファカバーや壁面のインテリアに利用するといった新たな用途の提案は、工芸の新しい価値創出や市場拡大へとつながるのではないでしょうか。このような日本の伝統的な技術・素材等を用いながらも現代のライフスタイルに合わせた建築・インテリア素材や製品は、すでに国内外のホテル・レストラン・医療機関などで取り入れられています。

【(株) 日本政策投資銀行地域調査部　山野井 友紀】

おわりに　～仮説としての工芸～

これまで本書では、明治時代に「工芸」概念が誕生し、新たな歩みを始めることとなった「工芸産業」について近現代１６０年の歴史を振り返りました。そして２０００年時点では国内外のマーケットの多くを失い苦境にあった工芸産業が、２０００年代に入って新たな取組みを展開する工芸事業者が続々と登場したことで、「工芸リバイバル」とも言える状況にあることを示しました。そして、これからの工芸について、そのあり方やサポートに当たっての問題点・提言に言及しました。最初から最後までお読みいただいた方は、当然賛否はあるとは思いますが、過去・現在・未来について工芸産業を考え、議論するための土台となる知見を得ていただけたものと思います。

そして本書を閉じるに当たって、ここまでの議論で示すことができなかった2つの論点について考え、結びとしたいと思います。

それは「工芸とは何か？」ということ、そして「地域創生において工芸産業をどう考えるか」の2つです。

「工芸とは何か？」

「工芸とは何か？」、これは本書の第1章で工芸概念の成立過程を整理するに当たって提出した論点です。これまでの議論を振り返って改めて検討しましょう。

近代から現在に至る工芸産業を見ると、あるときは海外向けに日本的なイメージを増幅するようなものであったり、あるときはモダンデザイン、そしてあるときは前衛的（アバンギャルド）であったり、高価な芸術を志向するものもあれば、前近代から続く生活道具としての民藝を強調するものもありました。工芸は時代や目的によって姿を変えてきた――これは現在でも同じです。

このとき「工芸とは何か？」という問いに「工芸とは……である」と一義的に答えること、定義を与えることは不可能、もしくはあまり意味がないと言ってもよいでしょう。あまりに多様であり、それを統一しようとすればするほどあいまいになってしまいます。

もちろん工芸の本質的な部分が「手工業的である（手仕事に多くをよっている）」「日本の歴史・文化的な背景を色濃く持つ」ということは指摘できます。が、これらは「工芸」という入れ物・容器（概念の外枠）の特徴であり、その入れ物（内側）には、伝統的とされる意味・意匠、民衆的な意味づけ（民藝）、モダンデザイン、アバンギャルド、ポップなど様々な要素を入れることができる。そして、何を入れるかによって、作られる製品も変わってくる。そのように捉えるのが、適切なように思います。だからこそ工芸から多様なモノや考えが生まれてきたのです。そして、これからもそうでしょう。

つまり、「工芸」は何が出てくるか分からない、非常に柔軟で、可能性に満ちたものづくりの領域なのです。

本書において「伝統工芸」という言葉、今や「工芸」と同義のように使われ一般名詞化しているこの言葉を、戦後の文化政策（重要無形文化財制度）における位置づけ以外で使用しなかったのもこの理由からです。

「伝統工芸」という言葉を前提にしてしまうと、民藝、モダンデザイン、アバンギャルド、ポップといったこれまでなされてきたアプローチは「伝統的」ではないという理由で退けられたり、対立するものとして扱われたりします。しかし、歴史的には日本のモダンデザインは工芸の領域から生まれました。今から見ると意外にも思えますが、それは無意識的に「伝統工芸」を与件としているからです。これでは工芸に対する正確な認識を導くことはできません。「伝統」という言葉は、使い方を間違えると過去の事実を忘れさせたり、将来の自由度や可能性を閉ざしたりするよう働いてしまいます。

一方で、工芸事業者や職人の方々は、「工芸とは何か？」という問いに対して、言葉の世界ではなく、常に目の前の現場でものづくりを続ける中で、意識的にでもそうでなくても、「工芸とはこういうもの」「これは工芸である」という答えを製品そのもので出し続けています。正確には工芸概念の範疇に含まれるものを製品として例示するとともに、答えとなる仮説を提出し続けているのです。

そして逆説的ですが、「工芸」という言葉があり、そして工芸に属する製品、つまり答えに含まれるべき存在があるから「工芸とは何か？」という問いが成立し、そして新しい工芸が生まれることで、その問いはさらに新たに問い直されるという循環が成り立ちます。

こうして「工芸とは何か？」という問いは、一義的な答え・定義による最終的な決着を得ないまま、今までと同じように残り続けます。これからも工芸に携わる人によって常に仮説的に様々な答えが出し続けられ、その問いの射程は工芸的なものづくりが続く限り広がっていくでしょう。

明治に工芸概念が生まれて以来、「工芸とは何か？」は様々な人によって真剣に問われ、答えが提出されてきました。そのすべてが最終的な答えではなく「仮説」です。このように問い続けられ、仮説が生み出されること、それ自体が「工芸」の持つ不思議な魅力と言えるかもしれません。

地域創生と工芸産業

そして、地域創生と工芸産業の関係です。

よく考えると、日本という、世界でも先進国に位置づけられる場所で手工業的なものづくりを追求することは、近代・現代的な製造業が重視する生産効率や規模の追求という観点からすると難しいことのように見えます。しかし、その一方で、大正時代に始まった民藝運動に強い影響を与えた、ウィリアム・モリスが提唱したアーツ・アンド・クラフツ運動では、近代製造業が置き忘れた労働の喜びや美的観点が重視されました。近代製造業が成長したからこそ、工芸産業に光が当たるという逆説的なことが先進国では起こるのです。２０００年代のグローバリゼーションの中でより安い生産コストを求めて世界中で製造業が盛んとなり、あらゆる製品が安価で一定の品質を持って流通するようになりましたが、その反作用として、改めて工芸的なものづくりに対して再評価する動きが出てきています。第5章で見たように、クリエイティブ産業という枠組みでデータ整理されるようになったのもその一例です。

となると日本の工芸産業には追い風が吹いているようにも思えます。

しかし、今の日本は国全体として少子化・高齢化・人口減少という人口構造問題を抱え、特に地方では賃金水準の高い都市部への若年層の流出も課題となっています。地方によってはその存立が危ぶまれるほどの人口減少が見込まれており、どのように人が住み・働きつづけられるようにするのか、地域産業の立て直しによる「地域創生」は喫緊の問題です。

地域産業の中で、工芸産業は非常に重要な位置を持つものといえます。

足元では、長年にわたる金融緩和の出口が見え「金利のある世界」に戻っており、最低賃金の引き上げや地域間・産業間の人材獲得競争により人件費は上がってきています、さらには国際的な財・サービスのインフレ傾向と円安により原材料コストも上昇しています。生産コストは上がる一方なのです。その中で、事業者が十分な利益を上げていくには、売上の向上はもちろん営業利益率を高めることが不可欠となっています。

しかし、成熟・飽和しさらに縮小に向かう国内マーケットで差別化することは難しく、また海外マーケットに打って出るのも簡単ではありません。多くの地域産業は大変難しい状況に追い込まれているのです。

このとき地域産業の一つである工芸産業は、地域固有のものづくりの領域として非常に有望ではないでしょうか。２０００年代から各地で進む「工芸リバイバル」では、国内において比較的高価格帯で勝負できるようブランディングし、差別化を実現してきましたし、海外でも十分に通用することも証明してきました。また、工芸産地に国内外から人を呼び込む、ツーリズムへの展開も今後より活発になることが期待されます。

さらに何度か指摘したことですが、これからの工芸産業に必要なのはものづくりの現場を担う職人だけではありません。事業や製品の企画・デザイン、国内外への営業・販売、経営管理・財務など、幅広い経験・知見を持つ人材が求められています。このような人材を求める産業分野は地域産業の中でもそう多くはありません。都市部で経験を積んだ人材が、ＵＩＪターンで地域に定着し活躍する機会を提供する産業としても、工芸産業は有望なのです。

このように考えると、「地域創生」の中で工芸産業が取り得る位置は非常に高く、工芸産業の活性化は政策的にも重要度は高いと言ってよいでしょう。もちろん、政策がどうであれ、最終的な成功は各地の工芸事業者の双肩にかかっていることは言うまでもありません。過去の歴史的・文化的な背景・経緯は大切にしながらも、「伝統」という言葉に拘泥することなく、柔軟に自由に工芸を捉えて、その魅力を国内外のマーケットに提出し、現在の産業として成立することで次世代に歴史や文化を紡いでいくことが求められます。様々な新しい工芸（仮説）が生まれてくることが工芸産業の活性化には必要です。

世界の先進国の中でも日本ほど手工業的なものづくり＝工芸産業が残っている国はないと言われています。江戸時代以前からの歴史を持ち、現在まで残ってきた工芸産業です。長い歴史と豊かな可能性を持つ工芸の強みを最大限発揮することで工芸産業が活性化すること、今後も全国の工芸産地が「伝統」を築き続けること、これこそ地域の持続可能性の向上＝「地域創生」の本質と言えるでしょう。

１００年先の未来から現在を振り返ったとき、あのときの人々の活動が、今の「伝統」につながっていると誇りをもってもらえるよう、ＤＢＪグループとしても工芸産業に対して様々な観点からサポートしていきたいと考えています。

最後に本書が工芸産業に携わる皆様が成功するための一助となれば、これ以上の喜びはありません。本書作成にご協力いただいた皆様に改めて深く御礼申し上げます。ありがとうございました。

主要参考文献

本書の作成に当たっては多くの書籍・論文を参照しました。以下では主要な参考文献を示します。本書を読んでいただき、さらに理解を深めたい方はぜひご一読ください。

- 北澤 憲昭『眼の神殿―「美術」受容史ノート』 筑摩書房
- 北澤 憲昭『境界の美術史―「美術」形成史ノート』 筑摩書房
- 北澤 憲昭『美術のポリティクス―「工芸」の成り立ちを焦点として』 ゆまに書房
- 佐藤 道信『〈日本美術〉誕生―近代日本の「ことば」と戦略』 筑摩書房
- 森 仁史『日本〈工芸〉の近代―美術とデザインの母胎として』(シリーズ近代美術のゆくえ) 吉川弘文館
- 木田 拓也『工芸とナショナリズムの近代―「日本的なもの」の創出』 吉川弘文館
- 土田 眞紀『さまよえる工藝―柳宗悦と近代』 草風館
- 平光 睦子『「工芸」と「美術」のあいだ―明治中期の京都の産業美術』 晃洋書房
- 竹原 あき子・森山 明子(監修)『カラー版 日本デザイン史』 美術出版社
- 阿部 公正(監修)『増補新装カラー版 世界デザイン史』 美術出版社
- トーマス・ハウフェ『近代から現代までのデザイン史入門―1750-2000年』 晃洋書房
- 國 雄行『博覧会と明治の日本』 吉川弘文館
- 東京国立博物館(編)『明治デザインの誕生―調査研究報告書「温知図録」』 国書刊行会
- 樋田 豊次郎『日本文様図集 明治の輸出工芸図案 起立工商会社の歴史』 京都書院

・黒川廣子・野呂田純一『東京藝術大学大学美術館所蔵 起立工商会社の花鳥図案』 光村推古書院
・宮崎克己『ジャポニスム―流行としての「日本」』 講談社
・東田雅博『ジャポニスムと近代の日本』 山川出版社
・寺本敬子『パリ万国博覧会とジャポニスムの誕生』 思文閣出版
・金子皓彦『西洋を魅了した「和モダン」の世界
―明治・大正・昭和に生まれた輸出工芸品 金子皓彦コレクション』 三樹書房
・帝國博物館(編)『稿本日本帝國美術略史』 農商務省
・ジリアン・ネイラー『アーツ・アンド・クラフツ運動』 みすず書房
・安田禄造『本邦工芸の現在及将来』 廣文堂書店
・工芸財団工芸ニュース編集室(編)『工芸ニュース 総集編』 工芸財団
・神野由紀『百貨店で〈趣味〉を買う―大衆消費文化の近代』 吉川弘文館
・神野由紀『趣味の誕生―百貨店がつくったテイスト』 勁草書房
・鈴木勇一郎『おみやげと鉄道―名物で語る日本近代史』 講談社
・国立歴史民俗博物館+岩淵令治(編)
『「江戸」の発見と商品化―大正期における三越の流行創出と消費文化』 岩田書院
・東京国立近代美術館(編)『モダニズムの工芸家たち―金工を中心にして』 東京国立近代美術館
・柳宗悦『工藝の道』 講談社
・柳宗悦『民藝とは何か』 講談社
・志賀直邦『民藝の歴史』 筑摩書房
・「シャルロット・ペリアンと日本」研究会(編)『シャルロット・ペリアンと日本』 鹿島出版会
・田中辰明・庄子晃子『ブルーノ・タウトの工芸―ニッポンに遺したデザイン』 ＬＩＸＩＬ出版
・高橋英夫『ブルーノ・タウト』 講談社

■中小企業庁計画部計画課（編）『図説 我が国の産地』 ぎょうせい
■志賀健二郎『百貨店の展覧会―昭和のみせもの1945-1988』 筑摩書房
■E・ホブズボウム T・レンジャー（編）『創られた伝統』 紀伊国屋書店
■島野隆夫『商品生産輸出入物量累年統計表』 有恒書院
■能作克治『踊る町工場―伝統産業とひとをつなぐ「能作」の秘密』 ダイヤモンド社
■市橋人士『ハコアの教科書』 勝木書店
■市橋人士『ハコアの軌跡』 勝木書店
■中川政七『日本の工芸を元気にする！』 東洋経済新報社
■中川淳『老舗を再生させた十三代がどうしても伝えたい 小さな会社の生きる道。』 阪急コミュニケーションズ
■長沢伸也・川村亮太『地場伝統企業のものづくりブランディング―玉川堂、勝沼醸造、白鳳堂、能作はなぜ成長し続けるのか』 晃洋書房
■長沢伸也（編）『伝統的工芸品ブランドの感性マーケティング―富山・能作の鋳物、京都・吉岡甚商店の京鹿の子絞、京都・とみや織物の西陣織、広島・白鳳堂の化粧筆』 同友館
■フィリップ・コトラー『マーケティングマネジメント』 鹿島研究所出版会
■デービッド・アーカー『ブランド論―無形の差別化をつくる20の基本原則』 ダイヤモンド社
■新山直広・坂本大祐『おもしろい地域には、おもしろいデザイナーがいる―地域×デザインの実践』 学芸出版社
■西堀耕太郎『伝統の技を世界で売る方法―ローカル企業のグローバル・ニッチ戦略』 学芸出版社

編著者一覧

■責任編集

宮川 暁世

(株)日本政策投資銀行 産業調査部長 兼 地域調査部担当部長

1974年神奈川県生まれ。1997年東京大学法学部卒業、日本開発銀行(現・日本政策投資銀行)入行。ロンドン駐在、情報システム企画、財務部門、女性起業家支援等を経験後、2021年シンジケーション・クレジット業務部長、2023年地域調査部長を経て2024年6月より現職。最新の産業動向調査・発信から、観光・スポーツなどのコンテンツを活用した地域創生の取組み支援など幅広く取り組んでいる。交通政策審議会観光分科会臨時委員等の公職にも多数就任している。

■著者

倉本 賢士

(株)日本経済研究所 産業戦略本部 産業調査企画部 主任研究員

1980年広島県生まれ。2003年早稲田大学法学部卒業、2008年に日本経済研究所に入所。2010年日本政策投資銀行出向を経て、2014年より現職。地域経済・産業分野を専門領域とし、特に農林水産業・食品産業、工芸産業、観光産業、自然資本・社会的共通資本等に地域固有の産業や資本のあり方に関する調査・研究を進めている。

【執筆箇所】はじめに、第1章〜第6章、おわりに

山野井 友紀

(株)日本政策投資銀行 地域調査部 副調査役

1986 年神奈川県生まれ。2008 年慶應義塾大学文学部(美学美術史学専攻)卒業、日本政策投資銀行に入行。企業戦略部、企業金融第3部(各種業界の調査業務や商社、物流会社への融資業務などに従事)を経て現職。古民家や工芸などの地域資源を活かしたまちづくり、官民連携等に関する調査研究を担当している。

【執筆箇所】第6章コラム「地域金融機関による市場拡大支援」

原岡 知宏

(一社)日本工芸産地協会 理事兼事務局長

1974年生まれ。大阪府立大学工学部出身。(株)中川政七商店にて生活雑貨事業のMDおよび生産管理体制、卸販売体制、全社ガバナンス構築に従事。2017年(一社)日本工芸産地協会の設立に参画、理事兼事務局長として日本工芸産地博覧会を開催するなど工芸産業の発展に資する活動を続けている。また2017年に(同)Tydを設立、代表として全国の工芸事業者を対象に経営コンサルティングを実施し、経営再建や成長を実現している。

【執筆箇所】第4章コラム「(一社)日本工芸産地協会と日本工芸産地博覧会」

■編著

(株)日本政策投資銀行

「金融力で未来をデザインします」を企業理念に掲げ、中立的かつ長期的視点に立ち、投融資一体型のシームレスな金融サービスを提供している。また、地域課題解決や地域活性化、地域創生へ向けて、国や地方公共団体、民間事業者、地域金融機関等と連携・協働しつつ、各種調査・情報発信・提言やプロジェクト・メイキング支援などに幅広く取り組んでいる。

(株)日本経済研究所

日本政策投資銀行グループの一員として、サステナビリティ、カーボンニュートラル関連を含む国内外の産業調査のほか、PPP／PFIなどの官民連携、スポーツ施設の整備・運営、空港、上下水道、ガスなどのインフラ民営化、公共施設マネジメント等の分野に関する調査・コンサルティングを幅広く実施。地域創生に向けて地方公共団体・企業に対しプロジェクト支援・経営コンサルティングやナレッジ提供等に力を注いでいる。

「産業《さんぎょう》」としての工芸《こうげい》

ものづくりから挑《いど》む地域創生《ちいきそうせい》

2025年3月25日　初版発行

編　著　（株）日本政策投資銀行《にっぽんせいさくとうしぎんこう》
　　　　（株）日本経済研究所《にほんけいざいけんきゅうじょ》

発行者　安部 順一

発行所　中央公論新社

〒100-8152 東京都千代田区大手町1-7-1
電話 販売 03-5299-1730　編集 03-5299-1740
URL https://www.chuko.co.jp/

印　刷　TOPPANクロレ

製　本　大口製本印刷

Published by CHUOKORON-SHINSHA, INC.
Printed in Japan　ISBN978-4-12-005908-7 C0034